부와 혁신의 설계자들

부와
혁신의
설계자들

김환표 지음

그들은 어떻게 세상을 움직였고 성공했는가?

북카라반
CARAVAN

부와 혁신의 원동력은
관찰과 질문이다

기업을 이해하는 가장 중요한 키워드는 무엇일까? 그건 아무래도 한 기업의 창업자나 그 기업을 대표하는 최고경영자CEO의 삶과 철학과 비전을 톺아보는 것이리라. 기업의 철학과 비전, 경영 전략을 만들어 실행하는 것은 결국 사람이니 말이다. 이는 전통적인 기업뿐만 아니라 IT 열풍을 타고 우후죽순 탄생하는 기업에도 적용되는 이치다. 즉, 그 기업을 상징하는 설계자들을 살펴보아야만 그 기업이 일군 부와 혁신을 온전히 이해할 수 있는 것이다.

이 책에 등장하는 사람들은 분명 무엇인가 그들만의 철학과 비전을 갖고 부와 혁신을 일구었지만, 그렇다고 해서 이 책이 그들의 특별한 성공 비결을 탐구하고 있는 것은 아니다. 공부에 왕도가 없듯이 부와 혁신을 일구는 방법에도 왕도는 없다. 부와 혁신을 창조한 사람이 셀 수 없듯이 부와 혁신을 일구는 방법도 다양할 수밖에 없다. 기업마다 주력 업종이 따로 있고 타깃 소비자도 다르기 때문이다.

그렇지만 부와 혁신을 일군 설계자들의 철학과 비전을 톺아보면서 크게 2가지의 비슷한 공통점을 발견할 수 있었다. 바로 '관찰하기'와 '질문하기'였다. 처한 환경은 사뭇 달랐지만 그들은 관찰과 질문에서 시작한 아이디어를 갖고 도전과 창조에 나섰다. 물론 관찰과 질문을 잘한다고 해서 반드시 성공할 수 있는 것은 아니며 그들 역시 모두 순탄하게 성공한 것 또한 아니다. 그럼에도 관찰과 질문이 부와 혁신을 일구는 원동력으로 사용되었다는 것은 변치 않을 것이다.

사실 관찰과 질문은 따로 떼어놓고 설명하기 힘든 단어다. 평소 무심하게 지나쳤던 주변 사물과 사회 현상을 유심하게 관찰해야만 질문을 던질 수 있고 또 다른 질문을 하기 위해선 관찰을 더욱 열심히 해야 하기 때문이다. 질문과 관찰이 필요한 이유는 너무나 자명하다. 꼬인 문제가 우리 앞에 있다고 생각해보자. 이 문제를 풀기 위해선 이른바 얽힌 실타래를 풀기 위해 꼭 있어야 할 '실마리', 즉 단서가 필요하다. 아무리 꼬인 문제라 할지라도 근본적이자 핵심적인 원인은 존재하며 그것을 찾아야만 제대로 된 해법을 내놓을 수 있으니 말이다.

"관찰과 질문이 부와 혁신의 비결이라니, 너무 진부한 비결 아니야." 이렇게 생각하는 독자들도 있을 것이다. 맞다. 관찰과 질문은 너무 진부한 비결이다. 하지만 때로는 진부함 속에도 답이 있을 수 있다는 사실을 우리는 잊고 사는 건 아닐까? 이른바 창조적 전환이나 발상의 전환도 결국엔 주변을 둘러싼 환경에 대한 관찰과 질문에서부터 시작하는 것이라는 것을 부와 혁신의 설계자들이 잘 시사해주고 있으니 말이다.

이른바 '크게 생각하라'며 인류의 화성 이주 프로젝트에 자신의 평생을 바치기로 결심한 일론 머스크가 관찰과 질문의 중요성에 대해 아주 멋진 말을 했다. 머스크는 문제를 해결하기 위해선 먼저 질문을 던져야 하는데, 이때 제대로 된 질문을 던져야 한다고 말한다. "무엇을 질문해야 할지가 가장 생각해내기 어렵"지만, "핵심을 찌르는 질문만 생각해낸다면 나머지는 의외로 간단하다"는 것이다.

이 책은 '도전을 하는 설계자들', '질문을 하는 설계자들', '감동을 주는 설계자들' 등 3개 장으로 구성되어 있다. 3개 장으로 나누긴 했지만 편의상 그렇게 구분했을 뿐 이런 구분이 큰 의미를 갖는 것은 아니다. 도전과 질문과 감동 역시 매우 밀접한 관련을 맺고 있는 단어들이라 할 수 있으니 말이다. 관찰과 질문을 통해 도전했기에 창조할 수 있었으며, 세상에 필요한 것을 제공했기에 소비자들의 호응을 이끌어내며 부와 혁신의 신대륙에 도착할 수 있었다는 게 이를 잘 시사해준다.

이 책에 등장하는 사람들은 처음부터 아주 탁월한 능력을 가졌거나 천재의 재능을 갖고 있는 사람들은 아니다. 물론 그중엔 어렸을 때부터 비범한 재능과 능력을 가진 사람들도 있겠지만, 그들 역시 비범함에 더해 관찰과 질문을 게을리하지 않았기에 부와 혁신을 일굴 수 있었다는 것은 분명한 사실이다. 세심한 관찰과 수많은 질문이야말로 부와 혁신의 원동력이라는 것을 잊지 말아야 하는 이유가 여기에 있다.

2018년 8월
김환표

Chapter 3 감동을 주는 설계자들

1

도전을 하는
설계자들

"샤오미는
애플·구글·아마존을 합한 회사다"

레이쥔

'대륙의 실력'의 대표선수로 떠오른 샤오미

'대륙의 실수'라는 말이 있다. '중국산답지 않게 성능이 괜찮다', '중국이 실력보다 좋은 제품을 만들었다'라는 뜻으로, 값은 싸지만 품질은 조악한 제품을 만드는 중국 기업이 '실수'로 쓸 만한 좋은 제품을 생산했다는 의미를 담고 있는 말이다. 중국산 제품에 대한 조롱 섞인 농담이라고 할 수 있다. 하지만 '대륙의 실수'가 다양한 제품군에서 잇따라 나타나면서 이제 '대륙의 실수'는 '대륙의 실력'이라는 의미로 재해석되고 있다.[1]

'대륙의 실력'을 이끌고 있는 주인공은 스마트폰 제조업체로 널리 알려진 샤오미Xiaomi다. 애플을 모방한 스마트폰으로 애초 '짝퉁 애플', '카피 캣' 등으로 불렸던 샤오미 폰은 2013년 중국 스마트폰 시장에서 애플을 꺾었고 2014년에는 삼성전자를 제쳤으며, 중국 시장의 성공을 발판으로 이젠 글로벌 휴대전화 시장의 강자로 자리매김했다.

샤오미 폰만 인기를 끌고 있는 것은 아니다. 샤오미는 스마트폰의 성공 이후 태블릿PC인 '미 패드', 스마트밴드인 '미 밴드', 멀티탭인 '미 스마트 파워스트립', 스마트 체중계 '미 스케일', UHD TV '미 TV', 공기청정기 '미 에어', '스마트 에어컨' 등을 선보이며 세계 시장을 공략하고 있다. 샤오미의 가장 큰 무기는 가격 대비 성능이 좋은 가성비로, 그래서 샤오미를 일러 '가성비 깡패'라는 말까지 등장했다.[2]

한국에서도 샤오미의 가성비에 매혹당한 사람들은 빠른 속도로 증가하고 있다. 특히 한국 소형 가전 시장에서 샤오미는 이미 거물급으로 성장했다. 예컨대 샤오미의 보조배터리는 한국에 정식 출시되지 않았음에도 깔끔한 디자인과 가성비로 입소문을 타면서 2015년 12월 현재 국내 보조배터리 시장에서 점유율 70퍼센트를 차지했다.

'샤오미 마니아'임을 커밍아웃하는 사람들도 가파른 증가 추세다. 한 직장인은 "애플의 전 제품(맥북부터 아이폰, 아이패드까지)을 가지고 있는데 샤오미 제품을 살 때 애플 제품을 구매할 때의 느낌을 받고 있다. 점점 이 회사와 브랜드, 제품에 팬이 되어가고 있는 것을 실감하고 있다"고 말했다.[3] 또 다른 소비자는 "샤오미 제품은 감동을 준다. 좋은 제품을 싸게 내놓아서 고맙다"고 말했다.[4] SNS 공간이나 IT 관련 대중 강연에서는 샤오미에 대한 칭찬이 끊이지 않으며, 샤오미의 창의성이 한국 기업보다 훨씬 더 뛰어나다며 한국 전자업계를 질타하는 소비자도 적지 않다.[5]

한국 전자업계에 대한 비판이 지나치다는 반론도 적지 않지만 이른바 샤오미제이션은 전 세계 IT 기업의 주목을 받는 상황을 연출하고 있다. 샤오미제이션Xiaomization(샤오미化)은 '샤오미처럼 만들고 샤오미처럼 팔라는 의미'로, 제품의 영역 구분 없이 소비자의 일상적 삶과 관련이 있는 모든 제품을 생산하는 샤오미의 영역 확장 전략을 이르는 말이다.[6] 전 세계적으로 '샤오미 태풍'이 불고 있기 때문일까?

샤오미 CEO 레이쥔雷軍은 2015년 12월 중국 저장성浙江省 우전烏鎭에서 열린 세계인터넷대회WIC에서 "나는 어느 누구도 샤오미가 중국 휴대폰 사업에 큰 변화를 가져왔다고 부인하지 않을 것으로 본다. 중국 스마트폰은 그 어느 때보다 싸고 질도 그 어느 때보다 훌륭하다"면서 "10년 뒤에는 중국 제조업에 대한 이미지가 완전히 바뀔 것"이라고 했다.[7]

중국을 대표하는 프로그래머가 되다

레이쥔은 1969년 후베이성湖北省에서 태어났다. 1987년 우한武漢대학 컴퓨터공학과에 입학한 레이쥔은 대학 2년 만에 모든 과목을 이수했는데, 이는 대학 1학년 때 남들과는 다른 삶을 살겠다는 야심을 품고 2년 안에 대학교를 졸업한다는 목표를 세워 학업에 열중했기 때문이다. 당시 그는 목표를 달성하기 위해 낮잠을 줄이고 시간을 30분 단위로 쪼개 사용하는 이른바 '30분 학습법'을 세우고 공부를 했다.[8]

대학 1학년 때부터 프로그램 고수로 불렸던 레이쥔은 2년 만에 모든 커리큘럼을 마친 후, 남은 대학 생활을 프로그램 짜는 데 바쳤다. 컴퓨터 프로그램을 짜는 것은 무척 골치 아프고 힘든 일이었지만, 당시 그는 매일 컴퓨터 앞에서 8~10시간을 보내지 않으면 하루를 버렸다고 생각할 만큼 프로그램 짜는 데 미쳐 있었다. 대학 3학년이던 1989년 말 컴퓨터 바이러스가 중국에 처음 모습을 드러내자 친구와 함께 '백신 90'이라는 프로그램을 공동 개발했으며 이를 계기로 우한 전자상가에서 유명 인사가 되었다. 당시 우한 전자상가에서 장사를 하던 컴퓨터 업체 사장들은 기술적 문제가 발생하면 레이쥔을 찾을 정도로 그는 우한 전자상가의 스타였다.

우한 전자상가에서 실력을 갈고 닦은 레이쥔은 할 수 있다는 자신감을 바탕으로 세상의 모든 컴퓨터에 적용할 수 있는 프로그램을 개발해 전 세계에서 가장 잘나가는 소프트웨어 회사를 운영하겠다는 야심찬 계획을 세우고 대학 4학년 때 친구들과 함께 중문 워드프로세서 소프트웨어 회사인 싼써를 창업했다.

싼써三色는 빨강, 노랑, 파랑 세 가지 색으로 일곱 가지 무지개가 되는 것처럼 새로운 세계를 자신들의 손으로 일구겠다는 뜻을 담고 있었다. 그는 허름한 사무실에서 쪽잠을 자며 첫 제품으로 중국어를 구현하는 PC카드를 만들었지만 대형 업체들이 그가 개발한 제품을 모방해 만든 뒤 시장에 저가로 내다 판 탓에 반년 만에 사업을 접어야 했다.[9]

대학 졸업 후 중국판 실리콘밸리로 불리는 베이징의 중관춘中關村으로 이주해 1992년 6번째 멤버로 킹소프트King Soft에 입사했다. 바로 이해 마이크로소프트MS의 중국 공습이 시작되자 레이쥔은 킹소프트를 MS의 대항마로 키우기 위해 워드프로세서WPS와 오피스 프로그램 등

소프트웨어 프로그램 개발에 힘을 쏟았지만 시장을 장악한 MS를 따라 잡을 수 없다는 한계를 뼈저리게 느껴야 했다. 1996년 그가 킹소프트에 서 만들었던 WPS '반고'는 MS의 공격을 받고 힘 한 번 제대로 쓰지 못 하고 시장에서 퇴출당했는데, 반고의 실패에 대해 '아마겟돈'을 연상할 만큼 끔찍한 충격과 상처를 입었다고 말했다.[10]

1998년 킹소프트의 CEO가 된 그는 갖은 우여곡절 끝에 2007년 킹 소프트를 홍콩 증권거래소에 상장하는 데 성공했지만 곧 은퇴를 선언했 다. 당시 그는 몸과 마음이 지쳤기에 킹소프트를 떠난다고 말했지만 사 실 이유는 다른 곳에 있었다. 킹소프트를 이끌며 중국에선 IT업계의 대 부로 불렸지만 자신이 16년 동안 심혈을 기울여 상장한 킹소프트의 몸 값이 2005년 미국 나스닥에 상장한 바이두Baidu나 같은 해 홍콩 증권거 래소에 상장한 알리바바Alibaba 등에 훨씬 못 미친다는 사실 앞에서 무 력감과 절망감을 느꼈기 때문이다.

레이쥔은 킹소프트 시절에 대해 "킹소프트에 머무는 시간이 길어질 수록 뭔가 잘못되었다는 생각을 떨칠 수 없었습니다"면서 이렇게 말했 다. "다른 사람은 쉽게 성공하는데 왜 나만 이렇게 힘들지?"[11]

"태풍의 길목에 서면 돼지도 날 수 있다"

레이쥔은 실패의 원인을 '시대와의 불화'에서 찾았다. 이런 이야기다. 그간 그는 '사람의 의지는 하늘의 뜻을 이긴다'는 생각 아래 소프트웨어 프로그램 시장에서 승부를 보려고 한 우물만 팠다. 이런 한 우물 선택은 그를 중국을 대표하는 프로그래머로 만들어주었지만, 시대적 대세로 떠오른 인터넷을 간과하는 결과를 가져왔다. 발 빠른 사람들은 일찌감치 인터넷 세상을 향해 달려가고 있었는데, 자신은 오로지 소프트웨어 프로그램에만 매달리느라 대세를 놓쳐 '인터넷 시장'과 인연을 맺지 못했다는 깨달음이었다.[12]

이런 성찰을 바탕으로 그는 사업의 성공에서 가장 중요한 것은 '시대의 흐름'을 읽는 것이라는 판단을 내리고 시대의 흐름에 몸을 맡기기로 했다. 그는 '시대의 흐름'을 '태풍'에 비유하면서 이렇게 말했다. "태풍의 길목에 서면 돼지도 날 수 있다颱風來的時候, 猪都會飛."[13]

그가 주목한 태풍은 크게 3가지였다. 바로 전자상거래, 모바일 인터넷, 커뮤니티가 그것이었다. 이 가운데서 그가 가장 주목한 것은 모바일 인터넷이었다. 평소 휴대전화 마니아였던 그는 2007년 1월 출시된 애플의 아이폰이 자신의 습관마저 바꾸어놓자 모바일을 매개로 한 새로운 시대가 머지않아 다가올 것이라고 확신하고 자신도 스마트폰 회사를 만들어야겠다는 결정을 내렸다.[14] 이렇게 해서 탄생한 게 바로 샤오미였다.

샤오미는 중국어로 '좁쌀小米'을 뜻한다. 크고 거창한 것을 버리고 작은 것, 디테일한 것에서부터 시작해 세상을 바꾸는 기업이 되겠다는 의미를 담은 사명社名으로, '한 알의 쌀알도 수미산만큼 크다'는 불가佛家의 격언에서 따왔다. 샤오미는 중국의 국부國父인 마오쩌둥毛澤東의 정신을 활용해 지은 이름이기도 하다. 마오쩌둥은 항일 전쟁과 개국 과정에서 보잘것없는 식량과 무기지만 적을 이길 수 있다는 뜻으로, '좁쌀밥을 먹고 소총을 멘다'고 강조했는데,[15] 레이쥔은 좁쌀죽을 떠올리며 초심을 잃지 말자는 의지에서 창업 멤버들과 좁쌀죽을 먹으며 의지를

다졌다.[16]

샤오미의 로고 미[MI]에는 2가지 의미가 있다. 첫째, 모바일 인터넷 Mobile Internet으로, 이는 샤오미가 모바일 인터넷 회사가 될 것이며 스마트폰은 사업 중의 일부일 뿐이라는 것을 의미한다. 둘째, 미션 임파서블[Mission Impossible]로, 샤오미에게 불가능한 임무는 없다는 뜻이다.[17] 샤오미의 캐릭터는 토끼다. 여기엔 인터넷이 발달한 현 시대에선 속도가 곧 경쟁력이라는 생각이 깔려 있다. 레이쥔의 설명이다. "샤오미가 속도를 강조하기 때문이죠. 토끼는 무척 빠르지 않습니까? 한마디로 토끼처럼 빠르게 움직이겠다는 뜻입니다."[18]

2010년 4월 6일 'I have a dream'이라는 마틴 루서 킹 목사의 명연설을 모방한 보도자료를 시작으로 샤오미를 선보인 레이쥔은 2011년 8월 16일 샤오미 폰을 처음으로 내놓았는데, 놀라운 일이 벌어졌다. 출시 30시간 만에 예약이 매진되었으며, 출시 일주일 만에 중국 시장에서 브랜드 종합 판매 순위 9위, 중국산 브랜드 1위에 오르는 기염을 토한 것이다. 샤오미 폰의 판매 대수는 반년 만에 100만 대를 훌쩍 넘었다.[19]

'제2의 스티브 잡스'가 되길 원치 않는다

중국에선 선풍적인 인기를 끌었지만 애플의 아이폰을 닮은 디자인 때문에 초창기 샤오미는 '대륙의 애플', '짝퉁 애플'이라는 오명을 얻었다. 신제품 발표회 때마다 스티브 잡스의 스타일을 따라한 레이쥔의 행동은 이런 오명을 확대재생산했다. 이와 관련해 우이궈이는 『샤오미 CEO 레이쥔의 창업 신화』에서 샤오미 폰의 최초 론칭 쇼에서 선보인 레이쥔의 마케팅과 이에 대한 중국인의 반응에 대해 이렇게 말한다.

"옷차림부터 제스처, PPT 디자인부터 발표회장 세팅까지 그날의 레이쥔은 그의 우상 잡스와 무척 닮아 있었다. 론칭 쇼 이후 레이쥔에게 많은 비난과 비웃음이 쏟아졌다. 중국에서 잡스를 흉내냈던 사람 모두 동종업계를 비롯한 네티즌으로부터 조롱은 물론 호된 질책을 받았기 때문이다. 샤오미 폰의 발표회 당일, 입장권을 얻기 위한 치열한 경쟁에서부터 잡스를 그대로 따라한 레이쥔의 모습에 이르기까지 많은 사람이 '꼬투리'를 잡고 무자비한 공격을 퍼붓기 시작했다."[20]

물론 레이쥔은 잡스의 열렬한 추종자다. 대학 1학년 때 학교 도서관에서 『실리콘밸리의 불』이라는 책을 읽고 애플의 창업 스토리에 감동을 받은 레이쥔은 이후 잡스의 열혈 팬이 되었다. 레이쥔은 잡스를 '신'이라 부르는 데 주저하지 않았으며, 빌 게이츠는 잡스의 뒤를 이은 '만년 2인자'라고 말했다.[21] 잡스가 레이쥔에게 미친 영향은 실로 대단했다. 후이구이는 이렇게 말한다.

"레이쥔을 조금이라도 아는 사람이라면 그가 줄곧 잡스의 팬이라는 사실을 잘 알 것이다. 자신만의 미학과 시스템에 대한 잡스 특유의 야심과 집요함은 그 후 레이쥔에게 커다란 영향을 주었다. 그런 점에서 잡스의 상업 이념과 유사하다는 주변의 평가는 전혀 이상할 것 없다. 레이쥔조차 자신은 휴대폰이 아니라 꿈을 팔고 있다고 확신했다."[22]

하지만 레이쥔은 스티브 잡스의 중국명 '스디푸 차오부스'를 딴 '레이부스'란 별명으로 불리는 것은 아주 싫어하며, '제2의 스티브 잡스'가 되길 원치는 않는다고 강조한다.[23] 그는 "제 나이 18세였을 때 저도 스티브 잡스의 팬이었지만 스스로 제2의 스티브 잡스가 되길 바란 적은 없습니다. 샤오미도 결코 애플이 될 수 없고요"라면서 이렇게 말했다. "잡스는 마치 신처럼 우리가 우러러보는 우상입니다. 그렇게 심플하고도 완벽한 디자인은 쉽게 따라잡을 수 없죠. 그와의 사이에 엄청난 격차가 있다는 걸 잘 알지만 전 절망하지 않습니다."[24]

겸손의 의미인가? 그런 측면도 있겠지만 이는 샤오미가 애플과 다른 회사라는 것을 강조하기 위한 것으로 볼 수 있다. 실제 레이쥔은 잡스에게서 적잖은 영감을 얻었지만 사업 방식은 잡스와 크게 달랐다. 이와 관련해 성현석은 "샤오미가 애플을 흉내낸다고 흔히 말한다. 그건 겉만 본 평가다. 샤오미 사업 모델은 구글에 가깝다"면서 이렇게 말했다.

"애플은 제품을 팔아서 이익을 낸다. 마니아가 열광하는 제품을 만들고, 대신 높은 이윤을 챙긴다. 높은 이윤율은, 애플, 그리고 잡스의 자존심이었다. IT 기업들은 공짜를 뿌려서 시장 점유율을 높이는 방식을 종종 쓴다. 잡스는 이런 방식을 경멸했다."[25]

그뿐인가? 레이쥔은 전자상거래 시장의 패자로 군림하는 아마존의 사업 방식까지 차용해 사용했다. 레이쥔은 스스로 샤오미의 사업 모델은 애플보다 아마존과 닮았다고 말하는데, 이는 아마존처럼 전자상거래 방식으로 샤오미를 만들었다는 뜻에서 한 말이다.[26]

잡스와 레이쥔의 가장 큰 차이점은 소비자와의 관계 설정일 것이다. 예컨대 잡스는 고객이 항상 옳은 것은 아니라고 생각해 소비자와의 소동을 정원시했지만, 레이쥔은 잡스와 달리 소비자의의 피드백을 회사 성장의 핵심으로 간주했다. 잡스는 "고객에게 그들이 원하는 것을 줘야

한다"는 원칙에 반대하면서 이렇게 말했다.

"우리의 일은 고객이 욕구를 느끼기 전에 그들이 무엇을 원할 것인가를 파악하는 것이다.……사람들은 직접 보여주기 전까지는 자신이 무엇을 원하는지 모른다. 그것이 내가 절대 시장조사에 의존하지 않는 이유이다. 아직 적히지 않은 것을 읽어내는 게 우리의 일이다."[27]

'오직 팬을 위해'

오늘날의 샤오미를 일군 일등공신은 샤오미의 팬덤인 '미펀'이다. 미펀米粉은 샤오미의 열렬한 추종자들을 일컫는 말로, 샤오미식 경제를 '미펀 경제', '팬덤 경제'라고 하는 이유도 여기에 있다. 2015년 10월 현재 미펀은 1,000만 명에 달한다. 레이쥔 스스로 미펀은 '샤오미의 인터넷DNA'이자,[28] "미펀이 있기에 샤오미가 있다"고 말하는데,[29] 이는 수사가 아니다. 이와 관련해 후이구이는 『샤오미 CEO 레이쥔의 창업 신화』에서 "샤오미의 팬덤 경제는 아무리 봐도 이해할 수 없는 '사용자 왜곡 자기장'을 만들어냈다"면서 이렇게 말한다.

"미펀은 남다른 정신력으로 샤오미라는 세계를 구축했다. 그래서 제품, 기술, 마케팅, 운영 등 샤오미 내부에서 이뤄지는 연구 개발에서 미펀은 최고의 원동력으로 간주된다. 샤오미는 사용자 왜곡장이라는 거대한 피라미드를 세우고 광대한 사용자를 피라미드의 기반으로 삼았다."[30]

왜곡장이란 미국 드라마 〈스타트렉〉의 '머내저리Menagerie' 편에 나오는 말로, 외계인이 고차원적인 정신력을 이용해 새로운 세계를 창조하는 힘을 가리키는 말이다. 애플의 한 직원이 '현실 왜곡장Reality

부와 혁신의 설계자들

Distortion Field'이라는 표현으로 잡스를 묘사하면서 널리 알려졌다.[31]

미펀이 남다른 정신력을 발휘하며 왜곡장을 발휘하는 것은 무슨 이유 때문일까? 그건 샤오미가 미펀에게 제품이 아니라 이른바 '참여감'을 팔고 있기 때문이다. 여기서 말하는 참여감參與感이란 소비자에게 제품과 회사에 참여한다는 느낌을 제공함으로써 고객과 회사가 친구가 되어 사용자와 함께 놀면서 회사가 성장한다는 개념이다. 참여감의 핵심은 고객을 '신'이 아닌 '친구'로 보는 것으로, 샤오미가 기업 슬로건을 '오직 팬을 위해Only for fans'로 지은 이유이기도 하다. 이와 관련해 레이쥔은 이렇게 말한다.

"고객을 하나님으로 여기지 말고 친구로 대하십시오. 하느님이라니, 쉽게 공감할 수 없는 머나먼 존재처럼 느껴지지 않습니까? 그런 형이상학적인 말은 필요 없습니다. 그저 고객을 친구라고 생각하세요. 그리고 친구를 도와 여러분은 문제를 해결해주면 됩니다."[32]

샤오미가 미펀에게 제공하는 참여감은 이런 것들이다. 샤오미는 미펀과의 협업을 통해 매주 샤오미 커뮤니티에서 샤오미의 운영체제인 미유아이MIUI를 업데이트하고 있으며, 제품 연구 개발과 브랜드 홍보 등도 SNS를 활용해 미펀과 함께 진행한다. 미펀 관리에 쏟아붓는 시간과 비용도 엄청나다. 샤오미는 고객을 '팔로어Follower'로 부르며 마치 연예인이 팬을 관리하듯 블로그와 커뮤니티를 운영하는데, 샤오미 본사 직원 2,800명 가운데 고객 서비스를 담당하는 인력은 1,500명에 달한다. 미펀과의 원만한 관계를 유지하기 위해 매일 한 차례 팝콘파티, 미펀 반상회 등의 오프라인 활동 등도 지원한다.[33]

모든 것을 미펀과의 협업을 통해 진행하기 때문일까? 샤오미는 새로운 운영체제를 출시할 때마다 개발했다는 표현을 쓰지 않고 사용자들과 함께 '발전시켰다co-developed'고 말한다.[34] 이런 점에서 보자면 샤오미의 성공은 마케팅의 승리라고 할 수 있겠다.

샤오미는 왜 '만물상'이 되려 하는가?

레이쥔은 2015년 3월 독일 하노버에서 열린 정보통신 전시회 '세빗CeBIT'에 참석해 샤오미의 스마트홈 솔루션 '미홈Mi Home'을 선보이면서 "샤오미의 스마트홈 전략은 스마트폰을 중심으로 모든 기기들을 연결하는 것"이라며 "앞으로 모든 가전의 스마트화를 진행하겠다"고 말했다. 이게 시사하듯 레이쥔이 궁극적으로 꿈꾸는 야망은 샤오미의 스마트 기기들로 이루어진 이른바 '샤오미 생태계'를 구축하는 것이다.[35]

샤오미 생태계를 강조하기 위해서일까? 레이쥔은 샤오미는 '스마트폰 제조 회사'가 아니라 '애플·구글·아마존'을 합한 트라이애슬론Triathlon 회사라고 말한다. 한 선수가 수영, 사이클, 마라톤 세 종목을 연이어 실시하는 스포츠 경기인 '철인 3종 경기'처럼 애플·구글·아마존의 장점만 모아 '소프트웨어·하드웨어·인터넷'이 수직으로 통합된 회사가 바로 샤오미라는 것이다.[36] 레이쥔이 샤오미 폰과 연동되는 다양한 하드웨어를 저가에 내놓으면서 샤오미를 만물상으로 키우는 이유다. 레이쥔은 이렇게 말한다.

"샤오미는 하드웨어에서 이익을 낼 생각이 없습니다. 단지 하드웨어와 소프트웨어의 완벽한 결합을 통해 사용자들에게 풍부한 콘텐츠, 서비스 등을 제공함으로써 스마트폰을 이용한 모바일 인터넷의 사용자 경험과 만족도를 높이고자 합니다."[37]

흥미로운 사실은 샤오미 생태계 개념이 갑작스럽게 등장한 게 아니라 샤오미 창업 이전부터 레이쥔의 머릿속에 자리를 잡고 있던 샤오미의 미래상이었다는 점이다. 예컨대 킹소프트를 그만 두고 엔젤 투자자로 활동하던 시절 레이쥔은 모두 17개의 스타트업에 투자했는데, 이 회사들은 모두 '샤오미 생태계'의 구성 요소라 할 수 있는 전자상거래, 모바일 인터넷, 커뮤니티 관련 회사들이었다.[38]

샤오미의 창업 멤버들이 안정된 직장과 좋은 대우를 포기하고 샤오미에 합류한 것도 샤오미 생태계에 대한 레이쥔의 비전 때문이었다. 이와 관련해 허옌은 『샤오미 insight』에서 "레이쥔은 투자자를 설득하는 것처럼 그들에게 완벽한 스토리를 들려줬다"면서 다음과 같이 말한다.

"모바일 인터넷의 밝은 미래를 발견한 그는 스마트폰 하나를 만들려고 했다기보다는 생태계를 세우고 싶어 했다. 모바일 인터넷 시대에는 사람들의 생활 하나하나가 과학기술의 생태계를 떠나서는 이뤄질 수 없게 될 것이다. 바로 이것이 샤오미가 추구하는 발전 목표이며 창업 멤버들의 마음을 가장 끌었던 부분이다."[39]

레이쥔은 샤오미 생태계 구현을 위해 샤오미 폰 생산보다 샤오미의 운영체제인 MIUI를 먼저 만들었다고 하는데, 샤오미가 거대한 IT업계가 각축을 벌이는 '사물인터넷·스마트홈' 시장에서 '게임 체인저'가 될 수 있을지 지켜보도록 하자.

"당신이 수집하는 것이
당신이 누군지를 알려준다"

벤 실버먼

소셜 큐레이션의 대표주자, 핀터레스트

'소셜 큐레이션Social Curation'이라는 말이 있다. 미술관이나 박물관에서 큐레이터가 제한된 전시 공간에 어떤 작품을 전시할지 결정하듯이 이용자 개개인이 큐레이터가 되어 SNS에 자신이 고른 이미지들을 포스팅하고 이를 다른 사람과 공유하는 행위를 말한다. 빅데이터Big Data 속에서 허우적댈 수밖에 없는 정보 과잉의 시대에 정보의 선별과 요약을 돕기 때문에 정보 선택 과정에서 발생하는 소비자들의 피로도를 줄일 수 있다는 게 장점으로 꼽힌다.[1] 개방성과 참여성 때문인지 소셜 큐레이션 서비스를 제공하는 SNS를 위키피디아에 빗대 '위키미디어'라고 부르기도 한다.[2]

소셜 큐레이션 서비스 가운데 가장 각광을 받고 있는 서비스는 이미지 기반의 SNS 핀터레스트pinterest다. 한국에서는 크게 성공을 거두지 못했지만, 인터넷 사용자의 3분의 1가량이 핀터레스트 회원일 만큼 미국에서는 큰 성공을 거둔 SNS다.

핀터레스트Pinterest는 벽에 물건을 고정할 때 쓰는 핀Pin과 '관심, 흥미, 호기심'를 뜻하는 Interest의 합성어다. 글 대신 이미지가 중심이라는 게 핀터레스트의 가장 큰 특징이다. 유저 활동의 중심이 콘텐츠 생산이 아니라 수집에 있기 때문에 핀터레스트에는 아예 글을 쓰는 기능조차 존재하지 않는다. 이런 이유 때문인지 핀터레스트는 자체적으로 자신들의 서비스를 '비주얼 소셜 큐레이션 서비스'라고 칭한다.[3]

핀터레스트는 사진 스크랩북이나 메모판을 생각하면 이해가 쉬운 SNS다. 자신이 관심 있는 분야의 이미지를 곤충채집하듯 핀으로 콕 집어서 포스팅하고 이를 페이스북이나 트위터 등 다른 SNS와 연계해 지인들과 공유할 수 있기 때문이다. 보드Board라 불리는 자신이 만든 게시판에 관심 있는 사진과 그림 등의 이미지를 포스팅하는 것을 일러 '핀잇Pin it'이라고 하며, 다른 이용자가 올려놓은 이미지를 가져다가 자신의 게시판에 게시하는 것을 일러 '리핀Repin'이라고 한다. 트위터의 리트윗과 비슷한 용도다. 페이스북의 좋아요Like 버튼과 비슷한 하트 모양의 단추도 있어 자신이 좋아하는 이미지에 하트 버튼을 누르면 해당 이미지가 자신의 보드에 스크랩된다. 핀터레스트에 자신의 관심사를 게시하는 사람들을 일러 피너Pinner라고 한다.[4]

핀터레스트는 옷이 패션·뷰티·여행·애완동물·건축물·예술·교육·건강 등 수십 개의 카테고리로 구성되어 있으며, 주제별로 사진을

벤 실버먼

볼 수 있기 때문에 자신이 원하는 관심사를 여러 개 선택해 같은 관심사를 공유한 가입자들과 친구를 맺을 수 있다. '모든 콘텐츠를 핀pin하라'가 모토다. 핀터레스트가 보유한 이미지는 300억 장이 넘는다.[5]

냉장고 메모판에서 영감을 얻다

핀터레스트의 창업자 벤 실버먼Ben Silbermann은 1982년 미국 아이오 와주에서 태어났다. 그의 가족은 모두 의사였다. 어린 시절 실버먼은 지독한 곤충 수집광이었다. 메뚜기부터 파리 같은 곤충을 잡아 말려 놓고 벽에 걸어놓는 식으로 이른바 개인 박물관까지 만들 정도였는데, 이는 그게 호기심을 충족시킬 수 있는 최고의 방법이라 생각했기 때문이다. 그는 우표, 낙엽 등도 즐겨 모았다. 그가 '수집이야말로 그 사람에 대해 정말 많은 것을 이야기해준다'고 말하는 수집 예찬론자가 된 이유라 할 것이다.[6]

집안 전통에 따라 2000년 예일대학 의대에 진학했지만 의사에 별다른 흥미를 느끼지 못해 도중에 정치학으로 전공을 바꾸었다. 대학 졸업 후인 2003년 12월 워싱턴 D.C.에 있는 CEB 컨설턴트에 입사해 컨설턴트 생활을 시작했지만 얼마 지나지 않아 자신이 '잘못된 곳에 와 있다'는 느낌을 받았다. 이때 그의 눈을 사로잡은 게 있었으니 그건 바로 실리콘밸리의 테크 관련 뉴스였다. 어느 날 그는 IT 전문 웹사이트 '테크크런치'에 실린 글을 접하고 큰 문화적 충격을 받았다는데, 곧 실리콘밸리가 있는 샌프란시스코로 넘어가 2006년 12월 구글에서 새로운 인생을 시작했다.[7]

구글의 온라인 광고팀과 고객지원센터에서 일했던 그는 엔지니어가 아닌 자신이 구글에서 성공하는 것은 불가능하다는 것을 깨닫고, 2008년 5월 "사람들에게 서비스를 제공하는 유용한 무언가를 만들고 싶다"라는 꿈을 이루겠다며 구글을 퇴사했다.[8] 구글에서의 생활은 짧았지만 그는 구글에서 2가지를 얻었다고 말했다. 하나는 문샷 싱킹Moonshot Thinking으로 상징되는 '크게 생각하는 법'이었고 또 하나는 '굉장한 물건을 만드는 사람들을 알게 된 것'이었다.[9]

구글에서 퇴사하기 직전에 아이폰이 막 출시되고 모바일 산업이 인기를 얻기 시작했기 때문일까? 그는 대학 시절 친구 폴 시에라Paul Sciarra와 함께 아이폰 앱 제작에 돌입해 휴대전화용 쇼핑 카탈로그 앱 토트Tote를 만들었다.

하지만 토트는 애플 스토어의 승인도 받지 못했고 투자자도 찾지 못했다. 그의 말에 따르면, 토트는 "매우 조용히 실패"한 앱이었다. 그는 "사람들이 시간을 제대로 쓸 수 있는 가치를 만들지 못했다"는 데에서 토트가 실패한 원인을 찾고 "사람들이 좋아하는 한 가지"에만 주력하기로 했다.[10] 그는 자신이 새롭게 구상한 플랫폼을 개발하기 위해 시카고대학 건축학과 출신의 에번 샤프Evan Sharp를 합류시켜 2009년 12월 새로운 서비스를 내놓았는데, 이게 바로 핀터레스트였다.

실버먼은 온라인에서는 쉽게 뭔가를 수집할 수 있는 사이트가 없다는 데 착안해 핀터레스트를 창업했다고 말한다. 냉장고 문에 무심코 붙여두었던 사진과 메모시에 영감을 받아 한 장의 이미지로 자신의 관심사를 나타내는 게 더 효과적이고 재미있을 것 같다고 판단해 핀터레스트를 창업했다는 것이다.[11] 이런 점에서 보자면 핀터레스에 대한 아이디어를 어린 시절 자신의 취미 생활이었던 곤충채집에서 길어올렸다고 할 수도 있겠다. 그가 "내 취미를 어떻게 3명, 10명, 20명과 공유할 수 있을까라는 생각에서 서비스를 시작했다"고 말하고 있으니 말이다.[12]

페이스북·트위터와는 정반대 전략을 추구한 실버먼

실버먼이 핀터레스트를 창업했을 때는 이미 텍스트 기반의 페이스북과 트위터가 인기 SNS로 자리 잡았을 때였다. 페이스북·트위터를 모방할 수도 있었지만 그는 오히려 텍스트 대신 비주얼을 중심에 두는 등 페이스북·트위터와는 정반대 전략을 추구했다.[13]

실버먼은 왜 이런 전략을 추구한 것일까? 이미지가 이용자들의 관심사를 표현하는 데 가장 적합한 수단이라고 판단한 데 따른 것이었다. "모든 사람이 트위터에서 재치 있게 말할 만큼 얘깃거리를 갖고 있는 것도 아니고, 페이스북에서 공유할 만한 재밌는 뉴스거리가 있는 것"도 아니지만 "그러나 다들 무언가 수집하고자 하는 것들은 있다"고 생각해 같은 취미와 흥미를 가진 사람들끼리 공유하고 연결시키기 위해 비주얼에 중점을 두었다는 게 실버먼의 말이다.[14] 실버먼이 레이아웃 버전을 50개나 만들 정도로 핀터레스트의 디자인 디테일에 크게 신경을 쓴 게 이해가 되는 대목이다.[15]

실버먼은 핀터레스트가 페이스북·트위터와 다른 점에 대해서 "페이스북이나 트위터는 주위 사람들이 당신에게 어떻게 반응하느냐를 보는 SNS입니다. 또 서로의 뉴스에 관한 걸 다루죠. 지금 나는 어떤 상황에 있는지, 너는 어떤 상황에 있는지, 네가 어떤 생각을 하느냐, 과거에 어떤 일이 벌어졌느냐를 주고받습니다"면서 다음과 같이 말했다.

"그런데 핀터레스트는 당신의 이야기만 전달합니다. 내가 뭐에 열정이 있는지, 무엇에 흥미를 느꼈는지, 미래에 무슨 물건을 살 건지, 이런 걸 보여주는 겁니다. 사람들은 '내 거실이 이렇게 생겼으면 좋겠다', '오늘 내가 놀러갈 만한 곳은?', '아이들을 위해 즐거운 여가는?'이라는 문장 자체로 자신이 원하는 것을 추리고 재가공해 볼 수 있습니다. 그런 서비스는 이전에 없었어요. 사람들은 자신이 지금 열정을 품은 것이 무엇인지, 앞으로 어떤 제품을 살지 굉장히 많이 생각합니다. 핀터레스트는 바로 그 점을 만족하게 해주려는 겁니다."[16]

핀터레스트는 2010년 3월부터 서비스를 시작했지만, 초기엔 별 반응을 이끌어내지 못했다. 투자자들은 트위터·페이스북 같은 실시간 커뮤니케이션 플랫폼의 트렌드에서 벗어난 핀터레스트에 대해 관심을 보이지 않았다. 심지어 당시 투자자들은 "말도 안 된다"라는 평가를 내리기까지 했다.[17]

이용자들의 반응도 거의 없었다. 처음 4개월 동안 사용자는 3,000여 명에 불과했다. 실버먼은 "200명의 친구에게 핀터레스트 링크를 보냈는데 그중 100명만 이메일을 열어본 것 같았어요. 거의 재앙에 가까울 정도로 적은 수였죠"라고 회고했다. 힘들었던 핀터레스트 초창기에 어떻게 버텼느냐는 질문에 대해 그는 "창피해서 망했다고 말할 수가 없었다"면서 다음과 같이 말했다. "구글에 처음 입사할 때도 엄청 어렵게 들어갔는데, 다시 받아줄 것 같지도 않았다."[18]

이에 실버먼은 더 많은 사용자에게 핀터레스트를 알리고자 사용자 모임을 만들고 직접 발로 뛰기 시작했는데, 이 과정에서 자신이 틀리지 않았다는 것을 확인했다. 핀터레스트 사용자들이 오프라인 모임에서 한 번도 만난 적이 없음에도 관심사에 대해 서로 진술한 대화를 나누는 모습을 본 것이다. 이와 관련해 실버먼은 "트위터나 페이스북으로 아는 사이였다면 나눌 수 없는 대화였다"며 "핀터레스트의 본질은 공통된 관심사를 지닌 사람들을 찾는 것임을 알았다"고 했다.[19]

핀터레스트 성장의 일등공신은 여성

초창기 고전을 면치 못했던 핀터레스트는 2011년 8월 『타임』에 의해 '2011년 베스트 앱 50선'에 선정되고 그해 12월 앱스토어 상위 10위에 들어갔는데, 이때부터 1주일에 1,000만 명이 방문하는 웹사이트로 성장했다. 한번 탄력을 받았기 때문일까? 핀터레스트는 거칠 게 없다는 듯 승승장구하기 시작해 설립 2년 만인 2012년 3월 기준 미국 방문자 순위에서 페이스북과 트위터에 이어 3위를 기록했다.[20]

핀터레스트의 기업 가치도 껑충 뛰기 시작했음은 물론이다. 2012년 5월 15억 달러였던 회사 가치는 2013년 2월 25억 달러를 기록했으며, 2014년 5월에는 50억 달러(약 5조 550억 원)의 가치로 재평가되어 전 세계 IT업계를 깜짝 놀라게 했다. 10억 달러에 페이스북에 팔린 인스타그램이나, 11억 달러에 야후에 팔린 텀블러의 매각 대금을 합친 것보다 훨씬 높았기 때문이다.[21]

핀터레스트는 왜 이렇게 별안간 주목을 받게 된 것일까? 그건 핀터레스트에서 화제가 된 제품이 매출과 직결되는 등 온라인 쇼핑의 주요 경로로 부상한 데 따른 것이었다. 콘텐츠 공유 서비스인 셰어홀릭 Shareholic이 2012년 1월 내놓은 연구 결과에 따르면, 핀터레스트는 방문자나 판매를 증가시키는 요소인 추천 트래픽referral traffic에서 구글 플러스, 유튜브, 링크드인을 합한 것보다 높은 지수를 기록했다.[22] 가브리엘 컨설팅 그룹의 애널리스트 댄 올즈Dan Olds는 핀터레스트와 쇼핑의 친화성에 대해 다음과 같이 말했다.

"인터넷의 가장 큰 동력 중 하나는 쇼핑과 구입하고 싶은 새롭고 멋진 물건을 찾는 것이다. 핀터레스트는 사람들이 이런 것을 하는 데 도움을 주며, 여기에 더해서 그들이 물건을 어떻게 사용하는지, 어떻게 다른 창의적인 방식으로 결합했는지 자랑할 수 있게 한다."[23]

온라인 쇼핑 공간으로서 핀터레스트를 일군 일등공신은 누가 뭐라고 해도 구매력이 왕성한 20~30대 여성들이었다. 2012년 초『비즈니스위크』에 따르면, 핀터레스트 사용자의 70퍼센트는 여성이었는데, 이들은 핀터레스트에서 자신이 좋아하는 액세서리나 디자이너의 옷 따위를 나누며 즐기고 있는 것으로 나타났다. 또 핀터레스트에서 인기 있는 콘텐츠는 패션, 디자인, 요리, 여행 등 대부분 20~30대 여성과 관련된 것들이었다.[24]

『비즈니스인사이더』는 2013년 2월 핀터레스트는 '소비를 즐기는 부유한 2,500만 여성 사용자를 보유'하고 있다고 말했는데,[25] 이들의 파워는 구매 금액에서 그대로 드러났다. 2013년 7월 현재 SNS를 통해 상품을 산 사람들의 구매액 평균에서 핀터레스트가 179달러로 압도적 1위

를 차지했으니 말이다. 페이스북은 80달러로 2위, 트위터는 69달러로 3위였다.[26]

예카테리나 월터·제시카 지오글리오는 『비주얼 스토리텔링의 힘』 (2015)에서 "핀터레스트 사용자(일반적으로 어리고, 교육 수준이 높으며, 경제적으로 여유가 있는 여성)층은 비주얼과 관계가 없는 산업에서도 마케터들이 접근하려고 하는 중요 인구 그룹이다"면서 20~30대 여성과 핀터레스트의 궁합에 대해 다음과 같이 말한다.

"핀터레스트는 전통적인 광고와는 전혀 다른 방법으로 이들과 상호작용할 수 있게 해준다. 핀터레스트의 특별한 커뮤니티와 공유 덕분에 기업의 메시지는 팔로워(혹은 팔로워의 팔로워와 또 그들의 팔로워……)를 통해서 활동적이고, 사회적이며, 브랜드에 충성도가 높은 더 많은 사용자에게 확산될 가능성이 있다. 이들은 브랜드를 옹호하는 최적의 소비자들로, 네트워크 이미지를 공유하고, '좋아요'를 누르고, 댓글을 단다. 또한 출처를 찾아서 이미지를 클릭함으로써 더 많은 제품을 찾아내고 싶어 한다."[27]

핀터레스트는 '욕망'을 매개로 한 소비 공동체

『뉴욕타임스』의 빌 켈러Bill Keller는 핀터레스트는 여자들이 미적으로 멋지다고 생각하는 사진을 널리 알리는 사이트로 남자들과는 어울리지 않는다면서 남성들은 핀터레스트와 같은 사이트에 들어오지도 못하게 해야 한다고 주장했지만,[28] 아무래도 그의 주장이 실현될 것 같지는 않다. 핀터레스트가 쇼핑 문화마저 바꾸고 있기 때문이다.

예컨대 2013년 7월 『하버드비즈니스리뷰HBR』는 핀터레스트가 젊은 소비자층을 중심으로 이른바 '역쇼루밍reverse-showrooming' 쇼핑을 이끌고 있다고 보도했다. 북미와 영국의 소셜 미디어 사용자 3,000명을 대상으로 조사한 연구 결과, 응답자의 41퍼센트가 역쇼루밍을 해본 적이 있다고 답했으며 이들 가운데 60퍼센트가 핀터레스트를 통해 오프라인으로 구매한 제품에 관심을 갖게 되었다고 답했다는 것이다. 핀터레스트에서 제품을 '핀'할 때 이미 구입 의사를 결정했는지에 대해서는 49퍼센트가 '그렇다'고 응답했으며, 핀터레스트가 제품 구입에 영향을 주었는지에 대한 질문에 대해서는 36퍼센트가 '매우 그렇다'고 밝혔고, 43퍼센트는 '약간 영향을 준다'고 답했다.[29]

이렇게 핀터레스트가 쇼핑 문화까지 바꾼 비결은 어디에 있을까? 핀터레스트의 검색 방식에서 그 해답을 찾는 사람이 많다. 예컨대 하제헌은 "본질적으로 핀터레스트의 강점은 웹에서 실현하기 어려운 일, 즉 사용자들이 새로운 것을 발견하도록 도와주는 것에 있다"면서 다음과 같이 말한다.

"원하는 것의 이름을 모를 때, 아마존과 구글은 매우 유용한 검색 도구다. 하지만 무엇을 원하는지 모른다면 어떻게 해야 할까? 소셜 네트워킹 사이트는 기업이 고객의 마음을 움직일 수 있도록 도와줄 수 있지만 충분치는 않다. 사람들은 페이스북과 트위터를 이용해 서로 소통하지만 무엇을 사고 싶어 하는지를 놓고 토론을 벌이지는 않는다."[30]

핀터레스트가 소비문화를 바꾸고 있다는 것과 핀터레스트에서의 소통이 쇼핑과 소비를 매개로 이루어지고 있다는 것은 무엇을 의미하는

벤 실버먼

것일까? 핀터레스트가 '소비 공동체'이자 '욕망 공동체'가 되었다는 것을 시사해주는 것이라 할 것이다. 이와 관련해 유병률은 "핀터레스트에 들어서면, 마치 내가 관심 가질 만한 것들이 쭉 전시된 거대한 백화점을 걷고 있는 듯하다"면서 다음과 같이 말한다.

"젊은 여성들은 웨딩계획을 세우기도 하고, 남자들은 사고 싶은 자전거나 시계를 모아놓기도 한다. 그래서 핀터레스트는 서치(검색)와는 본질이 다르다. 서치는 생각하고 있던, 특정의 것을 찾는 목적의식적 행위. 하지만 핀터레스트는 내가 원하는지도 몰랐던 것, 이제껏 있는지도 몰랐던 것을 발견discover하는 경험을 제공한다. 'Search & Find'가 아니라 'Discovery & Do'라는 것이다.……그래서 벤 실버먼은 '핀터레스트는 웹상의 디스커버리(발견)의 문제를 해결하고자 한다'고 말했다. 결혼기념일 선물 하나 사기 위해 구글, 아마존을 몇 시간 헤매야 하는 성가신 과정을 해결해보겠다는 것. 또 페이스북이나 트위터가 과거나 현재의 스토리를 담는 것이라면, 핀터레스트는 미래에 대한 것을 담는 플랫폼이라는 게 그의 설명이다.……어떻게 보면 핀터레스트는 가장 자본주의적인 서비스이다. 사람들의 욕망, 그중에서도 소비하고 싶은 욕망을 큐레이션하고, 그것도 다른 사람의 욕망을 엿보면서 내 욕망을 디스커버리할 수 있게 하니까 말이다."[31]

"핀터레스트는 구글과 경쟁하는 회사"

기업의 광고가 아닌 이용자들의 욕망과 소비로 연결된 SNS기 때문일까? 핀터레스트에 대한 미국인들의 신뢰도는 매우 높을 뿐만 아니라 핀터레스트에서 쇼핑하는 것에 거부감을 느끼는 이용자들 역시 다른 SNS 에 비해선 대단히 적은 편이다. 예컨대 미국 소비자 만족도 조사 ACSI는 2014년 7월 SNS 업체 중 가장 높은 만족도를 기록한 곳은 핀터레스트 라고 발표했다.[32] 다른 조사에선 핀터레스트 이용자 55퍼센트가 핀터레 스트를 '쇼핑 목적지 Shopping destination'로 생각하고 있는 것으로 나타 났다.[33]

그간 핀터레스트는 별다른 수익 모델이 없었지만 핀터레스트가 '소비 공동체'로 진화하면서 실버먼은 핀터레스트를 쇼핑 포털사이트로 키우 겠다는 야망을 드러내며 핀터레스트에 적극적으로 비즈니스 모델을 결 합시키기 시작했다. 핀터레스트에 올라오는 관심 있는 물건을 구매 버 튼 Buy it을 눌러 사이트 내에서 바로 구매할 수 있는 기능인 '바이어블 핀 Buyable Pins(광고 핀)'과 오프라인에서 본 물건을 사진만 찍어 핀터레 스트에 올리면 바로 핀터레스트상에서 해당 제품 또는 비슷한 제품을 찾아주는 이미지 검색 기능인 '비주얼 서치 서비스 Visual Search Service' 가 그런 경우였다.[34]

특히 실버먼은 2016년 6월 비주얼 서치 서비스를 발표하면서 "기존 의 소비자들이 사진을 통해 영감을 받는 것을 한 차원 더 업그레이드해, 그 영감을 실제 소비자들의 인생에 접목시킬 수 있는 기회"라고 강조한 후, 다른 온라인 쇼핑몰들은 쇼핑의 마지막 단계에만 집중하지만, 자신 들은 고객이 더 빠르고 효율적으로 구매하는 것을 목표로 삼고 있다고 강조했다.[35]

이에 『뉴욕타임스』는 "핀터레스트의 이번 결정은 구글과 경쟁을 촉

발할 것"이라고 예측하면서 "핀터레스트를 통해 물건을 검색하고, 결국 구매까지 이어지는 과정이 구글 플랫폼과 비슷하다"고 분석했다.[36] 실제 실버먼은 "SNS로 분류되고 싶지 않다"며 "핀터레스트는 구글과 경쟁하는 회사"라고 말하기도 했다. "핀터레스트 사이트는 사람에 대한 정보를 찾는 곳이 아니라 사물에 대한 정보를 찾는 곳이기 때문"이라는 게 그 이유다.[37]

그의 바람처럼 핀터레스트가 구글의 경쟁 상대가 될 수 있을지는 모르겠지만, 비주얼 커뮤니케이션이 소통 방식의 대세가 되면서 핀터레스트에 주목하고 있는 집단들이 크게 증가하고 있는 것만은 부인할 수 없다. 예컨대 예카테리나 월터 · 제시카 지오글리오는 『비주얼 스토리텔링의 힘』에서 다음과 같이 말한다.

"핀터레스트는 라이프스타일과 패션 산업과 관련된 선택을 할 때 필요한 서비스로 잘 알려져 있다. 하지만 실제로는 모든 산업이 핀터레스트 이미지를 활용해 새로운 소비자를 얻고 팬들과 연계하는 데 도움을 받고 있다. 일례로 미 육군은 가치와 가족, 참전용사, 역사에 관한 보드로 인기를 누리고 있으며, 육군의 스타일링 역시 빼놓을 수 없는 인기 보드다!"[38]

"커뮤니케이션은 더욱 비주얼해질" 것이라며 이미지를 무기로 온라인 쇼핑 시장의 판도를 바꾸고 있는 핀터레스트의 질주가 언제까지 이어질지 지켜보기로 하자.

"제품은 제대로
작동할 때만 아름답다"

제임스 다이슨

'정용진 선풍기'를 아시나요?

이른바 '정용진 선풍기'를 들어본 적이 있는가? 2010년 4월 신세계 부회장 정용진이 트위터를 통해 소개한, 진공청소기로 유명한 영국 가전 회사 다이슨Dyson이 만든 날개 없는 선풍기 에어 멀티플라이어Air Multiplier를 이르는 말이다. 당시 정용진이 트위터를 통해 "'진공청소기를 만들어 유명해진 '다이슨'사에서 나온 날개 없는 선풍기입니다. 선풍기 그 이상도, 그 이하도 아닌데 보고만 있어도 신납니다"라는 트윗을 날리자 네티즌들이 에어 멀티플라이어에 '정용진 선풍기'라는 별칭을 붙인 것이다.

싱용신 덕에 나이슨은 행복한 비명을 질렀다. 닐개 없는 신풍기가 포털사이트의 실시간 검색어 순위에 오르고 네티즌들이 다이슨의 인터넷 홈페이지를 줄지어 찾아 홈페이지 시스템을 마비시키는 등 별다른 마케팅 없이도 홍보 효과를 톡톡히 누렸기 때문이다. 이런 홍보 효과를 바탕으로 그간 날개 없는 선풍기 판매를 담당할 거래처를 찾지 못해 한국 판매를 미뤘던 다이슨은 이듬해 4월 에어 멀티플라이어를 한국 시장에 내놓았다.[1]

다이슨은 영국의 '애플'로 통하는 가전 회사다. 애플을 신봉하는 사람들은 다이슨을 혁신의 대명사로 통하는 애플에 비유하는 게 영 못마땅할 수도 있겠지만, 다이슨이 그만큼 혁신적인 제품을 내놓는 기업이라는 말로 이해하면 될 듯하다. 날개 없는 선풍기는 이를 잘 보여주는 사례다. 전기를 이용한 선풍기가 최초로 등장한 것은 1882년이지만 그간 어느 누구도 선풍기에서 날개를 제거할 생각을 하지 못했으니 말이다.

무려 127년 만에 선풍기에서 날개를 제거한 다이슨의 혁신은 고정관념에 대한 도전, 그러니까 소비자들이 일상에서 아무런 의심 없이 사용해온 제품의 불편함과 단점을 해소하는 것에 초점이 맞추어져 있다. 날개 없는 선풍기도 바로 그런 일상의 사소한 불편함을 해소하기 위한 과정에서 나온 것이다. "왜 선풍기는 꼭 날개를 써야 하지? 돌아가는 날개 때문에 바람이 중간중간 끊기고 날개를 청소하기도 어렵잖아. 더구나 아이들은 늘 손가락을 넣고 싶어해 위험하잖아."[2]

오늘날 다이슨의 대표 상품이 된 먼지 봉투를 없앤 진공청소기(1993), 반대로 회전하는 드럼이 두 개 달린 세탁기(2000), 공기 역학을 적용해 열을 발생시키지 않으면서도 젖은 손을 10초 만에 말려주는 핸드드라이어(2006) 등도 모두 고정관념에 도전해 만든 것이다.[3]

다이슨이 영국의 애플로 통하니 만큼 다이슨의 창업자 제임스 다이슨 James Dyson을 영국의 '스티브 잡스'로 불러도 무리는 아니다. 실제 제임스는 남들보다 한 발 앞서가는 창의성과 비전, 완벽한 디자인에 대한 집착, 저가가 아닌 프리미엄 제품으로 승부하기 등 여러 면에서 잡스와 공통점이 있다.

성공 스토리 역시 비슷하다. 잡스가 자신이 만든 회사에서 쫓겨났다가 애플에 복귀해 성공을 일군 것처럼 제임스 역시 자기가 만든 회사에서 쫓겨났다가 새로운 회사를 창업해 '혁신의 대명사'가 되었다. "소비자조차 자신이 원하는 것이 무엇인지 모른다"고 생각했다는 점에서도 두 사람은 닮았다.[4]

자신의 정체성을 발명가에서 찾는 제임스

1947년 영국 시골 마을인 노퍽Norfolk에서 태어난 제임스는 자신의 정체성을 기업가보다는 발명가에서 찾는다. 2011년 전문경영인에게 회사를 맡기고 CEO에서 물러난 이유도 기업 경영보다 발명이 훨씬 더 흥미로운 일이라는 신념을 실천하기 위해서였다. 현재 제임스는 다이슨의 수석 엔지니어로 활동하며 현장에서 제품 개발을 위해 구슬땀을 흘리고 있다. 제임스가 발명가라는 외골수가 된 것은 젊은 나이에 생을 마감한 아버지와 관련이 깊다.

그의 아버지는 제임스가 9세 때 암으로 돌아가셨는데, 아버지가 꿈꾸었던 배우 활동을 하지 못한 채 가족의 생계를 위해 다른 일을 해야 했다는 것을 알게 된 후 그는 아버지처럼 살지 않겠다고 결심했다. "절대 내가 하기 싫은 일에 끌려가지 않으리라."[5] 학창 시절 배운 목관악기 바순은 그에게 발명가로서의 근성을 키워주었다. '맨땅에 헤딩'하는 것처럼 바순을 배우는 건 어려운 일이었지만, 바순을 배우는 과정에서 달성하기 버거운 일에 도전해 녹초가 될 때까지 매달리는 정신을 배웠다는 것이다.[6]

제임스는 1967년 영국왕립예술대학Royal college of Art Convocation, RCA에 입학해 산업디자인을 전공했다. 1970년 학비를 벌기 위해 로토크Rotork라는 엔지니어링 회사에서 일하며 군사용 수송보트인 시트럭Sea Truck을 디자인했다. 시트럭은 그의 첫 번째 상업적 제품이라는 점에서도 의미가 있었지만 훗날 다이슨의 디자인 철학이 되는 '단순화'의 중요성을 깨닫게 되는 계기를 제공해준 제품이었다는 점에서 더욱 의미가 있었다.

이런 이야기다. 당시 제임스는 야심차게 내놓은 시트럭을 '모든 필요를 충족시킬 수 있는 다목적 배'라고 소개했다. 하지만 고객들은 시큰둥한 반응을 보였다. 여기에서 제임스는 "사람들은 자신만의 특별한 목적을 충족시켜줄 수 있는 기술 하나를 원한다"는 사실을 깨닫고 이후 소비자들이 제품에서 원하는 본질적 요구 하나를 찾아내 해결하는 것에 관심을 기울이기 시작했다.[7]

제임스는 1974년 회사에 사표를 내고 처남과 함께 커크-다이슨Kirk-Dyson을 설립해 내놓은 제품 볼배로Ballbarrow를 통해 독창적인 디자이너로 이름을 얻었다. 볼배로는 외발 수레의 불편함을 해소하기 위해 바퀴 대신 물이 들어간 플라스틱 공을 넣어 안정성을 높인 정원용 손수레였는데, 제품의 본질적 기능에만 충실하고자 했던 제임스의 전략이 성공의 견인차 역할을 했음은 물론이다.[8] 당시 제임스가 볼배로를 통해 전달한 메시지는 다음과 같다. "잔디 위에 바퀴 자국이 남지 않길 원하시나요. 진흙에 바퀴가 빠지지 않길 원하시죠. 그럼 바퀴를 빼고 플라스틱 공을 끼운 볼배로를 쓰세요."[9]

볼배로는 3년 만에 영국에서 베스트셀러가 되었다. 하지만 아이러니하게도 그를 기다리고 있는 것은 '시련의 나날'이었다. 친구가 볼배로의 특허 기술을 훔쳐 다른 기업에 판매함으로써 위기에 직면한 데다 여러 제품을 개발하는 과정에서 증가한 빚으로 인해 투자자들과 갈등을 빚어 1979년 자신이 만든 회사에서 쫓겨나는 수모를 당해야 했다. 축출 당하는 과정에서 제임스는 회사 소유로 되어 있던 볼배로에 대한 특허권마저 잃어버려야 했는데, 이 사건이 계기가 되어서인지 이후 제임스는 자신이 만든 물건의 특허권과 회사 경영권에 대해 각별한 관심을 기울였다.[10]

현재 다이슨이 제임스 일가가 지분 100퍼센트를 보유하고 있는 비상장 기업인 것도 이런 뼈아픈 경험과 적잖은 관련이 있는 것으로 보인다. 다이슨의 기업 가치는 2015년 10월 현재 약 35억 파운드(약 6조 1,500억 원)에 이르는 것으로 추산되는데, 제임스는 앞으로도 다이슨의 지분을 다른 사람과 나누거나 주식시장에 상장할 계획도 갖고 있지 않다.[11]

'비틀스 이후 가장 성공한 영국 제품'

2005년 2월 영국 언론들은 다이슨이 만든 진공청소기가 미국 시장에 진출한 지 2년 만에 100년 전통의 미국 토종 후버Hoover를 압도하며 선두 업체로 뛰어올랐다는 사실 앞에서 흥분을 감추지 못했다. 당시 영국 언론은 영국 제품이 미국을 정복한 것은 1960년 비틀스 열풍 이후 40년 만에 처음으로, 다이슨이 만든 진공청소기는 '비틀스 이후 가장 성공적인 영국 제품'이라고 흥분했다.[12] 이게 시사하듯, 진공청소기는 오늘날 다이슨을 상징하는 가장 유력한 제품이다.

제임스는 진공청소기에 대한 아이디어를 아주 우연한 기회에 떠올렸다. 1979년의 어느 날 제임스는 집에서 청소를 하다가 진공청소기가 소리만 요란하게 내면서 먼지는 제대로 빨아들이지 못하는 것을 발견했다. 짜증이 폭발한 제임스는 문제의 원인을 찾기 위해 서비스센터를 찾는 대신 직접 청소기를 분해했다. 진공청소기의 흡입력이 떨어지는 근본 원인이 먼지로 자주 막히는 먼지 봉투 구멍과 필터에 있다는 것을 알게 된 제임스는 자신이 직접 먼지 봉투와 필터가 없는 진공청소기를 만들겠다는 계획을 세우고 창고에 틀어박혔다.

이후 제임스는 무려 5년간 미술 교사였던 부인 월급에 의존하며 새로운 진공청소기 개발에 몰두했다. 이렇게 해서 나온 게 바로 다이슨의 '사이클론Cyclone 진공청소기'였다.[13] 원심력을 이용해 혼합물에 포함되어 있는 특정 물질을 분리해내는 원심 분리Centrifugal Separator에 기반하고 있는 사이클론 진공청소기에 대한 아이디어는 목재 가공소에서 작업 중 발생하는 나무 부스러기를 원심력을 이용해 분리하는 것에서 얻었다.[14]

애초 제임스는 진공청소기를 만들거나 팔 생각이 없었다. 그냥 자신이 개발한 사이클론 기술의 특허를 팔아 로열티를 받으면서 계속 디자인만 할 생각이었다. 하지만 특허권을 팔기 위해 접촉한 블랙&데커 Black & Decker, 일렉트로룩스Electrolux 등 세계적 가전 기업들은 사이클론 진공청소기에 대해 코웃음만 쳤다. 혁신적인 진공청소기에 대해 이들은 왜 비아냥을 댔던 것일까?

그건 먼지 봉투 판매 자체가 큰돈이 되는 상황에서 이를 해치는 제품 생산을 꺼린 데 따른 것이었다. 당시 제임스는 이런 말을 들어야 했다. "먼지 봉투가 없는 진공청소기는 절대 팔 수 없을 겁니다." "우리 제품은 이미 완벽하게 좋습니다." "사람들은 먼지 봉투를 쓰는 데 익숙합니다." "먼지 봉투를 팔아 매출을 올리고 있거든요."[15]

1980년부터 4년 동안 특허 사용권을 팔기 위해 세계 곳곳을 다녔지만 별 성과를 거두지 못해 파산 일보 직전까지 갔던 제임스를 구원한 것은 일본의 중소기업 에이펙스Apex였다. 에이펙스에 10퍼센트의 로열티를 받는 조건으로 특허 사용권을 판매해 1986년 3월 사이클론 기술을 탑재한 진공청소기 지포스G-Force가 탄생했다. 아주 비싼 가격이었음에도 지포스가 일본에서 선풍적인 인기를 끈 덕에 연구 자금을 마련한 제임스는 소규모 팀을 꾸리고 다시 7년간 제품 개발에 공을 쏟았다.

드디어 1993년 제임스는 다이슨을 설립하고 자신의 이름을 딴, 다이슨 최초의 진공청소기 '다이슨 DC01'를 생산했다. '다이슨 DC01'은 경쟁 제품에 비해 5~10배가량 비싼 가격이었음에도 뛰어난 흡입력과 공기청정 기능, 디자인 등이 입소문을 타면서 출시 2년 만에 영국에서 가장 많이 팔리는 진공청소기가 되었다.[16] 2000년에 이르러 영국에서 다이슨의 상표명은 일반명사가 되었다. 영국인들은 무엇인가 새로운 것을 발명하거나 자신만의 제품을 만들었다는 의미로 'Doing a Dyson(다이슨을 한다)'이라는 말을 쓰기 시작했다.[17]

"계속해서 실패하라"

다이슨이 계속해서 혁신적인 제품을 내놓을 수 있는 비결은 어디에 있을까? 그건 실패를 두려워하지 않는 조직 문화에서 비롯된다. 예컨대 다이슨이 2014년 출시한 신형 진공청소기는 6년의 개발 기간 동안 2,000여 개의 시제품을 제작한 후 탄생했으며,[18] 선풍기의 역사에 획기적인 혁신을 가져온 날개 없는 선풍기 '에어 멀티플라이어' 역시 소리 안 나는 헤어드라이어를 개발하는 과정에서 수차례 실패를 겪은 후 탄생했다.[19]

물론 다이슨에 이런 '도전 정신 DNA'를 심은 것은 제임스다. 제임스는 지금도 "계속 실패하라. 그게 성공에 이르는 길이다"면서 다이슨 직원들에게 현재에 만족하지 말라고 주문하고 있으며,[20] 영국 맘스버리에 있는 본사 로비에는 아예 실패한 제품을 전시해놓고 있다. 제임스가 이렇게 '실패'를 권장하는 것은 그가 실패의 쓴맛을 자양분 삼아 성공을 일구어왔기 때문이다. 제임스는 이렇게 말한다. "나는 내 인생에서 41년을 실패하며 살았다."[21]

이는 과장이 아니다. 예컨대 사이클론 진공청소기를 개발하는 과정에서 제임스는 무려 5,126번의 실패를 경험했다! 흔히 실패에서 교훈을 얻어 성공을 일군 발명가를 대표하는 인물 하면 에디슨을 떠올리지만 제임스 역시 에디슨에 뒤지지 않는 인물인 셈이다.

자신의 경험 때문일까? 제임스는 엔지니어란 '실패를 통해 배우는 사람'으로, '실패는 엔지니어의 숙명'이라고 믿는다. "불편함을 겪고도 이를 개선할 방법을 찾지 않는다면 엔지니어는 죽은 것이나 마찬가지"라는 것이다.[22] 제임스의 발언은 다이슨이 철저하게 엔지니어 중심으로 운영되고 있는 회사라는 것을 의미하는 것이기도 하다.

다이슨은 엔지니어가 주도하는 회사지만 다이슨의 엔지니어들은 단순한 엔지니어가 아니다. 다른 회사들이 제품의 디자인팀과 엔지니어팀을 구분해 운영하는 것과 달리 다이슨은 이게 통합되어 있다. 그러니까 엔지니어들이 제품 개발과 디자인 작업을 동시에 수행하는 것이다. 다이슨에서는 이들을 일러 '디자인 엔지니어'라고 한다. 제임스 역시 자신을 '디자인 엔지니어'라고 말한다. 다이슨의 디자인 엔지니어는 전체 약 4,500명의 직원 중 3분의 1에 해당하는 1,500여 명에 달한다.[23]

다이슨은 왜 엔지니어링과 디자인을 통합한 것일까? 그건 "제품은 제대로 작동할 때만 아름답다Something is truly beautiful if it works properly"는 제임스의 철학 때문이다. 그러니까 보기 좋은 디자인보다는 기술 구현에 방해가 되지 않는 디자인이 더 중요하다는 게 제임스의 생각인 셈이다.[24] 제임스는 "디자인이 예쁜 게 중요하지 않나요?"라는 질문에 대해 이렇게 답한다.

"아니에요. 성능이 최우선입니다. 제대로 먼지를 흡입하지 못하는 청소기가 예쁘다고 무슨 소용일까요? 이 때문에 엔지니어는 제품을 만들 때 기능적인 목적을 달성하도록 해야지, 외형적으로 아름다운 것에 집착해서는 안 됩니다. 모서리 각도를 바꾸고, 로고를 달리하고, 다양한 색으로 칠하는 건 피상적인 변화일 뿐이지 제가 추구하는 바가 아닙니다. 겉모습은 결코 발명의 일부가 아닙니다. 방식 자체를 바꿔야 하고 이것이 엔지니어가 할 일입니다. 디자인에 대한 제 원칙은 '형태는 기능을 따른다'입니다. 기능을 먼저 생각하다 보면 자연스럽게 디자인이 나오게 된다는 것이지요. 최상의 성능을 제공하는 제품을 구상하다 보면 자연스레 좋은 디자인이 나오게 됩니다. 저에게 좋은 디자인은 겉모양이 아니라 그 제품이 어떻게 작동하는가입니다."[25]

다이슨은 오로지 제품의 본원적 기능을 혁신하기 위해서 연구 Research · 디자인Design · 개발Development 부문을 하나로 통합해 운영하고 있는 RDD센터에 매주 약 52억 원, 연간 2,900억 원을 투자하고 있다. RDD센터에서는 기계 · 전기 · 화학 · 유체 · 소프트웨어 · 음향공학은 물론 미생물학까지 연구한다.[26]

제임스의 마케팅 혐오

'진정한 물건'의 가치를 역설하기 때문일까? 제임스는 물건은 만들지 않은 채 돈만 이리저리 굴리면서 이익을 내는 데만 골몰하는 금융자본에 대해 적개심을 드러내기도 하며,[27] 하드웨어는 등한시된 채 스마트폰 같은 디지털 혁신에서만 활발한 논쟁이 이루어지는, 소프트웨어만 스포트라이트를 받는 이상한 세상이 되었다고 말하는 등 논쟁적인 발언을 내놓는 것을 주저하지 않는다.[28]

혁신적 기업인의 대명사로 불리지만 정작 제임스는 혁신이라는 말을 좋아하지 않는다. 무엇을 발명하기 위해선 기존의 벽을 넘어선 기술적인 도약이 필요한데, 혁신은 기존 기술을 재포장한 다음 새로운 무언가를 제공하는 것처럼 보여주기 위해 마케터들이 만들어낸 단어에 불과하다는 게 그의 주장이다.[29] 이게 시사하듯, 인위적인 마케팅에 대한 제임스의 혐오는 대단하다. 광고업계에 대해서 거친 발언을 하는 것도 주저하지 않는다.

제임스는 사진작가이자 영화 제작자였던 친구 앨런 랜들Alan Randall에게 "내가 만나본 세상의 모든 창의적인 직업을 가진 사람들 중에 창의성이 중요하다고 노래를 부르는 사람은 광고계 사람들뿐이었어"라면서 광고대행사에 대해 이렇게 독설을 퍼부었다. "자네도 알다시피 그들은 전혀 창의적이지 않은데 말이지. 내 디자이너들이 해내는 진짜 창조와, 쓸모없는 일을 하면서 큰돈을 받는 광고업계의 그 '크리에이티브'들을 생각하면 토할 지경이네. 더 이상 이런 산업에 돈을 대줄 순 없어. 정말 무섭단 말야."[30]

아예 제임스는 마케팅 무용론을 펴기까지 한다. 제임스는 "저는 마케팅이 필요 없다고 생각하는 사람입니다. 마케팅은 포장 또는 술책에 지나지 않다고 봐요. 브랜딩이란 말도 사실 좋아하지 않아요"라면서 이렇게 말한다.

"소비자가 물건을 사는 것은 필요한 기능을 얻기 위해서지 물건 한편에 쓰인 브랜드 이름 때문이 아니라고 생각합니다. 사람들은 다이슨의 물건을 원하는 게 아니라 제대로 작동하는 청소기가 필요한 것이에요. 쉽게 말해서 진공청소기는 먼지를 잘 빨아들이고 청소만 잘하면 됐지 어느 브랜드에서 만들었는지가 중요한 게 아닙니다. 요즘 소비자들이 얼마나 똑똑해졌는지 아시나요? 과거엔 입소문만으로 어느 제품이 좋다고 추천하는 정도였지만, 이제는 전문적으로 제품별 기능에 대해서 분석하기도 합니다. 여러 회사 진공청소기를 사용해본 뒤 객관적으로 비교하기도 하지요. 요즘 소비자들은 상당히 현명해졌습니다. 별반 다르지 않은 기능인데 마케팅으로 화려하게 포장했다고 살 리가 없습니다. 하지만 여전히 많은 회사는 마케팅에 많은 투자를 하지요. 이는 좋은 제품을 만들어내기보다 마케팅이 쉽기 때문이라고 생각합니다."[31]

'지위 경쟁'의 수단이 된 다이슨 제품

제임스의 마케팅과 브랜드에 대한 혐오는 다이슨 직원들도 공유하고 있다. 예컨대 다이슨 직원들은 브랜드라는 단어를 문화적으로 저급한 것으로 간주한다. 다이슨의 마케팅 책임자 클레어 뮬린은 이렇게 말한다. "우리 회사는 브랜드 경쟁을 금지하는 파트와(이슬람법에 따른 명령)를 내렸습니다. (브랜드 경쟁은) 일을 하는 데 장애가 됩니다. 그저 사람들에게 당신이 조작과 사기의 대열에 합류해 있다는 것을 알려주면 됩니다."[32]

제임스를 비롯한 다이슨 직원들의 마케팅 혐오는 마케팅의 도움을 받지 않고도 시장에서 성공할 수 있다는 다이슨 제품에 대한 자신감에서 비롯된 것일까? 제임스와 다이슨 직원들은 그렇게 생각한다. 이와 관련해 레인 캐러디스는 『다이슨 스토리』에서 이렇게 말한다.

"다이슨사는 그들 스스로 브랜드라고 부르지 않는다. 그렇게 말하는 것이 누군가를 속이고 등쳐먹는 것처럼 여기기 때문이다. 오히려 그들은 이념의 대변자들이다. 더 나은 물건을 만드는 것이 중요하다는 엔지니어의 이념 말이다."[33]

재미있는 것은 소비자들의 반응이다. 다이슨은 브랜드라는 개념을 부정하고 있지만 세계 각국의 소비자들은 다이슨을 이른바 '지위 경쟁'의 유력한 수단으로 사용하고 있으니 말이다. 예컨대 영국 BBC 온라인은 이렇게 말한다. "그들(다이슨)은 가전제품을 아름다운 라이프스타일 제품, 사회적 지위를 나타내는 상징으로 바꿔놓았다."[34]

한국에서도 이런 경향이 본격화되기 시작한 것일까? 한국에서 판매되고 있는 다이슨 제품이 다른 나라들에서 판매되고 있는 제품에 비해 20~30퍼센트가량 비싸다는 비판이 제기되었지만, 다이슨이 개의치 않는 것을 보면 한국인의 유별난 '지위 경쟁'을 다이슨이 간파한 것은 아닐까 하는 생각이 드는 것은 어쩔 수 없기 때문이다. 다이슨의 연간 실적 발표를 보면, 한국은 2014년 다이슨의 글로벌 시장 중 매출 기준으로 '톱10'에 진입했으며, 성장률은 중국에 이어 두 번째로 높았다. 다이슨은 2015년 4월 무선 진공청소기 3종과 공기청정 선풍기 등으로 구성된 '토털 홈 솔루션' 제품을 대거 선보이며 한국 시장 공략에 본격적으로 나섰다.

"화장품은
기술이자 과학이다"

장 폴 아공

글로벌 뷰티 제국, 로레알

"난 소중하니까요Because I'm worth it." 전 세계 여성들의 자존감
과 특권 의식을 자극한 것으로 유명한 글로벌 뷰티 제국 로레알L'Oréal
의 광고 카피다. 이 카피는 1973년 광고 대행업체 매캔에릭슨McCann
Erickson의 카피라이터 일론 스펙트Ilon Specht에 의해 탄생했는데, 오늘
날까지도 로레알 브랜드를 상징하는 카피 대접을 받고 있으며 광고사에
길이 남을 카피로 회자되고 있다.[1]

물론 이 카피에 대한 의견은 엇갈린다. 여성을 마케팅 상품으로서만
'소중'하게 생각하는 이데올로기가 담겨 있다는 지적을 하는 사람들이
있는 반면,[2] 여성의 평등권 요구가 증가하던 1970년대의 시대정신을 잘
담아냈다는 평가를 하는 사람들도 있다.

예컨대 세계적인 베스트셀러 작가 맬컴 글래드웰은 로레알의 '난 소중하니까요' 슬로건은 카피라이터 셜리 폴리코프Shirley Polykoff가 1956년 내놓은 클레롤의 염색제 광고 카피 '염색한 것일까요 아닐까요', '단 한 번 사는 인생이라면 금발로 살게 해줘요'와 함께 "염색이 계급의식과 여성운동, 그리고 자존감을 반영하던 미국 사회사의 독특한 일면을 대표"하도록 하는 데 일조했다면서 이 카피의 등장 이후 염색에 빠진 여성들이 증가했다고 말한다.[3]

로레알은 1909년 파리대학 화학과 교수 외젠 슈엘러Eugén Schueller에 의해 탄생했다. 화학과 교수였던 그가 회사를 창업한 배경엔 이런 스토리가 존재한다. 어느 날 염색에 이용되던 물감의 물이 금세 빠지는 것에 불만을 품은 한 미용사가 파리대학 화학과 교수들을 찾아와서 '염색약을 개발해달라'고 부탁했다. 교수들은 화학자는 염색약을 개발하는 사람이 아니라면서 이를 거절했다. 이때 슈엘러는 교수들에게 거절당해 낙담에 빠져 있던 미용사에게 자신이 한번 개발해보겠다고 말했다. 슈엘러는 자신의 아파트 건물을 연구소로 활용해 실험에 몰두한 결과 1907년 무자극성 염모제를 개발하는 데 성공했다.[4]

슈엘러는 이 염모제에 '오레올Aureole'이라는 이름을 붙이고 특허를 획득하는 한편 자신이 직접 파리의 헤어 살롱에 이 염모제를 팔기 시작했다. 그런데 이게 웬일인가? 자그마한 실험실에서 만들어진 합성 염색제에 대해 소비자들이 그야말로 폭발적인 반응을 보이는 게 아닌가.[5] 오레올은 프랑스어로 '후광'이라는 뜻이다.

이에 슈엘러는 1909년 '소시에테 프랑세즈 드 탱튀르 이노팡씨브즈 푸르 셰보Societe Francaise de Teintures Inoffensives Pour Cheveaux'를 800유로에 설립하고 본격적으로 사업을 시작했다. 회사 이름은 '프랑스의 안전한 모발 염색제 회사'란 뜻이었다. 슈엘러는 1910년에 최초의 염색약인 오레올의 이름을 딴 '로레알'이란 브랜드명을 도입했다.[6]

슈엘러는 1939년부터 로레알을 회사 이름으로 사용하기 시작했는데, 2015년 현재 로레알은 모발 염색제, 바디케어, 스킨케어, 헤어케어, 향수 등을 생산하는 글로벌 화장품 업계 1위의 '뷰티 제국'으로 성장했다. 랑콤·키엘·비오템·슈에무라·이브생로랑 등 무려 32개의 유명 글로벌 화장품 브랜드를 거느리고 있으며, 약 20억 명의 고객이 매년 60억 개의 로레알의 화장품을 쓰고 있다.

오늘날의 로레알을 일군 일등공신은 1988년부터 2006년까지 로레알의 제4대 CEO로 활동한 린지 오웬존스Lindsay Owen-Jones라 할 수 있겠지만 이미 은퇴를 한 사람이니만큼 2011년부터 로레알 그룹의 회장 겸 제5대 CEO로 활동하고 있는 장 폴 아공Jean-Paul Agon을 중심으로 이야기를 하면서 로레알에 대해 알아보도록 하자. 아공이 로레알의 경영 철학과 성장 전략을 온전히 계승하면서도 새로운 도전을 하고 있으니 말이다.

호기심이 충만했던 어린 시절

장 폴 아공은 1956년 파리에서 태어났다. 어린 시절 자신의 침실에 세계지도를 붙여놓고 세계 각국의 지명을 외우며 세계 여행을 꿈꾸었을 만큼 호기심이 충만한 소년이었다. 학창 시절 그는 3가지를 목표로 삼았다. 사업가가 되는 것, 팀을 이뤄 일하는 것, 세계를 무대로 일하는 것이 그것이었다. 로레알 그룹에 입사해 사업가의 꿈을 이룬 그는 사업 때문에 해외 출장을 갈 때면 그 나라의 뒷골목을 누비고 다녔다. 그는 낯선 곳에 대한 호기심과 새로운 도전에 대한 설렘이 혁신을 통해 새 가치를 만들고, 새로운 시장을 만드는 도전으로 이어졌다면서 호기심이 자신을 키운 동력이었다고 말한다.[7]

아공은 프랑수아 올랑드François Hollande 프랑스 전 대통령 등이 수학한, 유럽 최고의 경영대학원으로 평가받는 파리 공립 경영대학원HEC에 입학해 재무학을 전공했지만 별다른 흥미를 느끼지 못했다. 전공에 재미를 붙이지 못하고 있던 그의 재능을 알아본 사람은 담당 교수였다. 담당 교수는 "너는 분명히 마케팅 재능을 타고났어"라며 아공을 격려했는데, 이 말이 아공의 운명을 바꿔놓았다.[8] 1978년 평사원으로 로레알 그룹에 입사해 세일즈와 마케팅 분야에서 활동하며 자신의 능력을 십분 발휘하기 시작했으니 말이다.

아공은 입사 3년 만에 그리스 지사장이 되었는데, 여기엔 그럴 만한 이유가 있었다. 워낙 작은 시장이었던 그리스는 실적이 신통치 않아 로레알 직원 모두가 기피하던 지역이었다. 아공에 앞서 무려 5명이나 그리스 지사장 자리를 고사할 정도였다. 그런데 이들 5명 모두가 "젊어서 아무것도 잃을 게 없다"는 이유로 아공을 추천하는 게 아닌가. 이렇게 해서 그리스 지사장이 된 아공은 자신만의 팀을 이끌며 그리스 시장에서 적잖은 성과를 거두었다. 이후 그는 1985년 로레알 파리 시장을 시작으로 독일 로레알 지사장, 로레알 그룹 아시아지역 총괄 사장, 미국 지사장 명함을 파는 등 승승장구했다.

그렇다고 해서 그가 꽃길만 걸은 것은 아니었다. 공교롭게도 그가 지사장으로 발령이 났던 시기는 모두 그 지역의 지사가 위기에 처해 있던 상황이었다. 독일 지사장으로 임명되었던 1994년은 동·서독 통일로 독일이 어수선하던 시절이었으며, 아시아지역 총괄 사장으로 옮긴 1997년에는 태국 바트화가 폭락하면서 동남아시아 일대에 외환 위기의 파고가 덮치던 때였다. 미국 지사장으로 갔을 땐 9·11 테러가 발생하기 7개월 전이었다. 물론 아공은 이런 다양한 경험이 자신을 단련시켰다고 말한다. "도전을 통해 전에 생각하지 못했던 강인함이나 재능, 기술 등을 발견하게 됐다."[9]

아공이 "무엇이든 안 될 건 없다"는 '좌절 금지 정신'이 자신이 가진 철학의 바탕이라면서 자신을 낙관주의자라고 말하고,[10] '도전 정신을 가진 리더와 스타트업(신생 벤처기업)의 정신을 가진 큰 회사'가 자신이 추구하는 경영 마인드라고 이야기하는 것도 이런 경험과 적지 않은 관련이 있을 것이다.[11] 어쨌든, 위기 상황을 슬기롭게 헤쳐나가는 모습에 주목한 로레알 그룹 CEO 오웬존스는 2005년 아공을 자신의 후임으로 지목했는데, 이렇게 해서 아공은 이듬해 로레알 그룹 100년 역사에서 5번째 CEO가 되었다.

공격적인 M&A 전문가

로레알이 오늘날 글로벌 뷰티 제국이 된 배경엔 여러 가지가 있지만, 그 가운데서도 가장 핵심적인 비결은 화장품 브랜드에 대한 공격적인 인수합병M&A이라 할 것이다. 1964년 명품 화장품 브랜드 랑콤 인수를 시작으로 수차례의 M&A를 통해 종합 화장품 그룹으로 성장하며 글로벌 시장을 쥐락펴락하고 있으니 말이다. 예컨대 2010년 현재 인터내셔널 브랜드 23개 가운데 로레알에서 직접 론칭한 브랜드는 '로레알 프로페셔널', '로레알 파리', '케라스타즈', '이네오브' 등 4개뿐으로, 나머지 19개는 모두 M&A를 통해 인수한 브랜드들이다.[12]

당연하게도 아공 역시 M&A 전문가다. 그는 독일 지사장 당시 유럽의 대중 브랜드인 제이드를 인수했으며, 미국의 메이블린 인수에도 앞장섰다. 로레알의 CEO가 된 이후에도 '더 바디샵'(2006), '이브생로랑화장품'(2008) 등을 인수했다. 물론 아공은 무작정으로 화장품 브랜드를 인수하지 않았다. 그는 로레알이 그간 추구해왔던 전략에 충실한 수준에서 M&A를 추진한다. 그렇다면 로레알의 M&A 전략은 무엇인가?

독보적 기술력을 가졌으면서도 기존 로레알 브랜드 목록과 겹치지 않는 브랜드를 찾아내 인수하는 게 로레알이 고수하고 있는 M&A 전략이다. 예컨대 로레알은 1964년 랑콤 인수를 계기로 '럭셔리' 시장을 확대했으며, '비오템'(1970) 인수를 계기로 온천수에 함유된 플랑크톤으로 제품을 만드는 기술을 획득했다.

이와 관련해 아공은 "단기적인 성과를 가져다줄 스타 브랜드가 아니라, 우리가 스타 브랜드로 키울 수 있는 잠재력을 갖춘 브랜드를 사는 것"이라며, "기존 사업을 보완할 수 있는가, 그리고 앞으로 계속 성장 가능한 기업인가 이 두 가지가 로레안이 인수 합병하는 조건"이라고 말한다.[13]

공격적 M&A가 시사하듯, 로레알은 홍보와 마케팅에서도 대단히 공격적인 마인드를 가진 기업이다. 아공 역시 그렇다. 공격적이면서 도전을 즐기는 그의 마인드는 대부분의 회사가 긴축에 돌입했던 2008~2009년 글로벌 금융위기 과정에서 여실히 드러났다. 그는 2007년 2월 주주총회에서 "우리는 이번 세계적인 경제 침체를 '리스크 관리 능력'을 배울 수 있는 기회로 활용하겠습니다. '위기에 강한 조직'을 만들 수 있는 절호의 실험 기회가 아니겠습니까. 이게 바로 끊임없이 진화해온 '로레알 100년'의 정신입니다"고 강조한 후,[14] 홍보와 마케팅을 강화하는 식의 공격 경영을 통해 글로벌 뷰티 시장 1위를 사수했다.[15]

『조선일보』기자 최보윤은 2011년 6월 아공과 가진 인터뷰에서 아공은 "인터뷰 내내 '정복conquer'이란 단어를 강조"했다고 말했는데, 정복이라는 단어야말로 어찌 보면 로레알과 가장 잘 어울리는 단어인지도 모르겠다. 거칠게 말하자면, 로레알의 역사는 곧 정복의 역사라 할 수 있으며, 도전을 즐기는 아공 역시 정복의 역사에서 큰 역할을 수행하고 있는 인물이라 할 수 있으니 말이다. 아공이『조선일보』와의 인터뷰에서 한 발언은 다음과 같다.

"우리는 앞으로 10년 동안 새로운 10억 소비자를 정복하는 목표를 세웠다. 중국과 인도, 브라질, 인도네시아, 터키 같은 새로운 세계에 로레알을 넘버원으로 만드는 것이다. 지금 전 세계적으로 우린 10억 명의 소비자를 보유하고 있다. 여기에 앞으로의 10억 명의 소비자, 5대륙을 정복하는 것이 우리의 목표다."[16]

화장품은 미학인가, 과학인가?

화장품은 미학美學인가? 대부분의 사람들은 화장품이 대표적인 이미지 상품이라는 점을 지적하며 그렇다고 말하겠지만 아공은 뷰티 제품을 '병 속의 과학' 혹은 '병 속의 기술'이라고 부른다.[17] 물론 이는 로레알의 기술력에 대한 자부심에서 비롯된 발언이다. 그는 로레알에서는 연구개발R&D 대신 '연구혁신R&I'이란 용어를 쓴다면서 "처음 로레알 그룹을 접한 사람들이 '여기가 화장품 회사인지 제약 회사인지' 헷갈릴 정도다"고 말한다.[18]

심지어 그는 기술력으로 승부하지 않으면 뷰티업계에서 살아남기 힘들 것이라고 경고하기까지 한다. 예컨대 그는 2008년 "화장품은 기술이자 과학이며 앞으로 이러한 차이가 화장품 회사의 성패를 갈라놓을 겁니다"라면서 화장품은 꿈과 이미지를 파는 상품이라는 세간의 시선을 반박했다. "화장품이 이미지나 포장으로 승부하는 시대는 끝났다."[19]

아공이 화장품을 과학이라고 부르는 데에는 나름의 배경이 있다. 로레알은 과학을 신봉하는 기업이기 때문이다. 이와 관련해 아공은 "과학은 로레알의 DNA"이자 로레알에서 "과학은 혁신과 동의어다"고 말한다.[20] 로레알에 과학 신봉주의를 심은 사람은 창업자 슈엘러다. 그는 사업 초창기부터 화장품 산업을 '과학'으로 간주하고 기술 개발에 주력해 로레알의 이미지를 '과학적인 화장품 회사'로 자리 잡게 했으며, 1932년 '헤어 컬러는 프랑스의 과학이다'는 문구 캠페인을 전개하기까지 했다.[21]

로레알의 '과학 신봉주의'는 역대 로레알 CEO 비중에서도 확인할 수 있다. 1907년 회사가 탄생한 후 지금까지 로레알의 CEO로 활동한 사람은 총 5명이었는데, 이 가운데 창업자 슈엘러를 포함해 2명이나 화학자 출신이었다. 제3대 CEO로 활동한 샤를 즈비악Charles Zviak은 건강상의 문제로 임기 4년 만에 물러났지만 로레알에 '과학자 1,000명 시대'를 열었으며, 피부 과학 전문 연구소를 창설했다.[22]

과학 신봉주의를 통해 글로벌 뷰티 제국을 건설하는 데 성공했기 때문인지 로레알은 공급이 수요를 창출한다는 '세이의 법칙Say's law'에 충실한 기업이기도 하다. 이와 관련해 아공은 "뷰티는 소비자가 아니라 공급자, 즉 기업이 만드는 시장이다"면서 "소비자들 안에 내재된 욕망을 티 안 나게 눈치 채서 그에 맞는 제품을 내놔야 한다. 기업의 혁신이 소비를 창출하고 소비가 기업의 성장을 이끄는 구조를 이어가야 한다"고 말한다.[23]

품질에 대한 자신감 때문일까? 아공은 럭셔리에 대한 정의에도 도전한다. 럭셔리 마케팅으로 유명한 화장품 경쟁 업체 에스티 로더Estee Lauder를 간접적으로 공격하는 발언이라 볼 수 있겠지만, 다음과 같은 발언에서는 럭셔리 상품이라는 것을 강조하기 위해 제품에 높은 가격을 매기는 기업들을 비판하는 논평가의 느낌마저 풍긴다.

"단언컨대, 진정한 럭셔리란 '품질'이지 '가격'이 아니다. 럭셔리의 정의란 그 제품이 보여주는 최고의 품질, 최상의 효능을 말한다. 이건 최고로 비싼 가격의 문제가 아니란 말이다. 우리의 경우 혁신적인 최상의 품질 제품을 최대한 많은 사람이 시도해보고 매일 사용해보길 원한다. '접근 가능한 혁신Accessible Innovation'이 진정한 럭셔리다."[24]

왜 로레알은 '글로벌 마케팅의 교과서'라 불리는가?

로레알의 과학 신봉주의는 글로벌 마케팅에서도 발휘된다. 연구개발을 철저하게 로컬 시장의 피부색과 문화적 특성 등과 연동시켜 진행하고 있다는 게 이를 시사해준다. 로레알의 이런 글로벌 전략을 일러 '지오코스메틱geocosmetics'이라고 한다. 이는 '지질학geology'과 '화장품cosmetics'의 합성어다.[25] 로컬 시장의 개별 특성에 맞추어 다양한 브랜드를 다르게 구사하기 때문에 로레알의 시장 개척 전략엔 이른바 '카멜레온 전략'이라는 이름이 붙기도 했다. 오늘날 로레알은 '글로벌 마케팅의 교과서'라는 이야기마저 듣고 있기도 하다.[26]

2015년 현재 로레알은 전 세계 23개 연구소와 16개 테스트 센터를 운영하고 있는데, 이곳에선 4,000여 명의 연구원이 대륙별 특성에 맞는 뷰티 제품을 개발하고 있다.[27] 아공은 문화와 인종이 제각각인 화장품 소비자들에게 코카콜라처럼 단일 제품으로는 승부를 걸 수 없다고 보고 있어 이런 전략을 펴고 있다고 말하는데,[28] 이 역시 로레알의 전통적인 마케팅 전략임은 말할 나위가 없다. 로레알의 시장 세분화 전략은 로레알의 제4대 CEO 오웬존스 시절부터 본격화되었는데, 간략하게 살펴보자.

오웬존스는 선진국 시장이 포화되자 2000년경부터 남미·아프리카·아시아 시장을 겨냥해 이른바 '제3세계 마케팅'을 슬로건으로 내세웠다. 당시 그는 직원들에게 전 세계 여성들에게 '서구적인 미美'의 기준을 일률적으로 강요하지 말라는 뜻에서 직원들에게 '아름다움에 대한 고정관념부터 바꾸라!'라고 지시했다.[29] 오웬존스는 2004년 2월 『타임』과의 인터뷰에서는 다음과 같이 말했다.

"지금까지는 화장품 개발에서 인종과 성별, 나이의 차이를 등한시했다. 아시아와 아프리카에는 유럽과 북미를 합친 것보다 더 많은 잠재 소비자들이 존재한다. 인종별로 차별화된 제품을 개발해야 하는 이유가 여기에 있다."[30]

오윈손스의 이런 시장 세분화 전략을 충실하게 수행하고 있는 아공은 2011년 "화장품 업계는 이제 더는 'globalization(세계화)' 시대가 아닌 'unviersalization(보편화)' 시대로 접어들었다고 생각한다. 이는 우리가 추구하는 R&D(연구개발) 과정에서 도출된다"면서 로레알의 현지화 마케팅에 대해 다음과 같이 말했다.

"로레알 본사 선진 연구소에서 새로운 원료, 분자 등을 찾고 미국·라틴아메리카·일본·인도 등 다양한 현지 연구소의 R&D 팀은 특정 인종의 피부와 헤어에 맞는 형질에 적합한 포뮬레이션(공식)을 또 한 번 찾아낸다. 이 모든 단계를 거쳐 전 세계 시장성에 가장 근접한 공식을 만들어내는 것이다. 예를 들어 보습 크림의 공식을 개발했다고 하자. 한국에선 같은 보습 크림이라도 외국처럼 끈적이거나 유분감이 느껴지는 제품보다는 촉촉한 제품에 대한 요구가 상당히 높다. 이러한 특성을 체크해 현지화된 요구 사항을 받아들여 최종 완성단계에 반영하는 것이다. 이것이 우리가 다른 경쟁자들과 특히 비교할 때 앞서 있는 점이다."[31]

공유 뷰티와 디지털 뷰티

전략적 인수합병과 철저한 현지화 마케팅이라는 로레알의 전통적인 성장 동력을 충실하게 수행해온 아공이 2010년대 중반부터 로레알의 새로운 성장 동력으로 꺼내든 카드는 공유가치창출CSV, Creating Shared Value 전략이다. 기업이 수익 창출 이후에 사회 공헌 활동을 하는 것이 아니라 기업 활동 자체가 사회적 가치를 창출하면서 동시에 경제적 수익을 추구할 수 있는 방향으로 이루어지는 행위를 일러 CSV라 한다.

아공은 로레알이 추진하는 CSV 전략을 '공유 뷰티Sharing Beauty With All(모두와 함께 나누는 아름다움)'라는 개념으로 설명한다. 지금까지는 고객의 외모를 빛나게 해주는 화장품으로 '미美'를 추구해왔지만 앞으론 환경적·사회적 문제를 개선하면서 소비자들과 지속 가능한 아름다움을 나누겠다는 게 공유 뷰티의 핵심 내용이다.

이와 관련해 아공은 2015년 "앞으로 로레알이 만드는 제품의 100퍼센트가 환경이나 사회적으로 긍정적인 영향을 미치면서 소비자와 소통하고 그 신뢰가 소비로 이어지는 완전히 새로운 가치 사슬을 만들어갈 것"이면서 "공유 뷰티는 모래 위에 선을 긋는 것 같은 공허한 목소리가 아니다"라고 강조했다. 아공은 또 공유 뷰티는 기업은 물론 고객·시민·협력사·국가 등 모든 이해 당사자를 위한 '사회적 프로젝트'라면서 "소비자들이 몰라준다고 해도 기업이 마땅히 해야 할 의무"로 생각해 진행해나가겠다고 했다.[32]

아공이 공유 뷰티의 성공적인 사례로 제시하는 대표적인 것은 브라질 빈민가에 있는 미용실이다. 오늘날 CSV가 기업 경영의 트렌드로 부각되면서 유행처럼 번지고 있다는 점을 염두에 두면서 아공의 이야기를 들어보자.

"브라질의 미용실은 3분의 2 이상이 빈민촌에 있어 직원들이 궁금하다. 이를 감안해 로레알은 지역 내 빈민 여성을 직접 고용해 직업교육을 시키고 경영 연수를 받게 한 뒤 로레알 제품을 가지고 자신이 사는 지역의 미용실에서 활동하게 했다. 지역 미용사의 서비스와 제품이 좋아지면서 더 많은 고객이 찾아왔고 로레알 또한 판매액의 20퍼센트를 수수료로 받아 모두 혜택을 볼 수 있었다."[33]

공유 뷰티의 일환으로 로레알은 2020년까지 이산화탄소 배출량, 물 소비량, 포장 등 폐기물 양을 2005년 대비 60퍼센트까지 줄이겠다고 선언하기도 했다.[34]

'공유 뷰티'와 함께 아공이 성장 동력으로 삼은 미래 키워드는 '디지털 뷰티'다. 그는 2015년 "지난 3년간 세계의 변화가 그 이전 30년의 변화보다 급격하다. 그 변화를 이끄는 선두에 있는 게 바로 디지털이다. 디지털은 뷰티업계의 게임의 룰을 바꾸고 있다. 이게 바로 기회다. 제품을 만들고 파는, 소비자를 참여시키고 만나는 전혀 다른 길이 열렸기 때문이다"면서 "뷰티가 인터넷으로 하나로 이어지는 세상에서, 얼마나 개인화된 디지털 뷰티 서비스를 제공하느냐가 브랜드의 미래를 결정한다"고 말했다.[35]

아공이 강조하는 공유 뷰티와 디지털 뷰티를 관통하는 것 역시 그간 로레알이 적극적으로 구사해온 '세이의 법칙'이라는 것은 말할 나위 없다. 아공은 "뷰티 산업에 공급이 수요를 초과하는 성숙시장 같은 건 없다"면서 2가지 미래 핵심 키워드를 통해 "2020년까지 신규 고객 10억 명을 만들 수 있을 것"이라고 말하고 있으니 말이다.[36]

"우리의 영화는 관객의 기대를 넘어서는 것이다"

케빈 파이기

트랜스미디어 스토리텔링의 대표 주자, 마블

트랜스미디어 스토리텔링Trans-media Storytelling이라는 용어가 있다. 하나의 콘텐츠가 하나의 미디어에 머물지 않고 여러 미디어로 나누어지며, 미디어마다 새로운 전개로 전체 이야기가 풍성해지는 것을 이르는 개념이다.

트랜스미디어 스토리텔링 개념을 처음 제시한 미디어 학자 헨리 젠킨스Henry Jenkins는 트랜스미디어 스토리텔링은 "다양한 미디어 플랫폼을 통해서 이야기를 분배하는 것"이라면서 트랜스미디어 스토리텔링의 요건으로 다음 4가지를 들었다.

첫째, 다양한 미디어 플랫폼을 통해 공개되어야 한다. 둘째, 각각의 새로운 텍스트가 전체 스토리에 분명하고 가치 있게 기여해야 한다. 셋째,

각각의 미디어는 자기 충족적이어야 한다. 넷째, 각각의 미디어는 전체 이야기의 입구가 되어야 한다.[1]

트랜스미디어 스토리텔링은 얼핏 봐선 원 소스 멀티 유즈OSMU 전략과 비슷한 것 같지만 큰 차이가 있다. OSMU는 성공한 원천 콘텐츠의 아우라를 기반으로 원천 콘텐츠를 주변 미디이로 확장하는 수준에 그치지만, 트랜스미디어 스토리텔링은 기획 단계에서부터 TV, 영화, 인터넷, 스마트폰, SNS 등 다양한 미디어를 동시다발적으로 활용한다.

이야기 구조에서도 차이가 있다. OSMU는 성공한 원천 콘텐츠의 내용을 반복하는 수준에 그치지만 트랜스미디어 스토리텔링은 각 미디어별로 전략을 달리하며 거대한 이야기장을 형성하는데, 이 과정에서 미디어를 넘나들며 더 풍성한 이야기와 캐릭터를 추가하는 등 각각 서로에게 영향을 미치면서 즐거움을 선사한다. 영화나 게임, 만화 등 각각의 콘텐츠만 따로 봐도 이해할 수 있긴 하지만 전체를 다 섭렵할 때야 비로소 총체적인 이야기가 드러나는 구조를 가지고 있다는 게 트랜스미디어 스토리텔링의 가장 큰 특징이라 할 수 있다.[2]

오늘날 트랜스미디어 스토리텔링 전략을 가장 잘 구사하고 있는 곳은 단연 마블코믹스(현 마블엔터테인먼트)다. 특히 자사가 탄생시킨 슈퍼 히어로를 주인공으로 한 영화를 제작하기 위해 2006년 설립한 마블스튜디오가 그 중심에 있다. 마블스튜디오는 2008년 제작한 영화 〈아이언 맨〉를 시작으로 트랜스미디어 스토리텔링 전략을 통해 전 세계적으로 흥행 불패 신화를 써나가고 있다.

예컨대 마블스튜디오는 2017년 9월 현재 총 16개의 영화를 제작해 총 120억 달러(약 13조 8,000억 원)를 벌어들였는데, 이 가운데 〈어벤져스〉(15억 1,955만 달러), 〈어벤져스2: 에이지 오브 울트론〉(14억 541만 달러), 〈아이언맨3〉(12억 1,543만 달러), 〈캡틴 아메리카: 시빌 워〉(11억 5,330만 달러) 등 4편은 각각 10억 달러 이상을 벌어들였다.

트랜스미디어 스토리텔링 전략을 통해 마블코믹스의 황금기를 이끌고 있는 사람은 마블스튜디오의 CEO 겸 제작자인 케빈 파이기Kevin Feige다. 다음과 같은 평가는 파이기의 위상과 영향력을 잘 말해준다고 할 것이다.

"케빈 파이기가 영화의 창조적인 톤을 세팅하고, 전체 프로덕션을 이끌어간다. 그의 역할은 픽사의 존 레시터와 비슷하다. 케빈 파이기는 마블의 최고 품질 관리자Chief Quality Control Officer이다.……케빈 파이기는 감독도 아니고, 각본가도 아니다. 그러나 그는 가장 영향력 있는 영화 제작자다. 그는 스티븐 스필버그, 크리스토퍼 놀란, 제임스 캐머런과 어깨를 나란히 하는 유명한 엔터테이너 반열에 올랐다."[3]

마블코믹스의 팬이자 영화광이었던 파이기

케빈 파이기는 1973년 매사추세츠주 보스턴에서 태어났다. 어릴 때부터 마블코믹스의 만화를 보면서 성장한 마블의 열렬한 팬이다. 하지만 그가 만화보다 매혹당한 게 있었으니 그건 바로 영화였다. 영화는 자신의 "판타지이자 탈출구"였다고 말할 정도로 파이기는 어렸을 때부터 영화광이었다. 그가 '힐리우드 키드'가 된 배경엔 할아버지의 영향이 식지 않게 작용했다. 파이기의 할아버지는 미국 최장수 드라마로 유명한

〈가이딩 라이트Guiding Light〉(1952~2009)를 비롯해 〈애즈 더 월드 턴즈 As the World Turns〉(1956~2010) 등을 제작한 인물이다.

영화 〈백 투 더 퓨처〉를 좋아했던 파이기는 10대 시절부터 할리우드에서 일하겠다는 꿈을 꾸었다. 파이기는 서던캘리포니아대학 영화학과에 진학했는데, 이는 영화계의 거장인 조지 루커스George Lucas, 로버트 저메키스Robert Zemeckis 등이 이곳을 다녔다는 이유에서였다. 당시 파이기는 다른 학과를 택하라는 가족과 친구들의 권유를 다섯 차례에 걸쳐 모두 거절했을 만큼 영화학과에 집착했다. 대학 졸업 후 그는 〈볼케이노〉(1997), 〈유브 갓 메일〉(1998) 등의 영화 제작에 스태프로 참여해 경험을 쌓기 시작했으며, 〈엑스맨〉의 제작자인 로런 도너Lauren Donner 의 도움으로 2000년 마블코믹스와 인연을 맺었다.

당시 로런 도너의 비서였던 파이기는 자신이 어린 시절 즐겨 보던 마블의 슈퍼 히어로 캐릭터인 엑스맨이 영화화되는 과정을 지켜보면서 주체할 수 없는 열정을 느꼈다. '마블코믹스의 열렬한 팬인 자신에게 일할 기회를 달라'고 간곡하게 청하는 파이기의 적극성과 열정을 높이 샀기 때문일까? 로런 도너는 당시 마블의 회장 겸 CEO였던 아비 아라드Avi Arad에게 파이기를 소개해주었는데, 이렇게 해서 파이기는 마블의 직원이 되었다. 이때 그의 나이 27세였다.[4]

이후 파이기는 〈스파이더맨〉, 〈헐크〉 등에 제작자로 참여하며 코믹스 원작의 영화화 분야에서 경력을 쌓았으며, 2007년 마블스튜디오의 CEO가 되었다. 마블스튜디오는 마블이 자사가 보유하고 있던 캐릭터를 활용해 자체 영화 제작을 하기 위해 2006년 설립한 영화 제작 스튜디오다. 파이기의 마블스튜디오 CEO 임명은 마블이 파이기에게 걸고 있는 기대가 어느 정도인지 여실히 보여준 것이라 할 수 있었는데, 이를 이해하기 위해선 당시 마블이 처한 상황을 살펴볼 필요가 있겠다.

1990년대 후반 파산을 선언했다가 2000년대 초반 캐릭터 라이선싱이라는 돌파구를 찾아 기사회생한 마블은 당시 제2의 전성기를 구가하고 있었다. 경영 위기 때문에 어쩔 수 없이 판매했던 슈퍼 히어로 캐릭터인 스파이더맨, 엑스맨, 헐크 등이 영화로 제작되어 크게 성공하면서 마블의 주머니 역시 두둑해졌기 때문이다.

예컨대 2002년 개봉한 〈스파이더맨〉은 마블이 소니 픽처스에서 영화수입의 약 5퍼센트를 로열티를 받았으며, 스파이더맨 캐릭터 상품을 팔아 추가 수익을 올렸는데, 〈스파이더맨〉이 개봉한 2002년 마블의 캐릭터 상품 매출은 1억 5,500만 달러에 달했다.[5] 2003년 상반기에 개봉한 〈헐크〉, 〈엑스맨2〉 등 마블 소유 3편의 캐릭터 영화들은 무려 3억 달러의 극장 수익을 올렸는데, 바로 이런 인기를 등에 업고 캐릭터 상품들도 불티나게 팔려나갔다.[6]

슈퍼 히어로 영화가 계속해서 성공하자 마블은 그간 캐릭터 라이선싱을 통해 수익을 창출하던 것에서 나아가 자사가 소유하고 있는 방대한 슈퍼 히어로 캐릭터를 활용해 자체 영화 제작에 나서기로 마음을 먹었고, 이렇게 해서 탄생한 게 바로 마블스튜디오였다. 당시 마블은 세계적인 증권사 메릴린치에서 자사가 보유한 캐릭터들을 담보로 5억 2,500만 달러를 빌려 마블스튜디오를 설립했는데, 이는 사실상 도박이라 할 수 있었다. 바로 이런 상황에서 파이기는 마블스튜디오의 초대 CEO가 된 것이다.[7]

중앙 집중식으로 모든 것을 통제한 파이기

파이기는 마블스튜디오 CEO가 되었을 때부터 한 가지 확고한 원칙을 세웠다. 그건 바로 만화 원작을 존중해 마블이 만들어낸 슈퍼 히어로 캐릭터와 마블 만화의 세계관, 즉 마블 유니버스Marvel Universe를 그대로 영화로 구현하겠다는 것이었다. '만화책에 있는 장면 그대로만 만든다면 엄청날 것'이라는 생각에서였다. 이와 관련해 그는 "영화는 환각 체험이다"면서 이렇게 말했다.

"우리는 기존의 환각 체험을 뛰어넘으면서, 코믹북을 그대로 구현했다. 원작 코믹스의 위대한 부분을 염치없게도 그냥 가져다 대형 스크린에 과감히 내던졌다. 이것이 애초에 우리의 목표였다."[8]

이런 원작 중심주의 원칙 때문이었을까? 파이기는 마블스튜디오가 제작하는 영화에서 연출자의 자율성과 개성이 드러나지 않는 시스템을 구축하는 데 주력했다. '영화는 감독의 예술이자 배우의 예술'인가? 그렇게 생각하는 사람이 많지만 파이기의 생각은 달랐다. 마블의 슈퍼 히어로를 배경으로 한 영화는 감독이나 배우가 예술을 하겠다며 고집을 부릴 수 있는 콘텐츠가 아니라는 게 파이기의 생각이었다. 이런 이유에서 그는 슈퍼 히어로 영화 제작 과정에서 철저하게 원작과 스튜디오가 중심이 되는 위계질서를 세웠으며 중앙 집중식으로 모든 것을 통제했다.[9]

이와 관련해 영화평론가 허남웅은 "마블스튜디오의 대표로 올라선 케빈 파이기는 자신을 비롯해 회사의 중역이 영화 제작에 깊이 관여하는 방식의 시스템을 만들어갔다. 이는 할리우드의 제작 관례로 봤을 때

이례적이었다"면서 다음과 같이 말한다.

"할리우드의 대형 스튜디오는 대중성을 해치지 않는 선에서 감독의 창작권을 최대한 보장하는 쪽을 선호한다. 그래서 프로듀서로는 대개 외부 인사를 영입하기 마련인데 마블스튜디오는 철저히 내부 인사가 제작에 관여하며 오로지 대중성에만 초점을 맞춘 영화 만들기 전략을 선택했다. 이들은 이름값이 전혀 없는 감독인 존 파브로와 루이스 리터리어를 영입해 각각 〈아이언맨〉과 〈인크레더블 헐크〉(이상 2008년)의 현장을 맡겼다. 〈인크레더블 헐크〉에서 브루스 배너 역할을 맡은 에드워드 노튼은 감독과 배우의 창작권을 불허하는 마블스튜디오의 방침에 크게 반발하며 촬영을 거부하기도 했다. 하지만 케빈 파이기의 입장은 확고했다."[10]

그는 배우 캐스팅도 철저하게 원작의 캐릭터에 맞춰 진행했다. '스타산업'이라고 불릴 만큼 영화에서 스타가 차지하는 위상은 엄청나지만 파이기는 의도적으로 유명 배우보다도 잘 알려지지 않은 배우를 캐스팅했다.

예컨대 〈아이언맨〉의 로버트 다우니 주니어Robert Downey Jr.가 그런 경우였다. 로버트 다우니 주니어는 그때까지만 해도 액션·판타지 장르보다는 드라마나 로맨스로 필모그래피를 쌓았던 배우였기에 반대에 직면하기도 했지만 파이기는 주변의 의견을 무시하고 그를 과감하게 캐스팅했다. 지금은 세계적인 흥행 배우로 성장했지만 〈토르〉의 크리스 헴스워스Chris Hemsworth, 〈캡틴 아메리카〉의 크리스토퍼 에번스Christopher Evans 등도 캐스팅될 당시만 해도 그리 인기가 많지 않은 배우였다.

자신의 이런 전략과 관련해 파이기는 "흥행 공식은 캐릭터에게 있지 배우에게 있지 않다"면서 다음과 같이 말했다.

"만약 브래드 피트를 슈퍼 히어로로 캐스팅하면 어떻게 될까요? 사람들은 '피트가 영화에서 금색 가발을 쓰고 빨간 망토를 입은 슈퍼 히어로로 나왔어'라고 할 겁니다. 하지만 무명의 배우가 같은 역할을 맡았을 때 '아, 저건 마블의 토르다'고 인식할 수 있습니다. 얼굴이 덜 알려진 배우는 관객에게 새로운 상상력을 자극합니다."[11]

마블만의 독자적인 세계를 구축하다

〈아이언맨〉을 시작으로 영화 제작에 나선 마블스튜디오는 〈어벤져스〉(2012)로 말 그대로 대박을 쳤는데, 어떻게 이런 일이 가능했던 것일까? 그건 그동안 파이기가 추구해왔던 마블판 트랜스미디어 스토리텔링 전략이라 할 '마블 시네마틱 유니버스Marvel Cinematic Universe, MCU'가 거둔 놀라운 성과였다. "마블 영화가 구축한 거대한 세계관의 중심에는 케빈 파이기가 있다"는 말이 나오는 이유라 할 것이다.

그렇다면 '마블 시네마틱 유니버스'란 무엇인가? 쉽게 말해, 마블코믹스의 세계관, 그러니까 마블 유니버스에 기반해 마블 영화가 구축한 거대한 세계관이다. 마블의 캐릭터들은 각자 개성이 있고 각자의 스토리가 있지만 기본적으로는 하나의 세계관 아래서 활동하기 때문에 특정 시점이나 조건에선 등장인물들이 한자리에 모이는 게 가능한데, 이를 일러 '마블 유니버스'라 한다.

1960년대 이른바 '마블 혁명'을 이끈 스탠 리Stan Lee가 창시한 개념이다. 그는 1963년 이른바 '평행 이론'이라는 것을 만들어 마블 캐릭터들이 한 우주에 살며 9개의 세계를 오갈 수 있게 스토리라인을 구성했는데, 파이기는 이를 기반으로 영화를 제작하고 있는 것이다.[12] 파이기는 다음과 같이 말한다.

"마블의 강점은 다른 세계의 점들을 연결하는 겁니다. 우린 영화와 영화 사이를 연결하는 유일한 제작사예요. 엄청난 연결성, 엄청난 연속성이야말로 우리의 힘입니다."[13]

파이기는 〈아이언맨〉을 통해 영화 제작에 뛰어들면서부터 마블 유니버스에 기반해 여러 마블코믹스 캐릭터가 서로 섞여 있는 영화 속의 세계관을 구축하기로 마음먹고 정교하고 치밀하게 이를 실행해왔는데, 그 결정판이 바로 〈어벤져스〉였다. 〈어벤져스〉는 전 세계적으로 15억 1,955만 달러(약 1조 6,000억 원)를 거두어들이며 〈아바타〉와 〈타이타닉〉에 이어 역대 흥행 순위 3위에 올랐다.

이와 관련해 현대경제연구원은 『그들은 왜 성공한 퍼스트 무버가 되었나』(2015)에서 "마블은 새로운 캐릭터를 창조해내기보다는 기존 캐릭터들의 숨겨진 가치를 부각시키고 이들 간의 크로스오버로 마블만의 독자적인 세계를 구축하기로 결정했다"면서 다음과 같이 말한다.

"〈아이언맨〉 1편에서 캡틴 아메리카의 방패를 소품으로 노출시키는 등 〈어벤져스〉와의 연결 고리를 삽입했으며, 엔딩 크레디트 이후에는 마블이 다음 작품을 암시하는 영상을 삽입하여 각각의 작품이 복사석인 동시에 〈어벤져스〉를 위한 프리퀄로 작용할 수 있도록 제작 초기 단계에서부터 구상했다. 이를 통해 마블이 제작하는 슈퍼 히어로 작품을 공유하는 가상 세계인 '마블 유니버스'를 구축했다."[14]

이런 점에서 보자면 파이기가 추구한 전략의 성공은 사실 마케팅의 승리기도 했다. 이와 관련해 이동진 등은 『어떻게 결정할 것인가: 경쟁의 판을 바꾼 16가지 중대한 결정들』(2014)에서 "개별 슈퍼 히어로들은 국내에서 500만 관객을 넘지 못했다. 최고 흥행작이었던 〈스파이더맨 3〉가 459만 명(영진위 통합전산망 기준)을 동원하는 데 그쳤다. 이렇듯 슈퍼 히어로 장르에서 500만 명은 넘지 못할 벽이었다"면서 다음과 같이 말한다.

"이 벽을 6명의 슈퍼 히어로들이 모여서 깼다. 뭉쳐야 살 수 있음을 증명한 것이다. 뿐만 아니라, 마케팅 플랫폼으로서의 역할도 훌륭하게 해냈다. 700만 명의 관객들은 영화관을 나오면서 슈퍼 히어로들이 개별 출연한 지난 영화들에 대해서도 호기심을 갖게 되었다. 이렇게 되면 그들은 향후 나올 속편들에 대해서도 기대하며 기다릴 것이다. 〈어벤져스〉 개봉 후, 서점에서 『어벤져스 캐릭터 가이드』라는 책은 품절된 상태로 구할 수가 없다.……이제 슈퍼 히어로들은 흩어져도 살 수 있는 자생력을 마련한 셈이다. 이런 의미에서 〈어벤져스〉는 과거, 현재, 그리고 미래를 동시에 챙기는 영화, 그 이상의 영화라고 볼 수 있다."[15]

마블의 아이콘이 된 파이기

〈어벤져스〉의 대성공으로 파이기는 말 그대로 마블의 아이콘이 되었다. 예컨대 2013년 11월 이주현은 "마블과 관련한 외신에서 빠지지 않고 등장하는 이름이 있다. 케빈 파이기"라면서 다음과 같이 말했다.

"그가 던지는 깨알 같은 정보에 영화계 관계자와 마블코믹스의 열혈 독자들은 귀를 쫑긋 세운다. 〈토르〉 3편의 제작 여부를 묻는 질문에 케빈 파이기가 '아이디어는 있지만……'이라고 말을 하는 순간 마블코믹스의 열혈 팬들이 3편에 등장할 악당을 논하는 상황이 벌어지는 것, 이것이 바로 케빈 파이기의 영향력이다."[16]

이렇게 영향력 있는 인물로 성장하며 마블스튜디오의 상징적인 인물이 되었기 때문일까? 마블엔터테인먼트 CEO 아이작 펄머터Isaac Perlmutter와 파이기 사이에 존재하던 갈등이 마침내 2015년 수면 위로 떠올랐다. 펄머터가 〈캡틴 아메리카: 시빌 워〉의 제작 과정에서 아이언맨 역을 맡은 로버트 다우니 주니어와 발생한 마찰로 인해 대본에서 아이언맨 분량을 삭제하라는 조치를 취하자 파이기가 공개적으로 불만을 토로하고 나서면서 발생한 일이었다.

검약한데다가 세세한 것까지 관리하는 마이크로 매니징micromanaging으로 유명했던 펄머터는 〈캡틴 아메리카: 시빌 워〉의 배우 출연료를 비롯해 제작비가 눈덩이처럼 불어나자 "스케일을 줄여라"라고 명령했는데, 이에 파이기가 이른바 '항명'을 하고 나선 것이다. 그간 "괴로움의 수년"이라며 펄머터의 독재에 불만을 토로해왔던 파이기는 이 일을 계기로 펄머터와 더는 일을 하기 힘들다는 반응을 보인 것으로 알려졌다.[17]

권력 다툼으로까지 비화된 이 갈등의 승자는 물론 파이기였다. 2009년 9월 1일 무려 40억 달러(약 5조 원)를 투자해 마블스튜디오의 모기업인 마블엔터테인먼트를 인수했던 디즈니가 2015년 8월 파이기가 '직속상관'인 펄머터를 거치지 않고 디즈니스튜디오의 수장인 앨런 혼Alan Horn에게 직접 보고하는 구조로 조직 개편을 단행한 것이다.

당시 디즈니는 대외적으론 디즈니스튜디오의 회장인 앨런 혼을 중심으로, 월트 디즈니, 픽사, 루커스 필름, 마블스튜디오를 하나의 조직으로 묶기 위해 조직 개편을 단행했다고 발표했다. 하지만 사실상 파이기를 펄머터의 통제에서 벗어나게 함으로써 파이기에게 힘을 더 실어주겠다는 복안에서 단행한 개혁이라 할 수 있었다. 파이기가 마블엔터테인먼트가 아닌 디즈니의 직접적인 통제를 받을 수 있는 구조로 조직이 개편되었으니 말이다.

이 조직 개편으로 인해 그간 마블스튜디오가 제작하는 영화의 큰 방향을 결정해왔던 마블엔터테인먼트 내의 '크리에이티브 위원회'마저 수명을 다하게 되었다. 그간 마블엔터테인먼트는 펄머터와 파이기를 비롯해 만화가까지 참여하는 6명의 '크리에이티브 위원회'를 통해 영화 제작과 관련한 모든 것을 결정한 후 디즈니에서 사후 승인을 받는 식으로 영화 제작을 해왔다.[18]

〈캡틴 아메리카: 시빌 워〉예산 문제에서 비롯된 갈등과 알력으로 마블스튜디오 CEO에서 사퇴할 뻔했던 파이기는 이렇게 해서 자신의 시대를 본격적으로 열 수 있는 환경을 선물 받았다. 물론 마블스튜디오의 명실상부한 최고 권력자가 된 파이기 체제에서 마블 영화는 여전히 승승장구하고 있다.

'환각 체험' 제공을 위한 마블의 전략

파이기는 자신의 성공 비결로 5가지의 스토리텔링 원칙을 제시한다. 콘텐츠를 섞고 연결한다Scramble, 영화에 맞게 변형한다Transform, 배우보다 캐릭터를 우선시한다Override, 결점이 많은 캐릭터를 만들어 사실성을 높인다Reality, 스토리텔러 자신의 경험에 충실한다Yourself 등이 바로 그것이다.[19] 그간 파이기 체제의 마블스튜디오가 생산해온 슈퍼 히어로 영화를 생각해보면 이해가 되는 비결이라 할 수 있겠다.

그렇다면 그는 이런 식의 스토리텔링을 통해 무엇을 대중에게 제공하고자 하는 것일까? 아무래도 "영화는 환각 체험"이라는 그의 말에서 답을 찾을 수 있을 듯하다. 파이기는 브랜드 통일성을 위해 그간 자신이 추구해왔던 '마블의 정체성'을 더욱 강화하는 방향의 전략을 구사할 것임을 시사해왔는데, 그 중심에 역시 '환각 체험' 제공이 있다. 이를 위해 파이기가 마블 영화에서 중점을 두고 있는 것은 크게 3가지다. 지극히 평범한 수준의 내용이긴 하지만 파이기의 발언을 통해 이를 알아보자.

첫째, 소원을 이루는 소재와 테크놀로지의 결합을 기반으로 한 영화다. 지극히 비현실적인 코믹북의 슈퍼 히어로를 영화로 제작하는 만큼 이는 필수불가결한 요소라 할 수 있을 것이다. 이와 관련해 파이기는 "내 작품의 매력은 테크놀로지다"라면서 "마블이 영화나 만화 산업에서 성공할 수 있었던 것은 소원 성취와 꿈을 달성하는 소재로 영화나 만화를 만들었기 때문"이라고 말했다.[20]

둘째, 유머 코드의 영화다. 파이기는 2013년 마블 영화를 보면 어두운 요소가 있긴 하지만 이는 "어디까지나 경쾌하고 밝은 것을 보여주기 위해서다. 히어로 무비에서는 주인공들이 겪는 고난이 중요하다고 생각하는데 그럼에도 가장 중요한 요소는 '유머'다"면서 "계속해서 유머 코드를 살려 영화를 찍을 계획이다"고 했다.[21] 파이기는 2015년 5월 댓글 커뮤니티로 유명한 '레딧'과의 Q&A 시간에서도 "항상 팬들이 나에게 마블 영화가 앞으로 어두워지는 것인지에 대해 묻는다. 그럴 때 나는 예고편이 조금은 어두울지라도 본편은 절대 그렇지 않을 것이라고 이야기를 한다"면서 "마블의 DNA는 유머다. 그것을 바꿀 계획은 전혀 가지고 있지 않다"고 말했다.[22]

셋째, 가족 영화다. 파이기는 2017년 4월 20세기폭스가 〈데드 풀〉, 〈로건〉 등 이른바 19금 히어로 영화를 통해 각각 7억 달러, 6억 달러의 흥행 수익을 올린 것과 관련해서 마블은 앞으로도 굳건하게 청소년 관람 가능 히어로 영화를 제작하겠다고 말했다. "내가 〈데드 풀〉과 〈로건〉에서 가져올 것은 19금 등급이 아니다. 그들이 취한 위험, 그들이 취한 기회, 그들이 밀어붙인 창의성이다. 내 원칙상 히어로 무비는 모든 사람들을 위한 것이어야 한다."[23]

그간 마블코믹스는 주연과 조연을 합쳐 8,000~9,000여 명의 캐릭터를 창조했는데, 작품의 90퍼센트 이상이 슈퍼 히어로다.[24] 앞으로 파이기가 영화로 만들 작품은 지천으로 널려 있는 셈이다. 마블은 이미 2019년 라인업까지 발표한 상태로, 이 작품들 역시 그간 마블의 성공을 이끌어온 트랜스미디어 스토리텔링 전략에 따라 관객들을 만날 예정이다. 파이기가 생산하는 슈퍼 히어로물 역시 언젠가는 수명을 다하겠지만, 마블의 슈퍼 히어로들이 펼쳐 보이는 마법에 홀린 사람들이 증가하

고 있다는 점에서 '마블의 전성시대'가 한동안 이어질 것이라는 것은 부

인하기 어려울 듯하다.

질문을 하는
설계자들

"최고만이
최선이다"

예르겐 비 크누스토르프

'자율 추구와 창조 본능'을 충족시켜주는 레고

구글의 공동 창업자인 세르게이 브린과 래리 페이지는 레고의 광팬으로 유명하다. 특히 페이지는 레고 블록으로 완벽하게 작동하는 잉크젯 프린터를 만든 적이 있을 정도다. 구글이 레고에서 영감을 얻어 제작한 것들도 있다. 구글 로고에 사용되는 빨강·파랑·노랑의 3원색은 레고의 기본 블록에서 영감을 얻어 제작한 것이며, 구글의 조립폰 역시 레고에서 아이디어를 차용해 만들었다. 구글은 직원을 뽑는 입사 시험에서도 창의성을 테스트하기 위해 레고 블록을 활용한다.[1]

레고는 덴마크의 목수 올레 키르크 크리스티얀센(Ole Kirk Christiansen)이 만들었다. 그는 아이들을 위해 나무로 된 장난감을 만들어주다가 아이들이 매우 재미있어 하는 걸 보고 1934년 레고를 창업했다. 레고는 덴마크어 '레그 고트leg godt'에서 유래한 말로 '재미있게 잘 놀다play well'라는 뜻이다. 훗날 우연히 밝혀진 것이지만 라틴어로 '나는 짓는다'라는 뜻을 가지고 있기도 하다.[2]

페이지·브린 못지않게 레고 블록을 예찬하는 사람도 많다. 데이비드 로버트슨·빌 브린은 『레고 이렇게 무너진 블록을 다시 쌓았나』(2016)에서 "레고 블록은 특허로 등록된 뒤 50여 년 동안 아동과 성인 수백만 명의 상상력에 불을 지폈으며, 창의성을 발휘하는 보편적인 도구가 되었다"면서 "아마도 애플을 제외하고 레고만큼 열광적인 지지를 이끌어내는 브랜드는 없을 것이다"고 말한다.[3]

심리학자들은 레고의 인기 비결을 "규칙과 상상력을 동시에 구현하고, 자체적으로는 의미를 갖지 않는 재료들을 모아 의미와 스토리를 만드는 것"에서 찾는다. 이와 관련해 문요한은 다음과 같이 말한다.

"인간은 자신의 운명을 스스로 주조하려는 속성을 지니고 있다. 자신의 인생을 스스로 만들어가고 싶고 자신의 이야기를 스스로 써내려가고 싶어 한다. 그러므로 낱개의 부품들에 형태를 부여하고 더 나아가 새로운 의미를 담아 새로운 형태를 만드는 레고 놀이야말로 우리 안의 자율 추구와 창조 본능을 충족시켜준다."[4]

이런 이유 때문일까? 사람들은 매년 50억 시간을 레고 블록 조립에 투자하고 있다.[5] 레고그룹은 지난 2014년 한 해 동안에만 생산된 브릭 수는 약 600억 개에 달하며 이를 연결하면 지구를 총 24번이나 도는 규모라고 말했다. 미국의 경제 전문지 『포천』은 레고를 세기의 장난감으로 선정하면서 레고 블록에 대해 반농담조로 "적어도 100억 개는 소파

쿠션 밑에 그리고 30억 개는 진공청소기 안에 있을 것이다"고 했다.[6]

레고에 번영의 시절만 있었던 것은 아니다. 1993년부터 2002년까지 10년간 16억 달러(약 1조 7,016억 원)를 날려 파산 위기에 직면했던 아픈 기억도 가지고 있다. 1988년 레고가 가지고 있던 브릭 장난감의 특허권 만료로 인해 저가의 짝퉁 제품이 시장에 진입한 데다 1990년대 들어 전 세계적으로 출산율이 저하되는 가운데 닌텐도의 슈퍼패미컴, 소니의 플레이스테이션, 마이크로소프트의 엑스박스X-Box를 비롯한 비디오게임과 개인용 PC에 설치된 컴퓨터게임·온라인게임 등이 크게 성장하면서 전통적인 장난감 시장이 급격하게 축소한 데 따른 것이었다.[7]

이와 관련해 영국의 『인디펜던트』는 2000년 12월 레고에 대한 기사에서 이렇게 말했다. "즉각적인 만족을 구하는 오늘날의 아이들은 등만 쓰다듬으면 가상 애완동물이 살아나는 환경에서 플라스틱 블록 수백 개를 쌓는 수고를 원치 낳는다."[8]

스티브 잡스보다 혁신적인 경영자

위기 극복을 위해 레고는 사업 다각화 전략을 추구했지만 그런 노력이 성공을 거두기는커녕 오히려 상황만 악화시켰다.[9] 이런 가운데 레고의 부활을 이끈 사람이 바로 2004년 레고의 구원투수로 등장해 2016년 12월까지 14년간 CEO로 활동하며 레고의 전성기를 이끈 예르겐 비 크누스토르프Jorgen Vig Knudstorp다. 『레고 어떻게 무너진 블록을 다시 쌓았나』의 공동 저자 네이비드 로버트슨은 "크누스토르프는 어떤 면에서는 애플 창업자 스티브 잡스보다 더 혁신적인 경영자"라고 말할 정도다.[10]

크누스토르프는 1968년 덴마크 남동부에 있는 항구 도시 프레데리시아에서 태어났다. 아버지는 엔지니어였고 어머니는 선생님이었다. 어린 시절 그는 여느 아이들처럼 전자식 자동차나 기차 등의 장난감을 가지고 놀고 싶어 했지만 부모는 그에게 레고 블록을 주었다. 아이들에게 최고의 장난감은 배터리를 사용하지 않는 장난감이라고 생각한 이유 때문이었다.

크누스토르프는 덴마크 오르후스대학에서 경제학을 공부했으며 영국 크랜필드대학에서 경영학 석사MBA, 미국 매사추세츠공대MIT와 오르후스대학에서 경제학 박사학위를 받았다. 1998년 글로벌 컨설팅 회사 맥킨지에 입사해 컨설턴트로서의 능력을 입증했지만 맥킨지의 마초적이면서도 전통적인 문화에 적응하지 못해 2년 반 만에 그만두었다. 당시 크누스토프르와 함께 일했던 맥킨지의 한 직원은 그가 상냥한 사람이었으며, 최신 기기를 들고 다니는 약간은 '기계광' 같은 사람이었다고 회고했다.[11]

그는 2001년 신사업 개발 담당 임원으로 레고에 첫발을 들였는데, 어렸을 때부터 레고를 가지고 놀았기 때문일까? 그는 자신은 '레고의 유산'을 잘 알고 있었기 때문에 레고에 입사하는 것은 일종의 귀가와 같은 것이었다고 말했다.[12]

그는 레고그룹의 전략 개발 본부장으로 활동하다가 2004년 37세의 젊은 나이에 레고의 CEO로 깜짝 발탁되었다. 이렇게 해서 그는 레고의 창업자 크리스티얀센 가문이 대대로 수장을 맡았던 관례를 깨고 외부인으로는 레고그룹의 첫 CEO가 되었는데, 여기엔 그럴 만한 이유가 있었

부와 혁신의 설계자들

다. 레고그룹이 전대미문의 위기에 처해 파산 직전까지 몰렸던 2003년 6월 그는 레고그룹 이사회에서 매출 하락 상황을 보고하는 기회를 얻었다. 이때 그는 냉정한 분석을 담은 보고서를 발표하면서 레고의 토대가 무너지고 있다고 지적한 후, 문제는 저절로 사라지지 않을 것이기에 강도 높은 구조조정과 개혁을 해야 한다고 주장했다.[13]

레고에 합류한 지 얼마 되지 않은 신참의 입에서 독설이 쏟아지자 레고의 역사를 일구어왔던 이사들이 노골적으로 불만을 표출했음은 물론이다. 회의실을 나오면서 크누스토르프가 일자리를 잃을지도 모른다고 생각했을 정도로 이사들은 불쾌한 반응을 보였다. 하지만 이때 그를 눈여겨본 사람이 있었다. 바로 레고 창업자 크리스티얀센의 손자 키엘 키르크 크리스티얀센Kjeld Kirk Kristiansen이었다. 크누스토르프의 진단이 정확했을 뿐만 아니라 그가 제시한 처방이 일리가 있다고 생각했던 것인지 크리스티얀센은 이듬해 그를 CEO로 임명했다.[14]

다시 기본으로

크누스토르프는 레고가 처한 위기의 원인을 과다한 혁신에서 찾았다. 1990년대부터 본격적으로 발생한 위기를 헤쳐나가기 위해 레고는 신제품 개발과 사업 다각화 등 다양한 방법을 동원했는데, 바로 그런 과다한 혁신이 오히려 레고의 위기를 부추기는 요인으로 작용했다는 게 그의 진단이었다. 훗날 그는 "레고그룹은 다른 기업들에 혁신의 대명사로 불립니다"라는 질문에 대해 다음과 같이 말했다.

"그런가요? 레고는 오히려 10년 전 혁신 과잉으로 파산 위기에 처했던 회사입니다. 절대로 혁신이 없어서 위기에 처한 것이 아니었어요. 수많은 혁신을 적절하게 배열하고 속도를 조절할 줄 몰랐던 거죠. 레고는 1990년대 성장이 힘들어지자 새로운 임원진을 외부에서 영입하고 여러 가지 신新사업을 시작했습니다. '더이상 아동들은 블록 같은 전통적인 장난감을 좋아하지 않는다'는 외부 컨설턴트의 분석에 따라 전자 장난감 사업을 확대했고, 미국 시장을 뚫기 위해 미니 피규어mini figures 대신 근육질 남자 모형 '잭 스톤'을 개발했어요. 액션 피규어action figure(관절이 움직이는 사람 모양의 캐릭터 인형)가 유행하자 마블로 유명한 해즈브로에서 개발자도 데려와 히어로물 '갤리도어'도 만들었지요. 2~3년마다 레고랜드를 개장하고, 2005년까지 300개의 레고 스토어를 열려고 준비했습니다.……당시 레고는 혁신 강박증에 빠져 있었지요."15

크누스토르프가 레고 부활의 비전으로 제시한 것은 '다시 기본으로 Back to the Basic'였다. 그러니까 '레고의 시작이자 핵심인 블록으로 돌아가자'는 게 그가 내놓은 비전이었다. 무조건 새로운 것으로 바꾸기보다는 핵심을 지킨 채 세상의 변화를 수용하는 게 필요하다는 생각에 따른 결정이었다. 이는 레고 창업 때부터 내려오던 정신이자 레고그룹의 슬로건인 "최고만이 최선이다det bedste er ikke for godt"를 충실히 따르겠다는 의지의 표현이기도 했다. 그는 이렇게 말했다.

"저는 어릴 적부터 레고와 많은 시간을 보냈기 때문에 레고의 유산遺産을 잘 알았습니다. 레고가 사라지면 사람들은 무엇을 가장 그리워할까요? 블록과 미니 피규어입니다. 그래서 저는 레고의 핵심인 블록에 집중했습니다."16

이런 전략에 따라 그는 3억 달러에 달하던 적자를 줄이려고 수익이 저조했던 테마파크 '레고랜드'를 미국 사모펀드 블랙스톤에 매각하고 수익성이 나쁜 사업 부문은 과감하게 정리했다.[17] 그는 레고 창립 당시의 '놀이 철학'으로 되돌아가기 위해 블록의 종류도 간소화하고 단순화했다. 1990년대 중반 4,000여 개였던 레고 블록의 종류는 2004년 1만 4,200여 개로 늘어나 제품군 간의 호환성을 떨어뜨리고 있었는데, 그는 블록의 종류를 7,000개로 다시 줄이는 한편 표준 블록 사용 비율도 70퍼센트로 높였다.[18] 그가 레고의 회생 과정을 "우리는 근본적으로 과거에서 훔친 자산으로 미래를 해석했다"고 말하는 이유라 할 것이다.[19]

그는 취임 직후 빌룬트에서 3,500명의 직원 중 1,000명을 감원하는 등 피도 눈물도 없는 대대적인 구조조정을 실시해 지역 주민들에게서 큰 원성을 샀지만,[20] 취임 1년 만에 레고의 실적을 흑자로 돌려놓았으며, 이후 레고 매출은 10년 이상 지속적으로 상승했다.

레고 부활의 견인차, 레고의 팬덤 Afol

그렇다고 해서 그가 과거와 단절만 한 것은 아니었다. 그는 레고의 전통 핵심 고객층인 5~9세 남자 아이들을 겨냥하면서도 과거의 실패한 유산 가운데서 회사의 자산으로 활용할 수 있는 것들에도 주목했다. 특히 그가 주목한 것은 레고의 성인 팬덤이었다. 성인 팬덤은 레고 부활에서 결정적인 역할을 한 사람들이니만큼 크누스토르프의 전략을 이해하기 위해서 자세히 살펴보자.

전 세계에 퍼져 있는 수많은 성인 레고 팬을 일러 Afol^{Adult Fans of}

LEGO이라고 한다. 이 말은 레고 팬덤이었던 제프 톰슨Jeff Thompson이 1995년 6월 13일에 레고의 사용자 커뮤니티인 RTLrec.toys.lego에서 처음 사용한 것으로 알려져 있다.[21] 1990년대 후반 인터넷이 본격화하면서 온라인에서 레고 커뮤니티는 빠른 속도로 증가하기 시작했으며, 2000년 워싱턴 D.C.에서 레고의 성인 팬들이 자체적으로 주최한 행사 브릭 페스트Brick Fest가 열렸다.[22] 2000년대 초까지 전체 시장에서 차지하는 이들의 비중은 약 5퍼센트에 불과했지만 이들은 씀씀이가 큰 집단이었다. 당시 이들은 자녀를 둔 평균 가정보다 약 20배가량의 돈을 레고에 사용하고 있었다.[23]

게다가 이들은 단순한 소비자가 아닌 이른바 프로슈머prosumer의 기질까지 가지고 있었다. 1998년 발생한 '마인드스톰Mindstorms'의 소프트웨어 변형 사건은 이를 잘 보여주었다. 마인드스톰은 레고가 미국 매사추세츠공과대학MIT과 손잡고 만든 움직이는 레고 로봇이다. 마인드스톰엔 로봇을 제어하는 15개 종류의 프로그램이 내장되어 있었는데, 시판한 지 얼마 안 되어 스탠퍼드대학원에 다니던 케코아 프루드푸트 Kekoa Proudfoot가 레고 사이트를 해킹해 마인드스톰스의 전자 제어 알고리즘을 공개하는 일이 발생했다.

이에 레고그룹은 처음엔 법적 대응까지 고려하는 등 격분했지만 시간이 흐르면서 한 가지 흥미로운 사실을 알게 되었다. 사용자들의 창의력이 제품 경쟁력을 강화하고 시장을 확대하는 결과를 가져오고 있다는 게 그것이었다. 소프트웨어 변형에 흥미를 느낀 고객들이 잇따라 '자신만의 마인드스톰'을 만들어내고 이게 인터넷을 통해 확산되면서 오히려 고객이 크게 늘어나고 있었던 것이다. 이 사건을 계기로 레고는 전략을 180도 바꿔 고객들의 소프트웨어 변형을 장려하기 시작했으며, 마인드스톰 소프트웨어 라이선스에 '해킹의 권리right to hack'를 명기하기까지 했다.[24]

여러 면에서 보건대 Afol은 레고의 성장 동력이 되기에 충분했다. 하지만 레고그룹은 여기서 큰 실책을 저지르게 되는데, 그건 Afol의 가치를 과소평가한 것이었다. '해킹의 권리'까지 허락했던 마인드스톰에 대한 대응에서 이는 잘 드러났다. 당시 레고는 조사를 통해 마인드스톰 애호가의 70퍼센트가 아동이 아니라 성인이라는 결과를 얻었음에도 다른 사업 분야에 집착한 나머지 마인드스톰은 제쳐두다시피 했으며, 2001년엔 마인드스톰 개발진을 해체하고 마케팅을 중단하는 등 Afol과의 관계 구축에 소홀했으니 말이다.

이런 상황은 크누스토르프가 CEO로 취임할 때까지 지속되었다. 예컨대 훗날(2006년) 마인드스톰 팀을 이끌게 되는 쇠렌 룬Søren Lund은 이렇게 말했다. "우리는 오랫동안 마인드스톰을 죽이려고 노력했습니다. 그래서 아무런 지원도 하지 않았죠."[25]

팬덤의 '집단지성'을 활용한 레고의 비즈니스

CEO 취임 후 크누스토르프는 Afol과의 긴밀한 관계를 형성하는 데 집중했다. 특히 그는 마인드스톰의 경험을 토대로 2004년 9월 마인드스톰 커뮤니티에서 적극적으로 활동하는 4명의 회원을 뽑아 로봇 키트의 새 버전 테스트를 부탁했다. '개방·공유·참여'라는 디지털 비즈니스

환경에서 '팬덤'의 힘을 레고 제품 개발에 본격적으로 활용하기 시작한 것이다. 이런 이유 때문일까? 데이비드 로버트슨·빌 브린은 "레고는 제임스 서로위키가 『대중의 지혜』라는 획기적인 책을 펴내기 1년 전에 크라우드소싱에 대한 실험에 착수했다"면서 레고가 이른바 '집단지성'을 활용한 선두 기업이라고 말한다.[26]

크누스토르프는 Afol과의 접촉면도 넓혀나갔다. 2005년 그는 레고 팬들을 만나기 위해 직접 워싱턴 D.C. 근교의 조지메이슨대학에서 열린 팬 주최 행사인 브릭 페스트에 참석해 레고 팬들과 레고 제품의 방향성을 두고 토론을 벌였다.[27] 이때 Afol이 가장 원하는 게 창의성을 구현할 수 있는 제품이라는 사실을 알게 된 그는 이른바 '디자인 바이 미design by me' 서비스를 시작했다. 레고 팬들이 인터넷에서 전용 소프트웨어를 다운로드받아 자유자재로 블록을 조립해본 뒤 마음에 드는 모델을 주문하면 실제 레고 제품을 집으로 배달해주는 서비스였다. 충성도 높은 팬들에게서 피드백이 끊임없이 쏟아지면서 레고 제품은 회사가 상상하지 못했던 모습으로 변모하기 시작했다.

그는 팬덤의 아이디어를 바탕으로 비즈니스 모델까지 추진했다. 고객이 먼저 컴퓨터로 자신의 레고 작품을 조립해 인터넷에 공개하도록 한 뒤, 온라인에서 그것을 사고 싶다는 고객이 일정 수를 넘으면 상품화하는 식이었다. 이게 팬덤의 충성도를 높이는 동시에 돈 한 푼 들이지 않고 이들을 레고 개발 인력으로 활용하는 일석이조의 효과를 거두었음은 물론이다.[28]

팬덤의 힘으로 완구업계의 강자가 되었기 때문일까? 그는 팬들의 브랜드 참여도와 결속력을 유지하기 위해 팬덤 관리에 심혈을 기울였는데, 2005년부터 시작한 이른바 대사ambassador 프로그램이 대표적인 경우라 할 수 있다. 대사 프로그램엔 30여 개의 사용자 그룹에서 선발한 20여 명이 참가하는데, 이들은 커뮤니티가 가진 요구와 의문 사항을 직접 레고 경영진들에게 전달하는 역할을 수행한다. 물론 레고 경영진들은 이들에게서 아이디어를 구하고 개발 중인 프로젝트에 대한 사용자 그룹의 의견을 구한다.[29]

팬 커뮤니티와 적극적인 커뮤니케이션에 나서면서 그간 음지에서 활동하던 팬들의 참여도 크게 증가했다. 1999년 11개에 불과했던 레고 사용자 그룹은 2006년 60개를 넘어섰으며,[30] 2012년 2월 현재 전 세계에 걸쳐 10만 명이 넘는 성인 팬이 활동하는 레고 사용자 그룹은 150여 개에 달했다.[31] 데이비드 로버트슨·빌 브린은 "수천 명의 레고 팬들은 전 세계 도시에서 매달 열리는 컨벤션에 모여든다"면서 레고 팬덤의 활약에 대해 다음과 같이 말한다.

"인터넷에는 레고 팬들을 위한 세계 포럼인 러그넷LUGNET(레고 사용자 그룹 네트워크)과 모형 제작자들이 35만 개가 넘는 자작 모형을 자랑하는 모크MOC, My Own Creations 페이지들, 팬이 만든 사이트로 200만 개에 달하는 이미지를 담고 있을 뿐만 아니라 레고 키트와 조각들이 활발하게 거래되는 브릭셸프, 2만 4,000쪽에 걸친 리뷰와 포럼이 있는 레고의 위키인 브리키피디아처럼 팬들이 모이는 사이트가 많다."[32]

레고의 스토리텔링 마케팅

레고는 완구 회사인가? 이젠 그렇게 말하기 어렵게 되었다. 이른바 원 소스 멀티유즈One-Source Multi-Use 전략을 통해 레고의 대표 제품 블록 쌓기 장난감뿐만 아니라 영화와 비디오게임, 테마파크, 실내 놀이터 등 다양한 사업을 전개하고 있기 때문이다. 레고가 구현하는 원 소스 멀티유즈의 핵심은 완구에 스토리텔링을 결합하는 것으로, 레고는 지난 2010년경부터 이런 '스토리텔링 마케팅'을 적극 전개하고 있다. 닌자고 등 인기 시리즈를 '미드(미국드라마)'처럼 영상물로 제작해 유튜브에 올리고 케이블TV로 방영하는 식이다.[33] 이렇듯 스토리가 있는 레고 블록을 일러 '플레이 테마'라 한다.[34]

레고의 2015년 상반기 매출은 전년 같은 기간보다 23퍼센트 증가한 21억 달러(약 2조 5,000억 원)를 기록해 1932년 회사를 설립한 이후 최대 실적을 거두었는데, 이는 '스토리텔링 마케팅'이 거둔 결과였다. 10년 전만 해도 레고 전체 매출에서 20퍼센트가량에 머물렀던 플레이 테마의 비중은 2015년 현재 60퍼센트가량을 차지할 정도로 껑충 뛰었다.

스토리텔링 마케팅이야 새삼스러운 게 아니다. 그럼에도 레고가 전개하고 있는 플레이 테마의 스토리텔링이 주목받는 이유는 어디에 있을까? 이에 대해 류경동은 "레고에는 구글과 같은 첨단 보유 기술이 없다. 스티브 잡스 같은 카리스마 넘치는 경영자나 디자이너도 없다. 레고는 철저한 팀워크를 강조한다. 조직의 힘으로 탄생한 것이 '플레이 테마'다"면서 다음과 같이 말한다.

"경쟁사 디즈니도 〈겨울왕국〉 등을 통해 이 같은 판매 기법을 고수한다. 하지만 레고는 스토리 제작 단계부터 레고 측 인력이 투입되는 방식으로 스토리와 레고 블록의 판매를 직결시킨다."[35]

2016년 12월 6일 크누스토르프는 14년간의 CEO 임기를 마치고 브랜드 전략을 담당하는 신설 회사 레고 브랜드 그룹 회장으로 자리를 옮겼다. 레고 브랜드 그룹은 레고의 전반적인 사업 전략을 총괄하는 최고 조직이다. 그는 "우리는 레고 브랜드의 새로운 길을 탐색하고자 한다"고 말했는데,[36] 그렇다면 앞으로 레고는 어떻게 변모하게 될까?

데이비드 로버트슨은 "오늘날 레고가 마주한 위기는 바로 디지털 기술 발전이다. 직접 게임 속에 들어가는 듯한 가상현실 기술을 포함한 새로운 기술이 레고를 위협하고 있는 것이다. 이에 대응해 블록 업체 레고는 '블록 없는 세상'을 만드는 다양한 사업을 추진하고 있다"면서 레고의 미래상에 대해 다음과 같이 예측한다.

"레고는 이미 단순한 장난감 회사가 아니라 미디어 회사와 비슷한 모습으로 바뀌고 있다. 레고 캐릭터를 바탕으로 제작된 콘텐츠를 여러 가지 플랫폼에서 활용하는 전략이 더 다양해질 것이라는 의미다. 레고의 기본적인 비즈니스 모델은 소프트웨어 회사와 가깝다. 당장은 레고가 출시한 비디오게임이 마인크래프트와 경쟁하겠지만, 장기적으로 레고는 디즈니와 경쟁할 것이다."[37]

"우리는 고양이를 본떠
호랑이를 그렸다"

마화텅

BAT의 대표주자, 텐센트

미국에 TGIF(트위터·구글·애플[아이폰]·페이스북)가 있다면 중국
엔 BAT가 있다. 중국의 대표적 인터넷 기업인 바이두Baidu, 알리바바
Alibaba, 텐센트Tencent의 앞 글자를 따서 부르는 말이다. 바이두는 중국
의 검색 시장 1위 기업으로 구글에 대적하고 있고, 알리바바는 아마존
과 세계 전자상거래 시장에서 패권을 다투고 있으며, 텐센트는 SNS와
온라인 게임 분야의 강자다.[1] 2015년 9월 현재 BAT의 시가총액 합은
3,790억 달러를 넘어 한국의 시가총액 '빅3'인 삼성전자, 현대자동차,
한국전력의 시가총액의 합을 넘어섰다.[2]

BAT 가운데서 최근 들어 가장 주목받고 있는 기업은 단연 텐센트다.
텐센트의 주력 사업은 SNS와 온라인 게임이다. 예컨대 오늘날의 텐센트를 일군 메신저 QQ 이용자는 2016년 2월 현재 8억 6,000만 명에 달한다. 이는 9억 명으로 전 세계 모바일 메신저 이용자 수에서 1위를 달리고 있는 '와츠앱Whatsapp' 다음이다. 2011년 1월부터 서비스를 시작한 모바일 메신저 위챗WeChat(중국명 웨이신微信) 이용자는 2016년 3월 현재 7억 명가량으로 '중국의 카카오톡'으로 통한다. 현재 중국인들은 대화의 창, 돈 거래의 통로, 모바일 명함, B2Cbusiness to consumer 정보의 장, 소셜 미디어로 위챗을 사용한다.[3]

텐센트는 QQ와 위챗을 플랫폼으로 삼아 문어발식 확장을 하고 있는데, 대체 '정체성'을 어떻게 규정해야 할지 모를 만큼 업종을 가리지 않는다. 게임, 포털, 검색, 전자상거래, 블로그, 이메일, SNS, 엔터테인먼트 사업에서부터 택시, 세탁, 가정부, 음식점, 여행, 의료, 교육과 같은 일상 소비, 대부업의 금융, 유통 물류, 영화 제작사, 인공지능까지 오프라인과 온라인을 가리지 않고 손을 뻗치고 있다.[4]

텐센트는 2015년 3월 열린 양회兩會(전국인민대표대회와 인민정치협상회의)의 업무 보고에서 리커창 중국 총리가 중국 경제를 견인할 차세대 성장 동력으로 주창하면서 강조한 '인터넷플러스(인터넷+)'의 중심에 선 기업이기도 하다. 이 개념은 2012년 11월 제5차 모바일 인터넷 박람회에서 중국 IT 시장조사 기관 이관즈쿠易觀智庫 위양於揚 이사장이 처음으로 제시한 말로 알려졌지만, 인터넷플러스를 중국의 국가 전략으로 제정할 것을 건의하고 밑그림을 그린 인물은 텐센트 회장 마화텅馬化騰(영문명 Pony Ma)이다.[5]

마화텅이 양회에 참석해 "전기 사용이 산업계에 혁명을 몰고왔듯 모바일 인터넷이 산업계 전반에 천지개벽의 변화를 일으킬 것이다"며 "'인터넷플러스' 시대가 도래했다"고 강조할 수 있었던 것도 이 때문이다. 인터넷플러스는 모바일 인터넷, 클라우딩 컴퓨터, 빅데이터, 사물 인터넷 등에 제조업을 비롯한 전통 업종을 결합시켜 E-비지니스, 공업 인터넷과 금융 인터넷을 추진하고, 이들 인터넷 기업으로 세계시장을 개척하겠다는 중국의 행동 계획을 말한다.[6]

천문학자를 꿈꾸던 소년에서 프로그래머로

중국의 '빌 게이츠', '마크 저커버그' 등으로 불리는 마화텅은 1971년 10월 광둥廣東성 산터우汕頭시에서 관얼다이官二代(관료 2세)로 태어났다. 그의 아버지 마천수馬陳術는 교통부 고위 관료를 지낸 중국 공산당 간부로 선전深의 항운총공사 사장과 염전항 그룹 부총경리를 지냈다. 마천수는 항만업으로 부를 쌓은 중화권 최대 부호 홍콩의 리카싱李嘉誠 장강실업 회장과 '고향 형 동생' 사이다.[7]

그는 13세가 되던 해 부모님을 따라 덩샤오핑이 주창한 개혁·개방의 첫 시범 지역으로 중국 제조업의 본고장으로 부상하고 있던 광둥성 선전으로 이사했다. 경제 특구로 지정되어 있었기에 당시 선전은 중국 어느 도시보다 개방과 혁신의 정신이 흘러넘치던 곳이었다. 이런 분위기에 영향을 받은 것일까?

애초 천문학자를 꿈꾸었던 마화텅은 인터넷이 막 보급되기 시작한 선전에서 인터넷을 접한 후 컴퓨터를 전공하기로 마음을 고쳐먹고 컴퓨터 사용법을 익혀나갔다. 선전대학 컴퓨터공학과에 진학, 자신의 컴퓨터 활용 능력을 십분 발휘해 대학 시절부터 중국 내에서 천재 프로그래머로 이름을 날렸다. 이런 그에게 친구들은 '해커'라는 별명을 붙여 주었다. 마화텅은 바이러스에 대한 지식도 많아 선전대학 전산실 직원들까지 그를 찾아가 자문할 정도였는데, 당시 선전대학이 바이러스 관련 보안 시스템을 고민하는 것을 알고 방안을 마련해 학교에 제출하기도 했다.[8]

대학 졸업 후 종합통신서비스 제공업체인 차이나텔레콤에 입사해 호출 프로그램을 만드는 등 5년 동안 소프트웨어 개발자로 일했다. 이때 우연히 윈도 시스템을 기반으로 한 이스라엘의 실시간 메신저 서비스 ICQ를 접하고 중국에서도 ICQ처럼 사람을 호출하고 사람과 대화하고 이메일을 확인할 수 있는 프로그램을 만들면 좋겠다는 생각을 했다. 그런 프로그램을 만들겠다는 취지에서 1998년 창업한 게 바로 텐센트다. 마화텅의 핵심 파트너인 장즈둥張志東을 비롯한 창업 멤버들은 모두 선전대학 컴퓨터학과 동기들이다. 마화텅은 텐센트 창업 당시 더 높은 지분을 가질 수 있었지만 자신의 지분율을 47.5퍼센트로 정해 놓았는데, 이는 "전횡이 아닌 균형 경영을 하기 위한 것"이었다.[9]

텐센트의 중국명은 '텅쉰騰訊'이다. 회사 이름을 텅쉰으로 지은 것에 대해선 부친인 마천수가 '만 마리 말이 질주하는 정보시대'란 뜻에서 지었다는 설,[10] 어쩔 수 없이 텅쉰을 회사명으로 지었다는 설 등이 있다. 이 가운데 두 번째 설은 이런 이야기다. 쉰訊은 중국어로 '메시지·커뮤니케이션'을 뜻한다.

마화텅이 인스턴트 메신저를 내놓기 위해 '쉰'을 선택한 것은 당연했다. 문제는 '쉰'과 결합할 나머지 한 글자였다. 이에 마화텅은 몇 가지 이름을 지어 상표로 등록하려고 했다. 그런데 이게 웬일인가? '텅쉰'을 제외한 모든 상표가 이미 등록되어 있는 게 아닌가. 결국 마화텅에겐 선택의 여지가 없었던 것이다.

텅쉰의 영문명을 텐센트로 한 데에도 이유가 있다. 마화텅은 외국인이 '텅쉰'을 발음하는 게 쉽지 않다는 것을 알고 당시 건당 문자 메시지 가격이 10cent였던 것에 착안해 '텐센트'라는 이름을 지었다. 텐센트는 텅쉰과 발음이 비슷하다는 장점도 있었다.[11] 텐센트를 일러 '펭귄 제국'이라고 하는 것은 펭귄을 로고로 사용하고 있기 때문이다.

'싸이월드'를 모방해 성공한 텐센트

마화텅은 창업 후 3개월 뒤에 중국 스타일의 ICQ, 즉 인스턴트 메신저 OICQ를 내놓았다. 이게 바로 오늘날의 텐센트를 일군 원동력이 된 QQ메신저의 전신이다. 하지만 1998년은 중국에서 막 인터넷 붐이 일어나던 때라 인스턴트 메신저 시장을 둘러싼 경쟁이 무척이나 치열해 고전을 면치 못했다. 당시 중국 내에 OICQ메신저와 비슷한 종류의 프로그램은 100여 개에 달했다. 자금과 기술 부족까지 겹쳐 악전고투가 이어졌다.[12] 마화텅의 말이다.

"자금이 부족해서 그걸 해결하고 나면 소프트웨어가 따라가질 못했다. 결국 우리는 여기저기 빌붙어 서버를 빌려야 했다. 처음에는 일반 PC 한 대를 광대역 조건을 갖춘 기계실에 배치하고 우리 프로그램을 다른 사람의 서버에 몰래 옮겨 사용했다."[13]

가입자 증가 속도도 무척 더뎠다. 서비스 초기 마화텅은 가입자를 유치하기 위해 대학교를 찾아가 한 명 한 명 가입자를 모았으며, 인터넷으로 고객 모집을 시작한 이후에는 채팅방에서 여자로 가장해 남성 채팅자를 모으는 방법까지 사용했다.[14] 평범한 방식으론 승산이 없다고 생각했던 것일까? 마화텅은 회사의 명운을 건 이른바 도박에 나섰다. 중국 이동통신사에 유료 판매를 염두에 두고 만들었던 OICQ를 무료 다운로드로 전환한 것이다. 무료 다운로드에 대한 사용자들의 반응은 즉각적이었다. 출시 2개월동안 20만 명에 불과했던 OICQ 이용자는 서비스 개시 9개월 만에 100만 명을 넘어섰다.[15]

하지만 이번엔 이용자의 급증으로 서버 임대료가 감당이 안 되는 상황이 발생했다. 결국 마화텅은 회사를 처분할 생각까지 했는데, 수익 모델이 없는 텐센트를 인수하려는 회사가 없어 매각엔 실패했다. 마화텅은 투자 유치와 회사 매각을 추진하던 와중에 두 번의 디스크 수술을 받아 심신이 만신창이가 되었다. 다행히 1999년 하반기 20페이지짜리 사업 계획서를 6가지 버전으로 만들어 해외 투자자를 물색하고 나선 끝에 미국의 투자회사 IDG사와 홍콩 통신업체 PCCW에서 400만 달러의 투자금을 유치해 반전의 기반을 다졌다.

사실, 존폐의 갈림길에 놓여 있던 텐센트를 구원하는 데 결정적인 기여를 한 곳은 한국의 '싸이월드'였다. 2000년대 초 싸이월드에서 유행하던 '아바타'에서 힌트를 얻어 아바타를 무료로 제공하는 대신 아바타 꾸미기 아이템인 가상 옷과 장신구를 유료로 판매하는 방식의 QQ쇼를 출시해 가입자와 매출이 폭발적으로 증가했으니 말이다.[16]

마화텅은 2001년 OICQ의 이름을 QQ로 바꾸었다. 1999년 8월,

ICQ를 인수한 미국의 AOL ICQ가 2000년 OICQ가 ICQ의 상표권을 침해했다면서 제기한 상표권 소송에서 패배한 데 따른 것이다. 이 일로 텐센트는 사용자들에게 사과까지 했지만, 결과적으로 상표권 분쟁은 전화위복이 되었다. 이용자들에게서 QQ라는 서비스명이 부르기 쉽다는 평가와 함께 교체한 아이콘들도 호평을 받았으니 말이다.[17]

QQ는 온라인에서 '관시 문화'를 상징하는 메신저

2000년 4월 500만 명에 불과했던 QQ 가입자 수는 2002년 3월 1억 명, 2003년 9월 2억 명으로 빠르게 증가했는데, 어떻게 이런 일이 가능했던 것일까? 그건 텐센트가 중국인들의 인간관계와 심리, 생활문화 등을 간파해 이를 적극 공략한 결과였다.

이런 이야기다. 중국인들은 넓은 지역과 많은 인구는 물론 약 50여 개가 넘는 민족이 함께 거주하고 있는 특성 때문에 쉽사리 새로운 상대방을 믿지 못하는 경향이 있다. 이렇게 자신이 속한 내부 집단의 사람들을 중심으로 한 중국 특유의 인적 네트워크 중시 문화를 일러 '관시關係'라 한다. 우리나라 말로 하면 관계라고 해석할 수 있지만 중국에서는 법이나 제도보다도 중요한 의미를 갖고 있는 만큼 그렇게 단순하게 해석할 수 있는 단어가 아니다. 관시라는 말이 동일한 집단 내에서는 철저한 신뢰 관계를 형성하지만, 집단 외부에 대해서는 배타적인 중국의 문화를 상징하는 단어로 쓰이는 이유다.[18]

바로 그런 중국인 특유의 문화를 온라인에 반영한 게 텐센트의 QQ였다. 오늘날 중국인들은 QQ사용자등록번호(QQ사용자명은 영문이 아니라 숫자)를 전화번호만큼 중요한 번호로 쓰고 있다. 이게 시사하듯, QQ는 온라인에서 중국인의 '문화'를 상징하는 메신저 역할을 한다.[19] 이와 관련해 투자 칼럼니스트 정주용은 이렇게 말한다.

"중국 식당 가면 어떻게 앉나? 둥그렇게 앉아서 모두가 서로를 바라보게 앉는다. 음식 또한 서로 나눠 먹는다. 중국 사람들은 개인보다는 관계를 통해 형성된 집단 지향적이다. 일본 사람들의 개인주의와는 다르다. 요즘 젊은 중국인은 또 다르다 하겠지만, 그래도 중국은 중국이다. 끈끈한 관계의 중요성은 중국에서 '관시'란 독특한 용어를 창조했다. 중국에서 관시 없으면 사업도 못하고 성공도 못한다. 텐센트의 관계맺기는 '온라인판 관시'의 촘촘한 관계망을 중국인들에게 선사했다."[20]

이렇게 몸집을 키운 QQ를 기반으로 텐센트는 플랫폼 사업자로 성장하기 시작했다. 오늘날 텐센트가 제공하는 거의 모든 서비스는 QQ를 중심으로 이루어지고 있으며 수익 역시 QQ와 연계해서 창출하고 있다. 이런 이유 때문일까? 이성규는 "'QQ'만 알면 텐센트의 절반 이상은 이해하고 있는 셈이다"면서 이렇게 말한다.

"QQ는 국내 서비스에 비유하자면 네이트온과 싸이월드를 섞어놓은 메신저 서비스다. 겉모습은 MSN을 닮았고 수익 모델은 싸이월드와 흡사하다. QQ를 중심으로 수많은 서비스들이 달라붙어 있다. 말하자면 QQ는 텐센트 네트워크의 허브다. 여기에 각종 콘텐츠 서비스와 게임, 전자결제, 전자상거래, 포털 등이 가지처럼 붙어 있다.……텐센트 서비스의 대부분은 인스턴트 메신저 QQ의 파생상품이다. 모든 서비스는 QQ의 네트워크 파워에 기대어 성장하는 흐름을 보인다. QQ의 사용자를 흡수해 부가적인 수익 모델을 덧붙이는 식이다."[21]

QQ의 파생상품 가운데서 가장 큰 비중을 차지하는 것은 단연 온라인 게임이다. 현재 텐센트는 중국 게임 시장의 70퍼센트를 장악한 기업으로 성장했는데, 텐센트가 게임 아이템 판매로 벌어들이는 돈은 연간 5조 원이 넘는다. 덴센트 전체 수입의 4분의 3에 달하는 수치다.[22] 텐센트가 온라인 게임을 통해 성공을 일군 회사라는 말을 듣는 이유다.

흥미로운 사실은 텐센트가 중국 내 온라인 게임 시장에서 점유율을 늘리기 위한 방법으로 효과적으로 활용한 게 한국산 게임이라는 점이다. 텐센트는 한국산 게임을 노골적으로 카피하거나 기술력이 뛰어난 한국 게임 업체들과 퍼블리싱 계약을 맺는 방식으로 한국산 게임을 수입해 대박을 일구었다.[23]

마화텅의 '차별적 모방'론

QQ와 온라인 게임 유통을 통해 성장의 페달을 본격적으로 밟기 시작했지만, 이 과정에서 텐센트엔 한 가지 낙인이 찍혔다. 이스라엘의 ICQ, 싸이월드의 아바타, 한국산 게임 베끼기 등이 시사하듯, 다른 경쟁사의 소프트웨어나 서비스를 모방해 성공을 일구었다는 비판이다. 심지어 텐센트는 중국 IT기업의 서비스까지 모방했기에 마화텅은 중국 내에서도 '인터넷의 공공의 적'이라고 불렸다. 이런 비판에 대해 마화텅은 어떤 생각을 하고 있을까?

마화텅은 "우리가 다른 사람의 물건을 도둑질한다고 주장하는 것은 이치에 맞지 않는다"면서 이렇게 말한다.

"같은 식당을 하더라도 당신이 콩국을 팔다가 고객이 전병을 원하고 당신이 그것을 만들 수 있는 기술이 있다면 시도해보는 것은 당연한 것이다. 당신은 전병을 만들어 팔기 시작했다는 것 때문에 콩국 판매를 포기하겠는가? 결국 고객이 최종적으로 당신의 가게를 선택하는 이유는 메뉴가 많아서가 아니라 당신이 만든 콩국과 전병이 맛이 좋던가 혹은 위생과 서비스가 좋기 때문일 것이다."[24]

마화텅은 텐센트는 무조건 베끼는 회사가 아니라 기존 제품을 변형해 재창조하는 이른바 '차별적 모방'을 하는 회사라고 강조한다. 예컨대 그는 2008년 텐센트 창립 10주년을 맞아 텐센트 내부 간행물에 쓴 「차별적 모방」이라는 글에서 "중국의 인터넷 회사는 기본적으로 모든 국외의 모델을 모방한 것이다. 이는 텅쉰 역시 마찬가지다"면서 이렇게 말했다.

"그러나 돌이켜보면 텅쉰과 같은 시기에 창업한 많은 우수 기업들이 생존에 실패한 반면, 운이 좋았던 우리는 중국에서 시장가치가 가장 높은 인터넷 회사로 성장했다.……모방이라는 동일한 방식으로 사업을 시작했는데 운명이 전혀 달랐던 원인이 무엇일까? 그 해답은 그리 대단한 것이 아니다. 대다수 기업들이 고양이를 보고 고양이를 그대로 그리는 방식을 벗어나지 못한 반면, 텅쉰은 고양이를 보고 나서 그 모방품으로 사자를 그렸기 때문이다."[25]

마화텅은 모방을 통해 새로운 시장에 진입하기 위한 나름의 철학도 가지고 있다. 중국에서는 이를 마화텅의 '3문問 철학'이라 부른다. 모방을 통한 시장 진입에 앞서 '세 가지 질문'을 먼저 던진다는 뜻이다. '3문'은 이런 것이다. 첫째, 새로운 영역에 텐센트의 장점이 있는가? 둘째, 텐센트가 할 수 없다면 사용자는 어떤 손실을 입을 것인가? 셋째, 해냈다면 텐센트는 이 새로운 영역에서 어떤 경쟁적 우세를 확보할 수 있는가?[26]

창조적 모방을 하기 위해 텐센트는 시장에 출시되는 새로운 제품을 모두 시험해보는 시스템도 구축하고 있는데, 지금까지 텐센트가 전 세계 인터넷 영역에서 출시된 거의 모든 신기술·신제품 가운데 시험을 해보지 않은 것은 거의 없다고 한다.[27] 마화텅 역시 제품을 직접 체험해보는 데 많은 시간을 할애한다. 텐센트 직원들은 물론이고 마화텅 스스로 자신을 '최고 경험책임자'라고 표현하는 이유다.[28] 마화텅은 이렇게 말한다.

"나는 중국 시장에 출시된 대부분의 제품을 직접 사용해보았다. 그렇지 않으면 제품이나 서비스가 좋은지 도대체 무엇이 문제인지 어떻게 알 수 있겠는가? 중국 시장의 그토록 많은 IM제품을 당신은 전부 사용해보았는가? 그들의 어느 부분이 좋은지 어디에 문제가 있는지 나는 정확히 파악하고 있다."[29]

텐센트는 '최강 합체로봇이자 종합선물세트'

사명使命을 "인류 생활의 질을 높이는 '인터넷 연결기connector'"로 삼고 있는 텐센트가 인터넷플러스 시대를 주도하기 위해 구사하는 전략은 전략적 투자를 통한 영역의 확장이다. 종합 IT회사로 도약하겠다는 취지에서다. 텐센트의 변신은 오랜 고민의 결과이기도 하다. 텐센트는 2004년 소통과 오락에 집중하는 비즈니스를 할 것인지 아니면 인터넷에서 이루어지는 모든 생활 서비스를 제공하는 쪽으로 갈 것인지를 두고 고민했는데, 텐센트 스스로 모든 것을 할 수 없다는 것을 깨닫고 2012년부터 '텐센트 생태계' 구축 방법으로 전략적 투자에 집중하고 있는 것이다.[30]

2013년부터 2014년까지 2년간 텐센트가 투자한 기업은 40여 곳이 넘는다. 2014년 한 해에만 인수합병M&A에 쓴 돈이 무려 406억 위안(약 7조 1,500억 원)에 달한다. 이는 2013년보다 10배나 증가한 것으로, 중국의 대표적 벤처 캐피털보다도 많은 금액이다. 텐센트가 '펭귄 제국'에서 '텐센트 연방'으로 진화하고 있다는 평가를 듣는 이유다.[31] 2012년경부터 본격화된 텐센트의 한국 공습도 이런 맥락에서 이해할 수 있다. 그간 텐센트는 한국의 어떤 기업에 투자를 해왔던가?

텐센트는 2010년 한국의 7개 게임 개발사에 대한 투자를 시작으로 2012년엔 '국민 메신저' 카카오톡을 운영하는 카카오에 720억 원을 투자해 지분 13.8퍼센트를 확보하며 2대 주주에 올라섰다. 다음카카오 합병 법인에서도 텐센트는 9.9퍼센트의 지분을 보유한 3대 주주다. 2014년 3월엔 〈몬스터 길들이기〉, 〈모두의마블〉 등을 만든 CJ그룹 계열 CJ게임즈에 약 5,300억 원을 투자해 한국 게임업계 사상 최대의 해외 자본 투자 기록을 세우면서 2대 주주에 올랐으며, 9월엔 파티게임즈에 200억 원, 11월엔 〈활〉, 〈블레이드〉, 〈영웅〉 등을 만든 모바일 게임사 4시33분에 라인-한국투자파트너스와 공동으로 1,200억 원을 투자했다.[32]

텐센트는 K-POP 등이 문화 콘텐츠까지 그 범위를 확대하고 있다. 2015년 12월 텐센트가 YG엔터테인먼트와 업무 제휴를 통해 YG 소속

가수들의 음원과 뮤직비디오 등의 콘텐츠를 텐센트 산하 디지털 음악 서비스 플랫폼인 텐센트 QQ 뮤직을 통해 현지 팬들에게 선보이기로 한 게 대표적이다. YG엔터테인먼트와의 제휴로 텐센트는 중국에서 해당 콘텐츠를 독점 유통할 권한을 얻었으며, 2015년부터 방송용 콘텐츠를 공동으로 제작해 중국 내 판권을 보유하기로 했다. 텐센트는 한국의 금융업도 호시탐탐 노리고 있다.[33]

그렇다면 전략적 투자를 통해 세계 시장을 공략하고 있는 '텐센트 연방'의 위력은 어느 정도나 될까? 투자 칼럼니스트 정주용은 텐센트는 "페이스북+트위터+인스타그램+블리자드+EA스포츠가 합친 최강 합체 로봇이자 종합선물세트"라면서 텐센트 연방의 위력은 상상을 초월할 것이라고 예측한다.

"텐센트가 왜 그렇게 무섭냐고? 한번 상상해보라. 한국의 예로 쉽게 들어보자. 네이버랑 엔씨소프트, 넥슨, 쿠팡, 멜론, 배달의 민족이 하나로 합쳐진 기업이라면 한국 온라인-모바일 산업에 영향력은 어느 정도일까? 거기에 한국에선 먼 훗날 얘기인 온라인 전문 은행업 정식인가를 받았다면?……이 정도 설명하면 뭔가 떠억 하고 입이 벌어져야 정상이다. 그런 반응을 안 보인다면 모바일 혁명 시대에 뒤처져 있다는 증거다."[34]

인수합병을 통해 '자신들만의 제국'을 만들고 있는 구글·페이스북 등 다른 IT기업들과 달리 전략적 투자를 통해 '연방 제국'을 꿈꾸고 있는 텐센트의 행보를 지켜볼 일이다.

"인터넷 시대엔 모든 직장인이 각자 하나의 1인 기업이다"

리드 호프먼

CEO가 가장 많이 사용하는 SNS, 링크드인

글로벌 기업의 최고경영자CEO들이 가장 많이 사용하는 SNS는 무엇일까? 2015년 5월 미국 경제 전문지 『포천』이 자사가 선정한 세계 상위 500대 기업 중 최상위권 50개사 CEO를 대상으로 조사 발표한 자료를 보면, 이들이 가장 선호하는 사이트는 링크드인LinkedIn이었다. 비중은 22퍼센트였다. 지난 2012년 6퍼센트에서 무려 16퍼센트포인트 증가한 것이다. 트위터가 10퍼센트를 기록해 2위를 차지했으며, 세계 최대의 SNS인 페이스북을 사용한다는 CEO는 한 명도 없었다.[1]

링크드인은 '기업 간B2B SNS'라고 불리는 비즈니스 SNS다. 링크드인은 홈페이지에서 이렇게 말한다. "링크드인으로 당신의 비즈니스를 도와줄 검증된 전문가를 찾고 성공을 거두십시오."[2]

2002년 이른바 '페이팔 마피아' 가운데 한 명인 리드 호프먼Reid Hoffman이 창업했다. 페이팔 마피아PayPal Mafia는 계좌끼리 또는 신용카드로 송금·입금·청구가 가능한 인터넷 결제 서비스인 페이팔PayPal을 창업한 사람들을 일컫는 말로, 실리콘밸리 내에서 이들의 영향력이 커지면서 이런 이름이 붙었다.[3]

초기엔 전문가들을 위한 SNS로 출발했지만 현재는 비즈니스 인맥 형성과 정보 교류, 구인·구직 목적을 포함한 서비스 등을 제공한다. 링크드인의 네트워크는 3단계로 구분된다. 첫 번째 단계는 1촌 인맥으로, 실제 개인적으로 잘 아는 사람들이 여기에 속한다. 초청을 수락한 사람들은 자동적으로 '1촌 인맥'이 된다. 2촌 인맥은 1촌을 통해 한 다리 건너 연결되는 사람들이고, 3촌 인맥은 2촌을 통해 연결된 네트워크다. 자신이 아는 사람을 여섯 단계만 거치면 전 세계 모든 사람과 연결될 수 있다는 '케빈 베이컨의 법칙'을 떠올리게 하는 게 링크드인의 네트워크인 셈이다.[4]

링크드인은 미국에선 최고의 비즈니스 도구로 인정받는다. 예컨대 『포천』이 선정한 글로벌 500대 기업의 임원이 모두 링크드인 회원이며,[5] 『포천』 선정 100대 기업 중 73곳이 링크드인을 활용해 인력 채용을 하고 있다. 현재 미국 인구의 30퍼센트가 링크드인에 가입해 구직 활동을 하고 있다. 특히 실리콘밸리에서는 명함을 주고받지 않을 정도로 링크드인은 비즈니스의 기본으로 자리 잡았다. 2015년 12월 기준으로 전 세계 30개 도시에 지사가 있으며, 영어와 한국어 등 20개 언어로 서비스되고 있다. 가입 회원은 4억 명에 가깝다.[6]

링크드인은 채용 솔루션, 마케팅 솔루션(광고), 회비 등에서 매출을 올리는데, 채용 솔루션에서 영향력이 갈수록 확대되고 있다. 예컨대 링크드인의 2016년도 1분기 매출액 8억 6,100만 달러 가운데 채용 솔루션 매출은 전년 대비 41퍼센트 성장한 5억 5,800만 달러를 기록해 회사 매출의 3분의 2를 차지했다.[7]

빌 게이츠처럼 세상을 바꾸겠다

1967년 미국 캘리포니아에서 성공한 변호사의 아들로 태어난 호프먼은 학창 시절 공부엔 큰 재능을 보이지 못했지만 대신 잘하는 게 하나 있었다. 바로 게임이었다. 12세 때 그는 자신이 즐겨 하던 롤플레잉게임 〈룬퀘스트RuneQuest〉에 버그가 있다는 것을 발견하고 개선점을 이야기하기 위해 제작사 케이오지움Chaosium을 무작정 찾아갔다. 당시 호프먼은 버그를 발견한 공로를 인정받아 게임 개발자에게서 약 160달러를 받았으며, 케이오지움에서 함께 일해보자는 제안을 받고 한동안 이곳에서 게임 개발에 참여했다.[8]

호프먼은 스탠퍼드대학에 진학해 인지과학을 공부했다. 우수한 학업 성적 덕에 대학원 학비를 전액 지원하는 마셜 장학금을 받고 영국 옥스퍼드대학의 대학원에 진학해 철학을 공부했다. 대학원 진학은 학자가 되겠다는 꿈을 이루기 위해서였지만 대학원에 진학한 지 1년 만에 그는 교수가 되는 꿈을 포기했다. 대학원 시절 철학서를 썼는데, 이 책을 몇 명밖에 읽지 않는다는 사실을 알고 충격을 받았기 때문이다.

이 일을 계기로 빌 게이츠처럼 세상을 바꿀 소프트웨어 개발 회사를 세워 영향력 있는 일을 하기로 마음을 고쳐먹었다. 이와 관련 호프먼은

"내가 스탠퍼드대학교를 졸업했을 때, 나의 목표는 교수가 되는 것과 동시에 공공의 지식인이 되는 것"이었다면서 다음과 같이 말했다.

"그것은 칸트를 인용하는 식의 일은 아니다. 나는 사회에 렌즈를 돌려 '우리는 누구인가'라든가, '우리는 각자 개인으로서, 또는 사회 전체로서 어떠해야 하는가?'와 같은 질문을 던져야 한다고 생각한다. 그러나 나는 학자들이 기껏해야 50명에서 60명가량만 읽는 책을 쓴다는 것을 깨달았고, 더 큰 영향력이 필요하다는 것을 알게 되었다."[9]

이런 생각을 품고 대학 밖으로 나온 그는 개인정보 관리가 가능한 휴대기기에 대한 아이디어를 가지고 무작정 벤처 캐피털을 찾았다. 하지만 혹평과 함께 더 배우고 오라는 조언을 들어야 했다.

이에 호프먼은 최첨단 기술을 배우겠다는 계획을 세우고 친구의 도움으로 1994년 애플에 취직했다. 2년 만에 애플에 사직서를 내고 일본의 대형 컴퓨터 회사 후지쓰Fujitsu에서 1년간 근무했다. 1997년 인터넷의 폭발적인 성공을 보면서 호프먼은 드디어 때가 익었다고 생각했다. "서부 개척 시대의 개척가들이 느꼈던 감정이 이런 것이었겠구나 하는 생각이 들더군요."[10]

바로 이해에 호프먼은 소셜 데이팅 서비스 소셜넷닷컴Socialnet.com을 창업했다. 사회와 인간에 대한 그의 관심사를 배경으로 한 것이었다. 호프먼은 소셜넷닷컴을 이성 간의 데이트, 프로페셔널 네트워킹, 룸메이트 찾기 등 3가지 관계망으로 구성했는데, 시간이 흐르면서 심각한 고민에 빠져들었다. 자신이 가장 큰 애정을 보였던 프로페셔널 네트워킹은 시들해지고 이성 간의 데이트 관계망만 활성화되었기 때문이다.

소셜넷닷컴은 실패한 서비스는 아니었다. 하지만 애초 호프먼이 구상했던 것과 다른 방향으로 흘러가면서 호프먼과 소셜넷닷컴 이사진 사이에서는 심각한 갈등이 발생했다. 사업 방향을 두고 사람과 사람 사이의 관계에 치중하는 서비스 회사가 될 것인지, 아니면 온라인 데이팅 사업을 중심에 둘 것인지를 두고 갈등이 커진 가운데 결국 호프먼은 1999년 소셜넷닷컴을 박차고 나왔다.[11]

이후, 호프먼은 스탠퍼드대학에서 함께 공부했던, 훗날 페이팔 마피아의 대부代父로 불리는 피터 틸Peter Thiel에게 함께 회사를 차리자는 제안을 했다가 틸에게서 오히려 페이팔에서 함께 일하자는 제안을 받고 페이팔에 합류했다. 페이팔에서 금융 기관과의 관계, 규제 관련 분쟁, 미디어와의 관계 조율 등 대외 관계 업무를 총괄했다.[12] 2002년 페이팔이 온라인 경매 사이트 이베이에 15억 달러에 팔리면서 호프먼은 1,000만 달러를 돈에 쥐었고 1년간 쉬기로 마음먹고 호주로 향했다.

하지만 머리를 식히기 위해 떠난 호주행은 머릿속에 떠오른 새로운 사업 아이템으로 2주일 만에 끝이 났으니, 이렇게 해서 탄생한 게 바로 링크드인이었다. 2002년 12월 링크드인에 대한 아이디어를 떠올린 호프먼은 6개월간의 개발 끝에 2003년 5월 5일 링크드인 웹사이트를 오픈했다.

게임 이론에 근거해 구축한 링크드인

"모든 사람들이 온라인 직업 프로필professional profile을 갖게 된다면? 회사가 지면이나 웹사이트 공고를 보고 지원한 사람들을 선별하는 게 아니라, 거꾸로 자기들에게 필요한 정확한 프로필을 가진 사람에게 직접 접근할 수 있다면?"[13] 호프먼이 링크드인을 창업할 때 가졌던 생각이라는데, 호프먼은 왜 이런 생각을 했던 것일까?

그건 인터넷이 촉발한 속도 혁명에 따라 '개인 브랜드' 시대가 개막했다는 판단 때문이었다. 링크드인의 정체성을 선문가 네트워크로 삼은 것도 지식을 공유하는 것이 경력을 가진 사람들을 묶는 가장 효과적인 방법이라고 생각했기 때문이다. 이와 관련 노승헌은 인터넷 등장 이후 호프먼은 "이전까지 기업이나 조직의 구성원으로서만 존재하던 개인들이 빠른 속도로 하나하나의 비즈니스 주체가 되어가고 있다"는 생각을 했다면서 이렇게 말한다.

"개인들이 가진 역량과 기술, 경험을 토대로 스스로가 하나의 브랜드가 되는 '개인 브랜드'의 시대가 열리고 있었다. 그렇지만 안타깝게도 그런 변화를 뒷받침해줄 적절한 도구가 준비되어 있지는 않았다. 개인 브랜드를 다른 사람에게 알리는 것에서부터 함께 일을 하고 미래를 만들어 전문가를 찾는 것에 이르기까지 온 사방에 사업을 해나가기 위해서는 풀어야 할 고민거리들이 산적해 있다. 그는 이런 어려운 점들을 해결해줄 수 있는 것이 바로 인터넷이라고 생각했다. 그리고 링크드인이 인터넷 위에서 사람들의 고민을 풀어주고 전문가들이 스스로 다른 사람들과 네트워크를 구성할 수 있는 토대가 될 것이라는 믿음을 갖게 됐다."[14]

그렇다면 '개인 브랜드'로 부상한 전문가들을 어떻게 연결할 것인가? 이 목적을 달성하기 위해 호프먼이 링크드인 구축에 활용한 것은 게임 이론이었다. 호프먼은 1997년 설립된 "세상 사람은 누구라도 6단계만 거치면 모두 연결될 수 있다"는 개념을 내세웠던 식스디그리스닷컴 SixDegrees.com의 이론에 주목해 식스디그리닷컴의 창업자인 앤드루 베인리치Andrew Weinreich가 갖고 있던 관련 특허를 2003년 70만 달러에 차지하고 이 가설에 근거해 링크드인을 구축했다.[15]

호프먼은 링크드인 초기부터 신뢰와 경험을 토대로 한 회원들 간의 인맥 형성을 중요하게 생각했다. 호프먼은 현실 세계의 기존 인맥에 초점을 맞추어야만 온라인 소셜 네트워크에 더 큰 의미가 부여된다고 생각해 여느 SNS처럼 무작위로 인맥을 넓히는 것을 좋아하지 않았다. 이를 위해 그는 무작위로 친구를 추가하는 행동을 금지시켰으며 대신 대학 동기, 고객, 직장 동료 등 이용자들이 잘 알고 있는 사람들을 친구로 추가하도록 권유했다.[16] 쉽게 말해, 사람들 간의 관계와 평판을 중요하게 생각한 것이다.

이와 관련해 에이미 윌킨슨은 『크리에이터 코드』(2015)에서 "호프먼은 링크드인을 설계할 때 일부러 타인의 평판을 쉽게 볼 수 있도록 했다"면서 이렇게 말한다.

"링크드인의 회원은 동료나 학우와 1촌 관계를 맺고 그들을 통해 잠재적인 고용주, 직원, 의뢰인, 고객을 소개받을 수 있다. 어떻게 보면 이 온라인 비즈니스 네트워크로 인해 모든 사람이 더 바르게 행동해야 할 경제적 유인이 생겼다고 할 수도 있다."[17]

하지만 링크드인은 첫 달 회원 수가 고작 4,500명에 그칠 정도로 초기엔 성공과 기타가 꽤 있었다. 당시는 SNS 태동기였고 비즈니스용 SNS의 가치를 제대로 이해하는 사람이 많지 않았기 때문이다. 링크드인은 2005년부터 탄력을 받기 시작했는데, 여기엔 그럴 만한 이유가 있었다.

첫째, 사람을 구하는 사람들에게 비용을 받고 구인 정보를 올리는 기능을 도입해 수익을 창출하기 시작했다. 둘째, 구직을 하는 사람이나 구인을 하는 사람 모두 구글에서 정보를 얻는다는 점에 착안해 사용자가 올린 프로필을 구글에서 검색할 수 있도록 한 공개 프로필 전략을 활용했다.[18] 이런 식의 개선을 통해 링크드인은 비즈니스용 SNS로 빠르게 자리 잡아 2005년 3월 가입자 200만 명을 돌파했다.

호프먼은 게임 이론의 신봉자

링크드인의 토대가 게임 이론이라는 게 시사하듯, 호프먼은 게임 이론의 신봉자이기도 하다. 호프먼이 〈카탄의 개척자〉라는 보드게임을 즐겨 하는 것도 이 때문이다.

이 게임은 10점을 먼저 올리는 사람이 승자가 되지만 그러려면 반드시 다른 플레이어들과 거래를 해야 한다. 따라서 각 플레이어는 승자가 되기 위해 자원을 교환하고, 동맹을 맺고, 음모를 꾸미고, 전략을 세우고, 도움을 주는 식의 전략을 구사해야 한다. 각 플레이어는 모두 경쟁자지만 발전하려면 서로 반드시 거래를 할 수밖에 없기 때문에 다른 플레이어들과 관계를 맺고 왜 그 사람들이 자신과 거래를 하는지, 또 왜 하지 않는지 파악해야 하는 게 이 게임의 특징인 것이다.[19]

게임 이론을 신봉하는 호프먼의 특성은 인간관계에서도 그대로 반영되어 나타난다. 호프먼은 실리콘밸리에서 가장 깊고 넓은 네트워크를 가진 사람으로 통할 만큼 '실리콘밸리 내 최고의 마당발'로 평가받는다.[20] 예컨대 호프먼은 유튜브 초창기에 유튜브 공동 창업자인 자웨드 카림, 채드 헐리, 스티브 첸에게 링크드인 사무실을 무상으로 사용할 수 있도록 공간을 내주었다. 또 엔젤 투자자로 활동하며 사진 공유 SNS 플리커Flicker, 소셜커머스 업체 그루폰Groupon, 자유 소프트웨어 커뮤니티 모질라Mozilla, 소프트웨어 플랫폼 마이티벨Mightybell, 블로그 검색 엔진 테크로라티Technorati, 소셜 뉴스 사이트 디그Digg, 소셜 게임업체 징가Zynga 등의 설립을 도왔다. 또 숙박 공유 사이트 에어비앤비Airbnb, 모바일 커머스 플랫폼 숍킥Shopkick 등의 이사로 활동 중이며, 인데버Endeavor, 퀘스트브리지QuestBridge, 키바Kiva 등의 비영리단체들 이사 명함도 가지고 있다.

페이팔의 창업자이자 벤처 캐피탈리스트인 피터 틸과 페이스북 창업자 마크 저커버그Mark Zuckerberg를 연결시켜 50만 달러의 초기 엔젤 투자를 주선한 것도 호프먼이었다. 자신이 페이스북에 투자하면서 친구 마크 핀커스Mark Pincus에게도 투자 기회를 주기 위해 자신이 투자할 수 있는 돈 10만 달러를 절반씩 나누어 함께 투자하기도 했다.[21]

물론 호프먼은 단순한 마당발이 아니다. 앞선 사례들이 말해주듯, 자신의 성공뿐만 아니라 다른 사람들의 성공을 돕는 조력자 활동도 적극적으로 해서 남에게 '호의'와 '친절'을 잘 베푸는 투자자로 존경까지 받고 있다. 예컨대 『샌프란시스코매거진』은 2010년 호프먼을 실리콘밸리의 가장 강력한 "대천사archangels"이라고 했다.[22]

물론 그가 이렇게 두 마리 토끼를 모두 잡아온 배경에 바로 게임 이론이 자리 잡고 있다.[23] 이런 이유 때문일까? 정작 호프먼은 자신이 타인에게 '호의'를 잘 베푸는 사람이라는 평가를 별로 좋아하지 않는다. 세상에 공짜는 없으며, 주는 게 있으면 받는 게 있어야 한다는 게 호프먼의 철학이다. 이와 관련해 호프먼은 "남이 내게 불을 지를 수 없는 건 그 불이 자기한테도 옮겨 붙기 때문이죠"라면서 이렇게 말한다.

"사업이 멋진 건 누이 좋고 매부 좋은 경우가 많아서죠. 사람들은 서로 작은 도움을 베풀려고 해요. 지금은 온라인 도구가 있어서 그렇게 하기가 한층 수월해졌죠. 그런 과정에서 어마어마한 가치가 창출돼요. 사람들이 협업이란 걸 오해하는 이유는 자칭 협업자들이 대체로 자기 것만 챙기려고 들기 때문이죠.……주변 사람들을 도와줄 방법을 궁리하면 자기 자신에게도 엄청난 이득이 되는 법입니다."[24]

호프먼이 링크드인에서 무작정 친구에게 지인을 소개해달라고 매달리는 것은 현명한 방법이 아니라고 강조하는 것도 이 때문이다. 양쪽 모두에게 이로운 관계를 맺을 수 있어야 소개자에게도 부담이 되지 않는다는 것이다. "누군가를 소개받으려 할 때, 당신이 어떻게 소개받는 상대방에게 도움이 될 수 있는지를 명확하게 설명해야 한다."[25]

링크드인의 경쟁력은 어디에서 나오는가?

어쨌든, 링크드인은 2000년대 말부터 미국에서 채용 과정에 혁명적인 변화를 불러오기 시작했다. 에릭 퀄먼은 『소셜 노믹스』(2009)에서 "링크드인은 사회적 비즈니스 네트워크를 거의 손 안에 넣은 모습이다"면서 이렇게 말했다.

"사용자를 추천하는 글이 이미 링크드인에 있기 때문에 링크드인을 대체하기는 쉽지 않을 것이다. 추천 글을 새로운 비즈니스 네트워크로 쉽게 옮기는 방법이 나오지 않는 한, 사용자들이 지금까지의 추천인들에게 연락해서 새로운 사회적 비즈니스 네트워크에 추천 글을 다시 적어달라고 부탁하기란 쉽지 않다."[26]

　링크드인은 2011년 3월 가입자 1억 명을 넘어섰다. 같은 해 5월 기업 공개를 단행했는데, 첫날 주가는 공모가(45달러) 대비 109퍼센트포인트 뛰어오른 94.25달러까지 치솟았다.[27] 창업 10주년을 맞은 2013년 5월 링크드인의 회원은 2억 2,500만 명에 달해 트위터와 맞먹는 수준이 되었으며, 매출액도 크게 뛰어올랐다. 기업이 원하는 인력을 찾는 채용 솔루션 매출액은 2012년보다 80퍼센트 증가한 1억 8,428만 달러, 광고 매출은 56퍼센트 늘어난 7,479만 달러, 유료 회원 매출은 73퍼센트 증가한 6,560만 달러에 달했다.[28]

　그렇다면 링크드인이 이렇게 주목받은 배경은 어디에 있을까? 임정욱은 2013년 7월 그 이유로 다음 3가지를 들었다. "첫째, 링크드인은 누구나 자신의 이력과 학력 등 경력을 올리고 자신을 마케팅할 수 있는 플랫폼이다. 지난 몇 년간 미국의 높은 실업률이 링크드인에게는 거꾸로 성장 기회가 되기도 했다. 둘째, 직장 동료나 상사가 프로필에 추천의 글을 쓸 수 있도록 한 점이 차별화 요소가 됐다. 본인이 쓴 이력 이외에 제3자의 추천서를 통해 검증을 할 수 있어 프로필의 신뢰도가 높아진 것이다. 셋째, 소개 기능이 강력하다.……접촉하고자 하는 사람을 직접 모르더라도 링크드인을 통해 그 사람과 연결되어 있는 내 인맥을 쉽게 찾아내어 그를 통해 소개받을 수 있다."[29]

그런 이유도 작용했겠지만 트위터나 페이스북 등과 달리 링크드인이 구축하고 있는 네트워크의 질이 뛰어나다는 점이 가장 중요한 이유로 작용한 것은 아닐까? 페이스북과 트위터는 시시콜콜한 사생활을 공개하고 서로 의견을 나누는 개인 간 친목 도모와 네트워킹을 제공하지만 링크드인은 검증된 전문가들의 네트워크로 특정 계층, 특정 직업군과의 인맥 형성을 통해 취업이나 이직·비즈니스에 직접적인 도움을 주고 있으니 말이다.[30]

이와 관련해 웨인 브레이트바르트는 『링크드인: 세계 최대 비즈니스 소셜미디어』(2011)에서 "사람들이 링크드인을 '비즈니스 전문가들을 위한 페이스북'이라고 말하지만 정작 그들이 링크드인을 찾는 이유는 페이스북과 달라서다"면서 이렇게 말한다.

"현재 페이스북 회원은 약 6억 명으로 추산된다. 이렇게 거대한 회원 규모는 해당 분야의 전문가들을 매료시키기에 충분하다. 하지만 페이스북은 사진 등을 통해 사생활 및 정치, 종교, 인간관계 수준이 그대로 노출된다. 그래서 비즈니스 인맥을 위한 도구로 이용하기엔 무리가 있다. 페이스북은 특정 업종과 관련해 소비자와 직접 유통을 가능하게 하지만, 이 또한 링크드인의 자체적인 통제 메커니즘과 정보 공개 수준을 조정하는 장점을 능가하지 못한다."[31]

'링크드인'의 평판 시스템은 축복인가?

링크드인의 경쟁력이 뛰어난 '네트워크의 질'에서 비롯된다면 이에 따른 문제는 없는 것일까? 물론 링크드인의 '평판 시스템'은 기업에는 축복이다. 예컨대 미타니 고지는 『세상을 바꾼 비즈니스 모델 70』 (2015)에서 "'친구·지인끼리의 평가'를 전면적으로 신뢰할 수는 없다"면서도 이렇게 말한다. "하지만 기업 입장에서는 2시간짜리 면접을 5번 보는 것보다 '친구·지인끼리의 평가', 특히 '일반적으로 신뢰할 만한 사람으로부터의 평가'가 훨씬 믿을 만한 것도 사실이다."[32]

하지만 구직을 하는 사람들로서는 마냥 축복으로만 볼 수 없는 것 또한 사실이다. 특히 전문적 지식이나 인맥을 지니고 있지 않은 사람들에겐 더욱 그렇다. 링크드인이 자랑하는 '네트워크의 질'은 현실 세계의 권력과 서열을 장악한 사람들이 링크드인의 주요 이용자라는 사실에서 나오는 측면이 강하기 때문이다. 글로벌 기업의 최고경영자들이 가장 많이 사용하는 SNS라는 게 시사하듯, 링크드인의 주 이용자는 사회적으로 어느 정도 성공한 사람이 대다수다. 예컨대 『포천』이 링크드인에 가입한 구직자의 평균적인 프로필을 분석해 2010년 내놓은 결과는 이를 잘 보여준다.

이 조사에 따르면, 구직자들은 평균 10만 7,000달러의 연봉을 받는 43세의 대졸자였다. 이들 중 4분의 1 이상은 고위 간부였으며, 모두 『포천』이 선정한 500대 기업 출신이었다. 구인 담당자들은 물론이고 구직을 하는 사람들에서 대졸 이상 고학력자와 고연봉자 비중이 높게 나타난 것이다. 기업이 자사의 고위 간부를 구할 때 링크드인에 의존하는 것도 바로 이런 이유 때문일 것이다.[33]

게다가 링크드인은 이른바 경력직에게 유리한 시스템이다. 이와 관련해 필 사이먼은 『플랫폼의 시대』(2013)에서 링크드인의 "기본 전제는 (옳든 그르든) 이미 직업을 가지고 있는 사람들이 구직을 하는 사람들보다 더 나은 자격 조건을 갖추고 있다는 점이다"면서 이렇게 말한다. "'사용자들이 직접 관리하는' 매우 포괄적이고 정확한 데이터베이스 덕분에 구인 담당자들은 누가 어디에서 일하고 있는지를 쉽게 알아내고, 가장 바람직한 지원자는 누구인지 쉽게 결정할 수 있다. 다시 말해, 이미 고용된 사람, 자격 조건이 좋은 사람, 구직에 소극적인 사람 등을 구분해낼 수 있다."[34]

앞서 보았든, 호프먼은 인터넷으로 인해 '개인 브랜드' 시대가 열렸다고 강조한다. 그는 "인터넷 시대엔 모든 직장인이 각자 하나의 1인 기업"이라며 "비즈니스 세계의 소셜 네트워킹을 통해 자신의 상품 가치를 높이고 역량을 얼마든지 키울 수 있다"고 말한다.[35] 물론 호프먼은 '개인 브랜드'로 성공하기 위해서 가장 필요한 것은 온라인 평판이라는 말도 빼놓지 않는다. 인터넷의 대중화와 SNS 혁명으로 인해 기업뿐만 아니라 개인에게도 온라인 평판이 대단히 중요해진 이른바 '온라인 평판 경제Reputation Economy' 시대가 개막한 것을 보면 그의 말은 틀린 게 아닐 것이다.

하지만 누구나 다 '온라인 평판 경제'의 혜택을 볼 수 있는 것은 아니다. '온라인 평판 경제'에서도 이른바 '부익부 빈익빈 현상'은 발생하고 있으니 말이다. 역설적이지만, 어쩌면 바로 그런 이유 때문에 링크드인이 더욱 주목을 받고 있는 것은 아닌지 모를 일이다.

"태평양 동쪽에 구글이 있다면 서쪽에는 바이두가 있다"

리옌훙

"바이두 해봐"

구글링googling이라는 말이 있다. 본래는 세계적인 검색업체 '구글에서 검색하기'라는 의미지만, 일반적으로 '인터넷에서 검색하다'는 의미로 쓰이는 말이다. 구글 검색엔진의 성능이 그만큼 강력하다는 것을 나타내는 말이라 할 수 있겠다.

미국에 구글링이 있다면 중국에는 '바이두이샤百度一下'라는 말이 있다. '바이두 해봐'라는 의미로, 중국에서 '검색하다'라는 뜻으로 사용되는 말이다. 구글링과 다른 점이 있다면 구글링은 사용자들이 만든 말이지만, 바이두이샤는 바이두가 만든 말이라는 것이다. 바이두이샤는 2005년 1월 바이두 웹사이트의 검색 클릭 창에 처음 모습을 드러냈는데, 바이두의 가장 성공적인 홍보 전략으로 평가를 받았다.[1]

바이두는 중국 최대의 검색 사이트다. 알리바바Alibaba · 텐센트Tencent 등과 함께 BAT로 불리며 중국을 대표하는 IT 기업이기도 하다. 오늘날 바이두의 중국 시장 점유율은 70퍼센트에 육박한다. 2013년 중국의 인터넷 검색 시장에서 각각 2위와 3위를 달리는 치후 360테크놀로지奇虎360와 써우거우搜狗가 바이두에 대항하기 위헤 합병을 논의했지만, 이게 무산되면서 사실상 중국에선 경쟁 상대를 찾지 못할 만큼 인터넷 검색 시장에서 막강한 위세를 떨치고 있다.[2]

바이두는 단순한 검색엔진이 아니다. 검색을 바탕으로 중국 네티즌들의 커뮤니티 역할을 하고 있기도 하다. 특히 바이두 포스트, 바이두 지식, 바이두 백과는 가장 높은 인지도를 자랑하면서 '바이두 커뮤니티'를 이끄는 삼두마차로 통한다.

바이두 포스트百度貼, Baidu Post http://post.baidu.com는 이용자가 웹페이지 검색 서비스를 통해 관련 문제에 관심이 있는 사람과 직접 소통할 수 있게 해준다. 바이두 지식百度知道, Baidu Zhidao, http://zhidao.baidu.com은 이용자 간 참여를 유도하는 Q&A 형태의 정보 공유 플랫폼으로, 네이버의 지식인과 비슷하다. 바이두 백과百度百科, Baidu Baike, http://baike.baidu.com는 오픈소스 백과사전 형태의 검색 서비스다.[3] 바이두의 창업자이자 회장인 리옌훙李彦宏(영문명 Robin Li)이 바이두는 단순한 인터넷 검색 포털사이트가 아니라 '생활필수품'이라고 강조하면서 "10일만 바이두 없이 살아보라"고 호언하는 것도 이런 이유 때문일 것이다.[4]

리옌훙은 중국 사람들에겐 '디지털 영웅'이며 바이두는 중국인의 자긍심을 고취시켜주는 기업이다. 완쯔万贾姿는 『청춘, 그 이름만으로도 뛴다』(2012)에서 "중국 본토의 검색엔진으로서 바이두가 서양인들에게는 그저 '중국판 구글'일 뿐이다"면서 이렇게 말한다. "중국 본토 브랜드로서 바이두의 성공은 중국인의 자긍심이 되기 충분하다."[5]

'어디를 가든 흔적을 남기겠다'

리옌훙은 1968년 11월 산시성山西省 양취안시陽泉市에서 군수공장 노동자인 아버지와 피혁공장 노동자 어머니 사이에서 태어났다. 컴퓨터를 좋아했던 그는 1987년 베이징대학에서 정보관리학을 공부한 후 1991년 미국으로 유학을 갔다. 유학을 간 이유가 재미있다.

리옌훙이 대학을 졸업할 무렵 중국은 그야말로 대격변기를 맞이하고 있었다. 중국 경제가 비약적인 발전을 이룩하면서 발생한 일이었다. 당시 중국 사회에서는 "미사일 만드는 사람이 찐 계란 파는 사람만도 못하고, 수술 칼을 잡는 사람이 면도칼을 잡는 사람만도 못하다"라는 말이 회자될 만큼 지식인이나 화이트칼라 계층이 인기가 없었다. 그래서 이른바 '화이트칼라 빈곤층'마저 등장할 정도였다. 이런 현실을 받아들일 수 없었던 많은 사람이 훗날을 기약하며 유학을 결행했는데, 리옌훙도 바로 그런 사람들 가운데 한 명이었다.[6]

스티브 잡스를 존경했던 리옌훙은 뉴욕주립대학 버펄로 캠퍼스에서 컴퓨터 공학 석사를 마치고 박사 과정을 밟던 중 돌연 학업을 중단했다. "남들이 10년 넘게 연구해온 것을 나까지 할 필요가 있을까"란 의문이 들어 실용적인 일을 하기로 결정한 것이다.[7]

그는 월스트리트의 러브콜을 받고 1994년 경제 뉴스 전문 서비스 업체 다우존스Dow Jones에 입사했다. 1996년 오늘날까지도 월가의 수많은 기업이 사용하고 있는 금융 정보 검색 시스템인 랭크덱스RankDex를 개발해 미국에서 특허까지 받았다. 훗날 그는 바이두에 이 기술을 적용했다. 이와 관련해 이성규는 "리엔훙의 천재성은 '랭크덱스'라는 검색엔진으로 터져나왔다"면서 이렇게 말한다.

"랭크덱스 개발은 그의 운명을 바꿔놓은 결정적 사건이다. 그는 IDD 인포메이션 서비스에 근무하고 있던 1996년, 이 새로운 개념의 검색 알고리즘을 설계했다. 웹사이트의 품질 측정을 위해 하이퍼링크를 활용한 최초의 검색엔진이라는 평가도 받았다. 그리고 1997년 특허를 신청하고 논문도 발표했다. 랭크덱스의 핵심 개념은 '하이퍼링크 벡터 보팅HVV'이다. 구글 검색에 페이지랭크가 있다면 바이두엔 HVV가 있다.……그의 아이디어는 구글 창업자 래리 페이지가 페이지랭크 특허 문서에서 인용할 만큼 탁월했다. 구글의 페이지랭크 알고리즘에도 영향을 미쳤다. 종종 바이두를 구글의 모방작 정도로 평가절하하지만, 이는 그의 소프트웨어 실력을 간과한 평가다."[8]

1997년부터 리엔훙은 구글 산하 검색엔진 개발을 맡던 인포시크Infoseek에서 엔지니어로 일했다. 리엔훙은 2000년 1월 120만 달러의 투자금을 유치해 쉬융徐勇과 함께 베이징 중관춘中關村에서 바이두를 설립했다. 그리고 겨우 6개월 만에 바이두를 만들어냈다.[9] 초기 회사 이름은 '바이두 온라인 인터넷 기술'이었다. 바이두百度, Baidu는 '수백 번, 수천 번'을 의미하는 말이다.

리엔훙은 바이두란 이름을 중국 송나라 시인 신기질辛棄疾의 시 「청옥

안青玉案」에 나오는 마지막 글귀 "사람들 속에서 그녀를 수백, 수천 번이나 찾아 헤매다 무심결에 뒤를 돌아봤을 때 희미한 불빛 아래 그가 있었다衆里尋他千百度 驀然回首 那人却在燈火欄珊處"에서 영감을 받아 지었다. 이 시의 마지막 글귀에 '찾다'라는 의미가 포함되어 있어 자신의 사업 방향과 잘 맞아떨어진다고 생각한 것이다. 그러니까 정확한 정보를 찾기 위해 끈질기게 검색한다는 의미를 담고 있는 말이다.[10] 바이두의 로고는 '곰 발바닥'이다. '어디를 가든 흔적을 남긴다'는 뜻을 갖고 있다.

소프트웨어 회사에서 검색 사이트로

리옌훙은 "실리콘밸리에서 벌어지는 수많은 비즈니스 전쟁을 목격하면서 정보 경제의 발전 속도를 감안할 때 나도 비즈니스 전쟁에 뛰어들지 않으면 안 되겠다는 생각"에서 바이두를 창업했다고 말한다.[11] 그런데 그가 바이두를 창업한 결정적인 이유는 미국 유학 시절에 만나 1995년 10월 결혼한 아내 마둥민馬東敏 때문이었다는 이야기도 있다.

인포시크에서 잘나갔던 리옌훙은 당시 실리콘밸리에 호화 주택을 마련하고 승용차를 구입하는 등 부러울 것 없는 생활을 했다. 하지만 엔지니어로서 남편의 기술이 업계 최정상급이라고 생각했던 마둥민이 그런 삶에 만족하지 못하고 리옌훙이 창업의 길에 뛰어들도록 압력을 넣었다는 것이다. 리옌훙이 별장 정원에 만든 조그만 채소밭에 물을 주고 있을 때 마둥민은 이렇게 말했다고 한다. "나는 내 남편이 캘리포니아의 농부처럼 살기를 원하지 않는다."[12]

애초 바이두는 다른 포털사이트에 검색엔진을 제공하는 일종의 소프트웨어 회사였다. 바이두는 '최대, 최신, 최고의 스피드'를 자랑하는 중국어 검색엔진을 표방했는데,[13] 실제 소후닷컴sohu.com, 시나닷컴sina.com 등 당시 중국의 포털사이트 가운데 약 80퍼센트가 바이두의 검색엔진 기술을 사용할 만큼 검색엔진 시장에서 영향력이 컸다.

외형적으론 이렇게 성공한 회사였지만 이 시절 리옌훙은 심각한 고민을 하고 있었다. 포털사이트들은 바이두의 검색엔진을 이용해 이용자를 늘리면서 돈도 벌고 있었지만 바이두는 별다른 수익을 내지 못하고 있었기 때문이다. 결국 리옌훙은 포털사이트와 이익 분배 시스템에 문제가 있다는 판단을 내리고 포털사이트에 검색 기술을 제공하는 수준에서 벗어나 네티즌들을 직접 상대하는 독립적인 검색엔진 사이트를 구축하기로 했다.[14]

하지만 리옌훙의 계획은 이사회의 강한 반발에 직면했다. 그럴 수밖에 없었다. 검색엔진 산업에 대한 이해가 낮았던 이사들이 독자적인 길을 모색할 경우 당장의 수익원이 사라질 것을 우려했기 때문이다. 닷컴버블의 여파로 전 세계적으로 찬바람이 불던 인터넷 시장의 분위기도 이사회의 냉랭한 분위기에 한몫했다. 바이두의 발전을 위해서는 독자 행보가 꼭 필요했다고 판단한 리옌훙은 이사들을 어떻게든 설득하려고 했지만 그게 잘되지 않자 화가 머리끝까지 나서 이렇게 말했다고 한다. "바이두가 검색엔진 사이트를 못할 거라면 다 때려치워버려!"[15]

결국 이사회는 리옌훙의 강경한 태도와 확신에 독자적인 검색 사이트를 만드는 데 합의했다. 이렇게 해서 2001년 9월 독자적인 검색엔진 사이트인 바이두닷컴을 정식으로 오픈했다. 하지만 초창기엔 지명도가 별로 없어 대형 포털사이트의 경쟁상대가 되지 못했다. 가장 큰 문제는 수익 창출 수단이었다. 이때 리옌훙은 CPC 방식을 통해 큰 수익을 창출하고 있던 미국의 오버추어Overture를 벤치마킹해 CPC 모델을 적용하기로 했다. CPCCost Per Click는 인터넷 검색 사이트에 특정 키워드를 검색한 사람들을 대상으로 광고주의 사이트가 노출되도록 하는 키워드 광고로, 키워드 입찰 경매 방식 서비스라고도 한다. 바이두는 CPC라는 말 대신에 검색 광고라는 말을 쓰고 있는데, 오늘날 바이두 수익의 대부분을 차지한다.

바이두의 '애국심 마케팅'

독자적인 검색 사이트를 만들었지만, 바이두 앞엔 거대한 장벽이 하나 존재하고 있었다. 바로 검색엔진의 대명사 구글이었다. 구글은 2000년 9월부터 중국어 검색 서비스를 시작했는데, 리옌훙은 구글을 뛰어넘기 위해 어떤 전략을 펼쳤던가?

리옌훙은 시장의 문화적 편견을 적극 활용했다. 쉽게 말해 바이두의 민족성을 노골적으로 강조한 것이다. 중국의 인터넷 인구가 폭발적으로 증가하자 바이두는 구글보다 중국어를 잘 이해한다는 마케팅 공세를 적극적으로 펼쳤다. "우리는 구글보다 중국어를 더 잘합니다."

이와 관련해 중국의 인터넷업계 전문가 카이저궈는 "바이두는 중국어의 문법적·문화적 절묘함을 더욱 잘 이해한다는 점을 내세워 언제나 지국 내 선두주자의 위상을 노려왔다"면서 이렇게 말했다. "이는 중국어가 매우 복잡한 언어라고 생각하며 자부심을 느끼는 소비자들에게 좋은 반응을 얻었다.”[16]

'바이두의 민족성'을 강조한 리엔훙의 마케팅은 단지 상업적 목적만을 위한 게 아니었다. 그건 평소 리엔훙의 철학이 반영된 것이기도 했다. 리엔훙은 “민족정신과 애국심으로 무장한” 인물이니 말이다.[17] 이런 점에서 보자면 리엔훙의 '애국심 마케팅'은 바이두의 성공을 위해 채택한 수단이 동시에 목적 그 자체이기도 했다. 바이두가 2006년 1월부터 서비스를 시작한 중국문학 전문 검색 채널인 '바이두 국학'은 리엔훙의 민족주의적 성향을 잘 시사해준다. '바이두 국학'은 진나라에서부터 청나라 말엽까지 중국의 역대 문학 작품을 검색하고 읽어볼 수 있도록 한 서비스다.

이에 대해 리엔훙은 일기에 “중국학은 중화 민족의 영혼이 담겨 있는 것이다. 시대가 어떻게 변화하건 문화의 뿌리는 사라져서는 안 된다. 중국학은 중화 문명의 결집체이기도 하다”면서 이렇게 썼다.

“강대한 국가는 위대한 사상이 뒷받침해주지 않으면 안 된다. 철학이 있고 문화가 있고 전통이 있는 민족과 국가가 진정한 민족과 국가이다. 중국학의 역할은 매우 중요하다. 중화 문명은 세계 문명 속에서 특수한 지위를 자랑하고 있다. 문명으로의 복귀 물결 속에 중화 문명은 반드시 세계 문명사에서 중요한 지위를 지니고 있다. 또 더 나아가서 전 인류에게 영향을 끼친다. 중국학이라는 유산은 중국의 것이 아니라 더 나아가 세계의 것이다.”[18]

리엔훙은 2005년 바이두가 나스닥에 상장된 직후 직원들을 대상으로 한 발표에서도 바이두가 세계 시장에서 인정받은 중국산이라는 것을 강조했다. 그는 "이때 제일 큰 감격은 중국인으로 느끼는 자긍심이었습니다"면서 이렇게 말했다.

"미국에서 중국 물건은 종종 '싸구려'의 대명사로 치부됩니다. 중국 회사가 미국에서 상장되어도 대부분이 이런 대접을 받습니다. 그렇지만 바이두는 그렇지 않았습니다.……세계에서 제일 까다로운 투자자들의 인정을 받아 중국 회사의 진짜 가치를 보였습니다. 이는 중국에게도 큰 영광일 것입니다. 이 기쁨을 말로 다 표현할 수 없습니다."[19]

리옌훙은 2008년부터 바이두의 글로벌화를 추진했는데, 바이두의 세계 시장 공략도 중국의 문화적 자부심과 연결시켰다. 여기엔 그럴 만한 계기가 있었다. 리옌훙은 2006년 중국 CCTV를 통해 방영된 다큐멘터리 〈대국굴기〉를 즐겨 시청하면서 한 국가의 굴기崛起는 국제적 영향력을 갖춘 기업의 성장과 맥을 함께한다는 깨달음을 얻었다. 그리고 다음과 같은 생각을 품었다. "개혁과 부흥이라는 거대한 역사적 물결 속에서 탄생한 바이두라면 중국을 세계적인 강대국 반열에 올려놓는 책임을 져야 한다."[20]

바이두는 어떻게 구글을 물리쳤는가?

중국인들의 '애국심'에 호소한 전략으로 성장의 발판을 마련했지만, 바이두가 구글을 이길 수 있었던 결정적인 이유가 있었으니, 그건 바로 바이두의 친정부적 성향이었다. 예컨대 최진주 등은 『세계 슈퍼 리치』(2012)에서 구글이 중국 정부와 삿은 충돌을 빚은 반면 바이두는 중국 정부와 긴밀한 관계를 맺는 등 중국 정부의 비위를 잘 맞추었다면서 이렇게 말한다.

"2002년 중국 정부가 검색 사이트를 전면 차단했을 때, 바이두는 경고 받은 '유해 정보' 즉, 정부가 원하지 않는 콘텐츠를 신속히 삭제하고 하루 만에 사이트를 다시 열었다. 반면 구글은 2주 동안이나 닫혀 있었다. 바로 이때가 성장 발판이 되었다."[21]

특히 바이두는 중국 정부가 1998년 '황금 방패 프로젝트Golden Shield Project' 일환으로 추진해 2003년 완성한 만리장성 방화벽The Great Firewall of China에 적극적으로 협조했다. 만리장성 방화벽은 만리장성 The Great Wall과 컴퓨터 방화벽Fire Wall의 합성어로, 반정부 혹은 유해한 정보라 생각되는 검색 결과를 자동으로 차단하는 중국의 인터넷 검열 시스템을 이르는 말이다. 사회 안정을 이유로 외부에서 들어오는 트래픽을 차단하겠다는 게 이 시스템의 목적이다. 정식 명칭은 '방화장성' 이지만 서구 언론은 이를 오랑캐를 막겠다고 축조했다가 역효과를 부른 만리장성에 비유해 '만리장성 방화벽The Great Firewall'이라고 부른다.

애초 구글은 바이두가 경쟁자로 부상하자 2003년 500만 달러를 투자해 바이두의 주식 2.6퍼센트를 확보했다. 바이두가 어느 정도 성장하면 인수하겠다는 의도를 담은 투자였다. 물론 리엔훙은 그런 속셈을 알고 있었다. 하지만 구글의 영향력을 활용해 바이두의 지명도를 높이고 투자자들의 신뢰를 받는 수단으로 활용하기 위해 투자를 받아들였다.[22]

구글은 리엔훙의 그런 속셈을 몰랐던 것일까? 아무래도 그런 것 같다. 2004년 6월 바이두 본사를 방문해 리엔훙과 단독 회담을 가진 구글 CEO 에릭 슈밋은 얼마 전까지만 해도 꼬리를 내렸던 바이두가 '최고의 기술, 최고의 인력, 최고의 조직'이라는 슬로건을 내걸고 그동안 숨겨온 비수를 꺼내자 구글에 대항할 수 있는 시간을 벌기 위한 리엔훙의 전략에 당했다고 뒤늦게 판단을 내렸으니 말이다.[23]

결국 구글은 2006년 구글의 중국어판인 구거谷歌를 발표했다. '구거'는 구글을 음차音借한 것으로 뜻은 '곡식을 수확할 때 부르는 노래'라는 의미다. 당시 구글 CEO 에릭 슈밋은 "중국 정부의 인터넷 관련 규정을 모두 지키겠다"고 밝혀 검열에 부정적이었던 종전 입장에서 변화된 모습까지 보였다. 구글차이나는 2007년 '구글 입력법'이라는 중국어 입력 상품을 출시했으며, 6월엔 중국의 최대 포털사이트 시나닷컴과 함께 전략적 협력 파트너 관계를 체결하기로 합의했다.[24]

하지만 구글차이나는 만리장성 방화벽 때문에 중국 정부와 마찰이 끊이지 않았고 리엔훙은 그 틈새를 적극 활용했다. 그는 '중국어 검색엔진 기술은 국가 체제 안보와 관련이 있다'면서 중국인들을 대상으로 바이두의 정체성을 강조했다. "우리는 바이두가 중국인의 바이두가 되기를 원합니다."[25]

결국 구글의 중국 인터넷 검색엔진 점유율은 2009년 4분기 기준 35.6퍼센트로, 바이두(58.4퍼센트)에 뒤졌고,[26] 구글은 2010년 1월 중국 시장에서 철수했다. 이후, 리예훙은 "태평양 동쪽에 구글이 있다면 서쪽에는 바이두가 있다!"고 큰소리쳤다.[27]

웨이쩌시 시건과 '비이두 게이트'

구글이 중국 시장에서 철수한 후, 리엔훙은 거칠 게 없는 행보를 보였다. 그는 "그저 제가 제일 잘할 수 있는 일이 검색이고, 바이두를 가장 바이두답게 만드는 것도 바로 검색 서비스"라는 이유로 검색에만 집중하겠다고 했다.

"다른 시장으로의 진출을 단 한 번도 염두에 둔 적이 없습니다. 검색엔신 시장이라는 어전히 먹음직스러운 파이를 두고 딴 데 한눈을 팔 이유가 있을까요? 무한한 매력이 있는 이 시장에서 실력을 인정받을 수 있다면 사람들의 뇌리에서 결코 지워질 수 없는 위대한 기업이 될 수 있습니다. 따라서 바이두는 앞으로도 검색 기술 발전에 대규모 투자를 지속해 이 영역에서 누구도 넘볼 수 없는 자리를 차지하겠다는 초심을 버리지 않을 것입니다. 이 점에 대해서는 제가 보증합니다. 네티즌에게 최상의 검색 서비스를 제공하고, 바이두 덕분에 원하는 결과를 쉽게 찾았다는 평가를 받는 것이 바이두의 최종 목표입니다."[28]

그렇다면 바이두는 최상의 검색 서비스를 제공하고 있을까? 경쟁자가 없는 독점적 지위다 보니 문제가 발생하지 않을 수 없다. 2016년 5월 발생한 이른바 '바이두 게이트'는 이를 잘 보여준다. '바이두 게이트'는 희귀암 중 하나인 활막육종 진단을 받은 22세 대학생 웨이쩌시魏則西가 바이두가 추천한 병원에서 엉터리 치료를 받다가 숨진 후 중국에서 공론화된 바이두의 검색어 장사를 이르는 말이다. 이 사건을 계기로 중국에서는 바이두에 대한 불만이 폭발했다. 중국 네티즌들은 "바이두 검색 광고가 청년을 죽였다"며 들고 일어섰다. 한 네티즌은 "바이두는 양심을 상실했다. 보이는 게 오직 돈"이라고 지적했다. 『런민일보人民日報』를 비롯한 관영 매체들도 바이두를 일제히 비난했다.[29]

웨이쩌시 사건이 알려진 5월 2일 뉴욕 증시에 상장된 바이두 주가는 7.9퍼센트 폭락해 하루 새 5조 원 규모의 시가총액이 증발했다. 중국 상무부는 9월부터 검색 광고를 인터넷 광고로 분류해 검색 광고에 매출의 3퍼센트에 해당하는 부가세를 부과하기로 하는 등 신규 규제를 도입하겠다고 밝혔다. 이런 일련의 흐름에 따라 바이두가 창사 이래 최대의 위기에 직면했다는 이야기도 나왔다. 바이두는 정말 위기에 처한 것일까?

결론부터 말하자면 '전혀' 아니다. 앞서 본 것처럼, 바이두는 중국 검색 시장에서 독보적 지위를 누리고 있을 뿐만 아니라 친정부적 성향으로 무장해 있다. 요컨대 중국의 검색 시장에는 바이두를 대체할 수 있는 검색 사이트가 존재하지 않기 때문에 바이두의 위상에 변화가 발생할 여지는 거의 없다고 봐도 무방하다.

이와 관련해 셰쮀스 저장 재경대학 교수는 "문제는 구글이 들어오지 못한 중국 검색 시장에서 바이두가 가지고 있는 비중이다"면서 "구글이 바이두보다 이용하기가 100배 더 좋다고 해도 구글이 열리지 않는 것이 문제"라고 말했다.[30] 실제, 바이두의 검색 결과 노출 방식이 여론의 도마 위에 오른 것은 한두 번이 아니지만 그때마다 별 문제 없이 지나갔다.[31]

"네티즌에게 최상의 검색 서비스를 제공하고, 바이두 덕분에 원하는 결과를 쉽게 찾았다는 평가를 받는 것이 바이두의 최종 목표"라고 강조하며 검색 서비스라는 한 우물만 파겠다고 강조해왔던 리옌홍은 2013년경부터 본격적인 사업 다각화에 나섰으며, 현재 인공지능 개발에 매진하고 있다.

물론 이 역시 '중국의 굴기'를 위해서다. 리옌훙은 2012년 1월 바이두 내부적으로 열린 업무총회에서 "바이두는 전 세계가 존경하는 중국을 만들어야 한다는 특수한 역사적 사명을 띠고 있다"며 전 세계가 중국을 존중하도록 만드는 게 바이두의 역사적 사명이라고 강조했는데,[32] 리옌훙은 목적을 달성할 수 있을까?

"소프트웨어를
판매하는 시대는 끝났다"

산타뉴 나라옌

어도비는 소프트웨어 시장의 강자

어도비 시스템스Adobe Systems는 전 세계 PC용 소프트웨어SW 시장의 강자다. 1982년 존 워녹John Warnock과 찰스 케스케Charles Geschke가 공동 창업했다. 1970년대 후반 제록스의 팰로앨토연구소에서 만난 두 사람은 '컴퓨터 화면의 텍스트와 이미지를 아름답고 정확하게 인쇄'하자는 생각에서 제록스를 떠나 소프트웨어를 만들었는데, 이게 바로 어도비였다.

어도비라는 이름은 워녹이 살던 집 뒤에 있던 지역 어도비 크릭Creek에서 가져왔다. 워녹과 케스케는 팰로앨토연구소 시절부터 프로젝트 이름을 지을 때마다 지도에 화살을 던져 화살이 꽂힌 지역의 이름을 사용했는데, 같은 방식으로 지도를 살펴보다가 어도비 크릭에 주목해 이런

이름을 붙였다.[1]

1983년 두 사람은 컴퓨터 화면에 나타난 컴퓨터 파일의 서식, 그래픽, 글꼴 등을 손상시키지 않으면서 그대로 종이에 인쇄할 수 있는 기술 어도비 포스트스크립스PostScript를 선보이며 데스크톱 출판에 혁명적 변화를 가져왔다. 오늘날까지도 프린터의 핵심 기술로 남아 있는 혁신적인 기술이었다. 애초 깨끗한 인쇄를 할 수 있는 문서 작성을 주력 사업으로 삼았던 어도비는 PC 시절, 시각예술 관련 업계의 강자로 군림하는 등 승승장구했다.[2]

어도비를 대표하는 것은 PDFPortable Document Format, 포토샵Photoshop, 어도비 플래시Flash 등 시각예술과 관련된 것으로, 모두 다 업계 표준 프로그램으로 유명하다. 어도비가 비주얼 커뮤니케이션을 이끌었다는 평가를 듣는 이유다. 이와 관련해 김민주는 "어도비가 없다면 컴퓨터가 있다 해도 제대로 된 업무나 학습, 인터넷 서핑조차 불가하다. 컴퓨터를 쓰는 한, 우리는 어도비의 지배하에 있다고 해도 과언이 아니다"고 말한다.[3]

PDF는 마이크로소프트 윈도, 애플 맥, 유닉스, 구글 안드로이드 등 거의 모든 운영체제에서 읽거나 인쇄할 수 있는 파일로 원본 문서의 글꼴, 이미지, 그래픽, 문서 형태 등이 그대로 유지되는 게 특징이다. 워녹과 케스케는 포스트스크립스를 선보인 후, 이 기술에 데스크톱 소프트웨어에 대한 전문 기술을 결합해 PDF 파일 형식을 만들었다.

PDF 파일을 작성하기 위해선 아크로뱃Acrobat, 읽기 위해선 뷰어 프로그램인 '아크로뱃 리더Acrobat reader'가 필요하다. 어도비는 아크로

뱃은 유료로 판매하되 아크로뱃 리더는 무료로 배포하는 방식을 통해 PDF를 업계 표준으로 만들어버렸다. 2015년 3월 현재 아크로뱃 가입자는 3,400만 명에 달하고 2014년 한 해 동안 아크로뱃 리더와 기타 어도비 앱을 통해 사용된 PDF 문서는 500억 건에 육박했다.[4]

포토샵은 사진 이미지의 색상 보정, 오래된 사진 복원, 이미지 합성, 문자 디자인, 인쇄물 디자인, 웹디자인 등을 할 수 있는 그래픽 소프트웨어다. '사진을 수정한다'는 의미로 사용할 만큼 포토샵은 사진 수정 업무를 통칭하는 업무로 쓰인다. 현재 포토샵은 전 세계 90퍼센트 이상의 크리에이티브 분야 전문가들이 사용하고 있으며, 건축가, 엔지니어뿐만 아니라 사진작가, 그래픽 디자이너, 광고 제작자, 심지어 의사들까지 사용하고 있다. 어도비 플래시는 동영상 재생 프로그램으로 광고, 게임, 애니메이션 등의 제작을 위해 주로 사용되는 멀티미디어 플랫폼이다.[5]

PC 시절 전성기를 누렸지만 스마트폰이 등장한 2000년대 말부터 어도비에 위기를 알리는 경보음이 울렸다. 포토샵과 어도비 플래시 등이 화면이 작은 모바일 시대에 활용도가 떨어질 것으로 예측되었기 때문이다. 하지만 모바일 시대 퇴출 1순위로 꼽혔던 어도비는 여전히 승승장구하고 있는데, 어도비의 '제2의 전성기'를 이끌고 있는 인물이 바로 CEO 산타뉴 나라옌Shantanu Narayen이다.

꼭 맞는 볼트와 너트처럼 전략적 마인드를 가진 사람

나라옌은 구글 CEO 순다르 피차이Sundar Pichai, 마이크로소프트MS

CEO 사티아 나델라Satya Nadella, 펩시코 CEO 인드라 누이Indra Nooyi, 디아지오 CEO 이반 메네제스Ivan Menezes 등과 함께 최근 실리콘밸리에서 각광받는 인도 출신이다. 1963년 인도 하이데라바드Hyderabad에서 작은 플라스틱 공장을 운영한 아버지와 하이데라바드에 있는 오스마니아Osmania대학에서 미국 문학을 가르친 이머니 사이에서 태어났다. 저널리스트를 동경했지만 오스마니아대학에서 전자공학을 전공했다. 공부에 대한 열정이 컸던 그는 1984년 미국으로 건너가 오하이오주에 있는 볼링그린주립대학Bowling Green State University에서 컴퓨터공학 석사학위를 취득했다.[6]

1986년 한 스타트업에 입사했다가 3년 뒤 애플로 이직했다. 애플은 나라옌이 장차 사업가로 성장할 수 있도록 큰 도움을 준 비옥한 땅이었다. 이곳에서 나라옌은 테크놀로지 비즈니스에 필요한 중요하고 다양한 것을 배웠다. 직장에 다니면서 버클리 경영대학원에 진학, 저녁 MBA 프로그램에 참여해 1993년 MBA를 취득했다.[7] 애플 퇴사 후 전자 회사 '실리콘 그래픽스Silicon Graphics'에서 데스크톱과 공동 작업 제품의 지도자로 활동했으며, 이곳에서의 경험을 계기로 자신의 사업을 구체화하기 시작했다.

1996년 나라옌은 벤처 캐피털에서 10만 달러의 투자금을 받아 온라인에서 디지털 사진 공유를 지원하는 테크놀로지 회사 픽트라Pictra를 공동 창업했다. 픽트라는 1997년 사진마케팅협회에서 가장 혁신적인 소프트웨어상을 수상하는 등 관심을 받기도 했지만 수명은 길지 않았다. 사진 공유가 당시엔 너무 생소한 사업 아이템이었던 까닭일까? 나라엔은 픽트라 사업 실패를 계기로 사업에서 가장 중요한 것은 타이밍이라는 것을 배웠다고 말하고 있으니 말이다.

픽트라는 성공하지 못했지만 나라엔 인생에서 잊지 못할 기업이다. 어도비에 픽트라를 판매하려고 했다가 실패했지만, 당시 어도비 CEO였던 브루스 치즌Bruce Chizen에게 눈도장을 받았기 때문이다. 치즌은 픽트라에 대해선 큰 관심을 보이지 않았지만 나라엔의 실력에 반해 1998년 그를 어도비로 스카우트해 어도비의 엔지니어링 기술 그룹의 부사장 겸 총괄 관리자 역할을 맡겼다. 나라엔은 1999년부터는 전 세계를 무대로 어도비 제품을 판매하는 부서의 수석 부서장, 2001년부터는 전 세계 제품 마케팅과 개발 부문 부사장으로 활동했다.

나라엔이 실리콘밸리에 자신의 존재를 알린 것은 2005년이다. 당시 어도비는 온라인 애니메이션과 동영상을 제작하는 플래시 기술 회사인 매크로미디어Macromedia를 인수 합병했는데, 이 과정에서 핵심적인 역할을 수행했다. 매크로미디어는 어도비가 웹 기반 애플리케이션 사업 분야에서 확고히 자리 잡고 있던 거대 소프트웨어 업체들과 경쟁할 수 있는 토대를 마련해준 기업이다.[8]

나라엔은 2005년 어도비 최고운영책임자COO로 승진했으며, 엔지니어링·제품 마케팅·판매 등을 책임지는 어도비의 실질적인 2인자로 활동하며 매크로미디어 플래시와 어도비 포토샵·일러스트레이터 등 양사의 핵심 제품을 본격 통합한 '어도비 CS3'를 내놓는 등 제품 개발을 진두지휘했다.[9] 당시 나라엔과 함께 일했던 동료들은 나라엔은 꼭 맞는 볼트와 너트처럼 전략적 마인드를 가진 사람이자 놀라운 기억력을 갖고

있는 리더라고 평했다.[10]

소프트웨어를 파는 시대는 끝났다

나라엔은 2007년 12월 CEO로 승진했다. 당시 나라엔은 어도비 설립자 워녹과 게스케, 선임 CEO 치즌의 유산을 이어받아 "테크놀로지 분야에서 리더십을 행사하고 혁신을 계속해왔던 어도비의 전통을 계속해 회사의 성장을 이끌겠다"고 약속했다.[11] 2008년 10월 나라엔은 폭탄선언을 했다. 지금까지 CD나 박스 제품으로 팔던 소프트웨어의 판매 방식을 바꿔 매달 사용료를 내고 온라인으로 구독하는 형태, 그러니까 서브스크립션 형태로 서비스하겠다고 선언한 것이다.

언론은 물론 관련 업계마저 경악했다. 미국『월스트리트저널』은 "어도비가 말하는 '계획'이란 건 이론상으로만 가능할 것"이라며 비웃었다. 관련 업계는 어도비가 가만있어도 돈을 벌 수 있는데 괜한 일을 벌이고 있다고 혹평했다.

이런 반응이 나올 만도 했다. 당시 어도비는 포토샵과 일러스트레이터Illustrator 등으로 시각예술 소프트웨어 시장 점유율 90퍼센트 이상을 점유하고 있었을 뿐만 아니라 포토샵 패키지 하나를 팔면 곧바로 100만 원 이상의 매출을 올릴 수 있었기 때문이다. 그런데 이걸 매달 1만 원 수준의 소액만 들어오는 온라인 구독 방식으로 바꾸겠다는 했으니 어느 누가 그를 제정신 가진 CEO로 볼 수 있었겠는가.

나라엔의 선언은 회사 내부 구성원들의 반발에도 직면했다. 직원들은 나라엔의 비전에 수긍하지 못했으며, 회사의 주주들도 어도비를 속속 떠나기 시작했다. 주가가 곤두박질친 것은 당연했다. 2008년 10월부터 2009년 3월까지 약 반 년 동안 어도비의 주가는 60퍼센트 이상 급락했다.[12]

눈앞의 매출이 급감할 게 분명한 상황에서도 왜 나라엔은 잘나가던 기존 판매 모델을 버리고 온라인 구독 방식으로 바꾸겠다고 했던 것일까? 그것도 이미 어도비의 소프트웨어가 업계 표준을 장악하고 있는 주도적 사업자였는데도 말이다. 여기엔 그럴 만한 이유가 있었다.

첫째, 2008년 전 세계를 강타한 글로벌 금융위기를 타개하기 위한 것이었다. 전 세계를 강타한 금융위기가 야기한 세계적인 경기 불황 속에서 어도비의 소프트웨어를 사용하는 이용자 수는 정체되고 있었으며, 높은 가격 때문에 불법 복제 상품이 크게 증가해 성장에 먹구름이 끼고 있었다. 둘째, 시대 환경의 변화였다. 앞서 말한 것처럼, 어도비의 소프트웨어는 PC에 최적화된 것이었다. 모바일 시대의 개막은 어도비엔 악재 중의 악재였다.[13] 그러니까 '시대와의 불화'에서 야기된 위기를 돌파하기 위해 파괴적 혁신을 시도한 것이었다. 이와 관련해 나라엔은 이렇게 말했다.

"저는 시대가 바뀌었다고 생각합니다. 앞으로는 소프트웨어 제품을 '파는' 시대가 아니라고 봅니다. 과거의 어도비 제품은 소프트웨어 코너에서 박스 속에 담긴 CD의 형태로 팔렸습니다. 하지만 상당히 비쌌습니다. 최근 소비자 트렌드를 보면 큰 비용을 지불하면서 고가의 소프트웨어를 '소유'하려는 욕구가 매우 줄어들었습니다. 기업 역시 비용을 줄이려는 분위기가 커지고 있지요. 그래서 저는 '사용권을 빌려주고 구독

료를 받는 방식'이 현재 흐름에 맞는다고 생각했습니다."[14]

나라옌은 2011년 11월 '어도비 크리에이티브 클라우드CC'를 내놓고 서브스크립션 방식을 밀어붙였다. 이날 어도비는 "온 세상이 당신의 작업실이다The world is your studio"라고 강조하면서 '앱'과 '클라우드'를 차세대 디지털 콘텐츠 제작의 핵심 전략으로 지목했다. 나라옌은 전 세계 기자들과 가진 인터뷰에서 "디지털 콘텐츠 제작 과정에 일어나는 작업 및 평가, 공유 등 모두가 클라우드 커뮤니티 안에서 이뤄질 것"이라며 "이제 디지털 콘텐츠를 소비하기보다 '생산'하는 시대로 전환되고 있다"고 강조했다. 어도비 CC는 포토샵, 일러스트레이터, 프리미어, 아크로뱃 같은 콘텐츠 생산 소프트웨어를 통칭하는 '어도비 크리에이티브' 제품군suite의 클라우드 버전이다.[15]

현재 어도비는 자사 소프트웨어의 최신 버전을 오직 온라인 구독형 클라우드 서비스 CC를 통해서만 판매하고 있는데, 폭발적인 호응을 얻고 있다. CC 가입자는 2013년 143만 9,000명을 기록하더니 2014년에는 단숨에 2배가 넘는 345만 4,000명으로 불어났다. 2015년엔 다시 617만 명으로 크게 늘었다.[16]

어도비의 전략이 성공하면서 영구적으로 소프트웨어를 사용할 수 있는 라이선스 방식으로 소프트웨어를 판매했던 글로벌 소프트웨어 업체들도 일정 기간 단위로 사용료를 받는 가입형 소프트웨어 판매를 잇따라 도입하는 방식으로 변화하기 시작했다. 예컨대 MS는 사무용 소프트웨어의 대표 격인 '오피스'를 구독 형태로 판매하고 있다. 매월 소프트웨어 사용료를 지불하는 가입형 방식의 소프트웨어 소비는 갈수록 확산

하고 있다.[17]

어도비는 왜 옴니추어를 인수했나?

소프트웨어 판매 방식에 혁신적인 변화를 추구한 나라옌은 2009년 1조 9,000억 원(18억 달러)을 들여 웹 데이터 분석 업체인 옴니추어Omniture를 인수했다. 당시 나라옌은 '옴니추어의 분석과 최적화 솔루션을 플래시 플랫폼과 결합해 측정하고 최적화가 가능한 콘텐츠와 앱을 만드는 데 도움을 주'기 위해 옴니추어를 인수했다고 말했지만, 시장은 어도비의 옴니추어 인수 결정에 이해할 수 없다는 반응을 보였다.

시장의 반응은 그럴 만했다. 어도비와 옴니추어는 전혀 관련이 없는 회사였으니 말이다. 어도비는 소프트웨어를 만들던 회사였고, 옴니추어는 쇼핑몰과 같은 웹사이트가 성과를 측정하는 도구인 SaaSSoftware as a Service를 웹으로 서비스하는, 온라인상 소비자 행동을 분석해 마케팅에 활용할 수 있는 데이터를 제공하고 분석하는 웹 분석 서비스 회사였다.[18]

시장이 이해할 수 없는 일들은 계속해서 발생했다. 어도비는 웹 콘텐츠 관리 서비스를 운영하는 데이 소프트웨어Day software(2010), 검색과 배너, 소셜 광고비를 자동으로 책정하고 입찰하는 디지털 광고회사 이피션트 프런티어Efficient Frontier(2011)웹과 이메일, SNS, 모바일, 콜센터, DM, POS 등에 이벤트를 진행하는 걸 돕는 네오레온(2012) 등 온라인 마케팅 회사를 계속해서 인수했기 때문이다.

대체 나라옌은 왜 디지털 미디어용 소프트웨어를 만들던 회사 어도비를 가지고 온라인 마케팅 회사를 계속해서 인수했던 것일까? 그건 어도비를 '통합 마케팅' 회사로 재탄생시키기 위한 것이었다. 옴니추어는 그런 변화의 시작을 알리는 신호탄이었지만, 이때만 하더라도 아직은 나라옌이 구상한 어도비의 미래상이 구체적인 윤곽을 드러내기 전이었다.[19]

'통합 마케팅' 솔루션 회사로 변신을 시도한 나라옌의 전략은 2013년이 되어서야 구체적인 윤곽을 드러냈다. 바로 '어도비 마케팅 클라우드MC'였다. MC는 사회관계망서비스SNS 방식으로 활용하는 통합 마케팅 솔루션으로, 홈페이지나 배너 광고와 같은 디지털 마케팅 콘텐츠를 생산·배포하고 온라인 소비자들의 반응과 수요를 실시간으로 분석할 수 있다는 게 특징이다.

어도비는 2013년 3월 미국 솔트레이크시티에서 열린 '어도비 디지털 마케팅 서밋'에서 MC를 발표하면서 "마케팅 담당자가 크레에이티브 디자인, 광고, 분석 담당자를 하나의 팀으로 관리하기 위해서는 비즈니스에 대한 큰 그림을 그릴 수 있는 가치 있는 정보가 필요하다"며 MC가 기업이 온라인에서 소비자를 만나는 데 정신없는 마케터를 도와줄 것이라고 장담했다. "1000분의 1초millisecond 단위로 변화하는 온라인 소비자들의 수요를 잡기 위해 실시간으로 마케팅 효과를 예측하고 민첩하게 반영할 수 있어야 한다."[20]

MC는 지금까지 경험에 의존해야 했던 마케팅 캠페인을 정량화하고 시각화한 다음 이를 분석해 마케팅 담당자에게 시장을 이해할 수 있는 통찰력Insight을 제공하는 것을 목표로 삼은 서비스다. 이를 활용해 마케터는 캠페인 생성, 진행, 관리, ROI(투자자본수익률) 측정 등을 차례대로 진행할 수 있다. 어도비에 따르면, MC는 캠페인 분석, 캠페인 관리, 경험 관리, 미디어 최적화, 소셜 분석, 목표 분석 등 5가지 통찰력을 마케터들에게 제공한다.[21]

나라옌은 2014년 3월 열린 '어도비 디지털 마케팅 서밋'에선 "모든 사업에서 핵심은 고객"이라며 "고객의 기대에 부응하기 위해선 실시간 기업으로 변화해야 한다"고 주장했다. 또 나라옌은 그간 기업들은 소비자를 하나의 통계자료 혹은 매출로 여기는 등 이름 없는 '숫자'로 취급해왔다면서 고객에 초점을 맞추기 위해선 기업에서 사용하는 모든 시스템 솔루션을 통합하고, 부서 간 울타리를 제거해야 한다고 주장했다. "자동화나 기계적인 학습에는 한계가 있다.……모든 직원이 고객의 의견을 함께 듣는 것이 중요하다." 실시간 기업이란 고객과 상호작용, 이른바 '소통'에 지연이 없는 것을 뜻한다.[22]

어도비의 디지털 마케팅

어도비가 '통합 마케팅' 솔루션에서 가장 주안점을 두는 것은 '디지털 마케팅'이다. 디지털 마케팅이라는 개념이 생소한 만큼 우선 나라옌의 말을 직접 들어보자. 나라옌은 "이 분야는 어도비가 '창출'해낸 신규 사업입니다. 우리는 5년 전에 존재하지도 않은 산업군인 '디지털 마케팅'이란 산업군을 만들었고 현재 10억 달러 규모 매출을 내고 있습니다. 디지털 마케팅이란 단어는 소프트웨어 역사에 존재하지도 않았고 어도비 내에서도 없었는데, 예상보다 좋은 반응을 얻고 있습니다"면서 이렇게 말했다.

"디지털 마케팅은 인터넷 웹페이지와 앱을 만들고, 어디에 광고를 붙일지 정해주는 통합 솔루션을 뜻합니다. 이를 통해 회사는 인터넷과 모바일에서 제품을 알리고 판매를 늘릴 수 있습니다. 요즘 대부분 기업이 웹과 앱을 통해 창업하기 때문에 그만큼 이 두 가지를 이렇게 잘 만드느냐가 사업의 성패를 좌우하게 된 것입니다. 예컨대 차량 공유 기업 우버UBER는 고객과 운전자를 연결한다는 훌륭한 비즈니스 모델을 가지고 있고, 이런 비즈니스를 실현하기 위한 유일한 제품이자 마케팅 수단이 웹과 앱입니다."[23]

나라엔이 추구하는 디지털 마케팅의 최대 강점은 이른바 '개별화' 서비스가 가능하다는 점이다. 과거엔 소비자를 연령, 성별, 직업 등에 따라 나누고 각 집단의 소비자가 좋아할 법한 정보를 제공했지만 어도비의 '디지털 마케팅'을 활용하면 소비자 하나하나의 특성을 파악할 수 있기 때문에 점점 다양해지는 소비자의 취향을 정확하게 파악하고 맞춤형 마케팅을 진행할 수 있다는 것이다.[24] 이와 관련 이창균의 말을 들어보자.

"어도비가 개발한 디지털 마케팅 프로그램 'AEM'을 쓰는 업체는 소비자들의 구매 양식 등을 면밀히 분석해 모바일 앱 등에서 '맞춤형 판촉' 전략을 세울 수 있다. 최근 어도비가 호주 '시드니 오페라하우스'와 맺은 마케팅 솔루션 계약이 그렇다. 오페라하우스는 해마다 820만 명이 방문하는 명소다. 어도비는 공연 관람이나 식사 등을 위해 오페라하우스를 실제로 방문하는 고객이나 온라인 사이트에 접속하는 이들의 다양한 정보를 분석해 운영자 측에 제공하게 된다. 이를 통해 고객에겐 더 나은 '맞춤형 서비스'를 제공할 수 있고 오페라하우스도 장기적으로 수익을 높일 수 있다."[25]

IT 기업과 마케팅 업체의 개별화 전략은 급속도로 확산하고 있는 추세라 어도비만의 독특한 마케팅이라고 할 순 없겠지만, 어쨌든 이 전략으로 인해 어도비의 주머니는 두둑해지고 있다. 나라엔이 야심차게 진행하고 있는 '디지털 마케팅' 솔루션의 성과가 빠르게 나타나고 있으니 말이다. 2013년 어도비에서 통합 마케팅 부문의 매출은 12억 2,890만 달러(1조3,000억 원)을 기록해 어도비 전체 매출의 4분의 1을 넘었다.[26] 디지털 마케팅을 무기로 한 어도비의 매출은 가파르게 증가하는 추세다. 2015년 어도비의 매출은 48억 달러(약 5조 6,000억 원)로 사상 최대치를 기록했는데, 이 가운데 30퍼센트가량이 디지털 마케팅에서 발생했다.[27]

이런 실적 때문일까? 나라엔은 2015년 3월 열린 '어도비 서밋'에서 "기업이 '체험형 비즈니스'로 소비자 개인의 경험을 재창조해야 생존하는 시대가 왔다"며 "개인 맞춤형의 디지털 마케팅은 앞으로 더 중요해질 것"이라고 강조했다. 어도비가 디지털 마케팅 분야를 개척해 성공을 일구면서 다른 글로벌 소프트웨어 기업들도 잇달아 이 분야에서 새로운 기회를 찾고 있다. 사물인터넷IoT과 온라인·오프라인을 연계하는 O2O 서비스 등이 발달하면서 디지털 마케팅의 중요성이 더욱 커질 것으로 예측되기 때문이다.[28]

소프트웨어 판매 시장과 마케팅 분야에 변화의 새바람을 불고 온 나라엔의 '파괴적 혁신'의 뿌리는 어디에서 찾을 수 있을까? 혹시 어도비가 소프트웨어 회사 시절부터 신규 시장에 진출할 때 추구해왔던, 어도비의 전통이라 할 '업계 표준화 전략'에 기원을 두고 있는 것은 아닐까? 아크로뱃 리더를 무료로 배포하는 방식을 통해 PDF를 업계 표준으로 만들면서 성공을 일구었기 때문인지 그간 어도비는 자신들의 사업 영역에서는 주도권을 잡기 위해 표준화에 매달리는 모습을 보여왔다. 예컨대, 어도비는 2000년엔 전자책 표준화를 두고 마이크로소프트와 대립했으며,[29] 2010년엔 모바일 플래시 표준화를 두고 애플과 치열한 논쟁을 벌였다.[30]

나라엔은 비록 모바일 플래시 시장에서는 실패의 쓴 잔을 들이켰지만, 소프트웨어 판매 방식과 디지털 마케팅 분야에서는 새로운 비즈니스를 구축하는 데 성공했다. 소프트웨어에서의 지배력을 바탕으로 마케팅 영역까지 넘보고 있는 나라엔의 '업계 표준화 전략'이 언제까지 유지될 수 있을지 지켜보도록 하자.

감동을 주는
설계자들

"우리의 프라이버시에 대한 권리를 되찾자"

파벨 두로프

모바일 메신저의 종단 간 암호화

2013년 에드워드 스노든이 미 국가안보국NSA의 프리즘을 폭로해 수사 당국의 무차별적 도·감청 실태가 드러난 후 암호화 기술은 IT 기업들의 화두가 되었다. 이용자들의 개인정보를 보호하지 않고 정부에 지나치게 협조하고 있다는 비판 여론이 제기된 데 따른 것이다. 모바일 메신저들 사이에선 이른바 '종단 간 암호화' 기술이 대세가 되고 있는 추세다.

예컨대 페이스북이 인수한 세계 제1위의 모바일 메신저 와츠앱은 2014년 11월부터 종단 간 암호화 기술을 구현하겠다고 밝혔으며, 한국의 모바일 메신저 카카오톡·네이트온·라인 등도 2014년 말부터 종단 간 암호화 기술을 적용한 이른바 '비밀 채팅' 모드를 경쟁적으로 도입했다.

종단 간 암호화End-to-End Encryption는 말 그대로 '끝에서 끝까지' 암호화하는 기술이다. 이 기술을 적용하면 대화 내용을 풀 수 있는 암호 열쇠가 이용자 휴대전화에만 저장되기 때문에 서버에서는 확인할 수가 없다. 함종선의 자세한 설명을 들어보자.

"메신지는 보통 '단말기A↔서버↔단말기B'의 형태로 정보가 전달되고, 일반 메신저의 경우 서버에서 문자 내용을 암호화해 보관한다. 따라서 서버가 해킹되면 암호를 풀 수 있는 키를 찾아낼 수 있고 문자 내용도 볼 수 있다. 서버 관리자도 당연히 문자 내용을 볼 수 있다. 그러나 비밀 채팅에 사용되는 종단 간 암호화 방식은 휴대전화 단말기A 자체에서 문자를 암호화해 보낸다. 암호를 풀 수 있는 키도 개인 단말기에 있다. 따라서 개인의 단말기를 확보하지 않는 이상 서버를 해킹한다고 해도 문자 내용을 알 수 없다."[1]

프라이버시 보호를 요구하는 이용자들은 종단 간 암호화 기술의 확산을 두 팔 벌려 환영하고 있지만, 미국을 필두로 이른바 '테러와의 전쟁'을 선포한 국가들은 곤혹스러워하고 있다. 테러리스트들이 종단 간 암호화 기술을 적용한 모바일 메신저나 SNS를 활용해 커뮤니케이션을 하는 추세가 확산하면서 테러 대응에 어려움을 겪고 있기 때문이다. 이런 이유 때문일까? '테러와의 전쟁'을 진행하고 있는 미국과 영국 정부는 수사 기관이 범죄 수사 목적일 경우엔 스마트폰 등 IT 기기의 암호화된 개인정보를 열람할 수 있도록 이른바 '뒷문'을 마련해야 한다고 주장한다.

예컨대 영국 총리 데이비드 캐머런은 2015년 1월 7일 프랑스의 풍자 주간지 『샤를리에브도』 본사에서 테러가 발생하자 "정부의 기본 역할은 국민을 안전하게 지키는 것"이라며 "테러 세력들이 인터넷상에서 안전하게 활동할 수 있는 '성역'은 제거돼야 한다"고 주장했다.[2] 2015년 11월 13일 프랑스 파리에서 테러를 자행한 이슬람국가IS가 종단 간 암호화 기술이 적용된 모바일 메신저를 비밀 소통 창구로 활용한 게 알려지면서 암호화 메시지 해독을 둘러싼 논란은 더욱 뜨겁게 달아올랐다.

모바일 메신저에 종단 간 암호화 기술 트렌드를 불러온 주인공은 파벨 두로프Pavel Durov가 2013년 만든 모바일 메신저 텔레그램Telegram이다. 보안이 대단히 뛰어난 것으로 알려진 텔레그램은 IS를 비롯한 급진 무장 세력들이 트위터 대신 자신들의 주장을 전파하고 정보를 주고받는 선전 도구로 각광을 받고 있는데, 파리 테러 당시에 IS가 커뮤니케이션 수단으로 활용한 게 알려지면서 IS의 '사이버 은거지'로 낙인찍히는 등 적잖은 홍역을 치러야 했다.[3]

왜 러시아의 '마크 저커버그'로 불리는가?

파벨 두로프는 1984년 10월 러시아 상트페테르부르크에서 태어났다. 두로프는 자연과 문명, 역사와 미술 등 인문학적 소양이 뛰어난 것으로 알려졌는데, 이는 이탈리아에서 언어학자로 활동했던 아버지 덕에 대부분의 유년 시절을 이탈리아에서 보내며 르네상스 정신을 배웠기 때문이다. 2001년 러시아로 돌아와 아버지의 뒤를 이어 상트페테르부르크대학에서 언어학을 전공했다.[4]

두로프는 2006년 9월 '브콘탁테'라는 SNS를 만들었다. 브콘테테VKontakte·VK는 러시아어로 '접촉·관계'라는 뜻으로, 가입자 프로필 난에 정치적 입장을 쓸 수 있도록 한 게 특징이었다.[5] 브콘탁테는 2008년 러시아를 대표하는 SNS로 성장했으며, 슬로바키아, 우크라이나, 벨라루스 등 동유럽 국가를 중심으로 빠르게 확산하며 막강한 영향력을 자랑했다. 이런 이유 때문에 브콘탁테는 '러시아판 페이스북'으로, 두로프는 '러시아의 마크 저커버그'라는 칭호를 얻었다.

애초 언어학자를 꿈꾸었던 두로프의 인생을 바꾼 것은 수학자이자 프로그램 개발자였던 형 니콜라이였다. 브콘탁테도 니콜라이와 함께 만든 것이다. 이와 관련해 최진홍은 이렇게 말한다.

"니콜라이는 수학자이자 프로그램 개발자로서 이미 상당한 경지에 이른 인물이다. 그리고 파벨 두로프는 언어학자인 아버지의 영향을 짙게 물려받아 인문학적 소양이 충만하다. 이 둘의 만남은 곧 하드웨어와 소프트웨어의 시너지 효과로 설명할 수 있다. 일각에서는 이 형제를 애플의 스티브 잡스와 스티브 워즈니악과 비교하기도 한다. 물론 파벨 두로프가 스티브 잡스, 형 니콜라이가 스티브 워즈니악이다."[6]

두로프는 2013년 8월 NSA의 프리즘을 폭로해 어쩔 수 없이 러시아로 임시 망명한 에드워드 스노든에게 브콘탁테에서 일자리를 제공하겠다고 말해 화제가 되었다. 당시 두로프는 자신의 브콘탁테 계정에서 "그가 브콘탁테 프로그래머들의 '드림팀'에 합류해준다면 기쁘겠다"며 "그가 우리 이용자들의 개인정보 보안을 다루는 업무에 관심이 있으리라 생각한다"고 했다.

이어 두로프는 "임시 망명을 허가한 러시아에 대해선 자랑스러움을, 미국의 정책에 대해서는 유감을 느낀다"고 말했다.[7] 하지만 러시아를 자랑스럽게 생각한 것은 큰 착각이라는 게 곧 드러났다. 브콘탁테가 러시아의 정치 문제를 거론하는 채널로 급부상하면서 푸틴의 탄압이 본격적으로 시작되었으니 말이다.

두로프는 브콘닥테가 2011년 총선과 2012년 대선 직후 반푸틴 시위가 러시아 전국으로 확산하는 데 결정적인 역할을 하면서 러시아 정부와 갈등을 빚기 시작했다. 특히 2013년 11월 시작되어 친러 정권 축출로 이어진 우크라이나 반정부 시위 과정에서 '시위 주동자의 개인정보를 제공하고 부정 선거를 규탄했던 주요 인사들의 브콘탁테 페이지를 삭제해달라'는 러시아 정부의 요구를 거절하면서 푸틴에게 완벽하게 찍혔다.[8] 몸을 사릴 만도 했지만 두로프는 아예 한 술을 더 떴다. 2014년 4월 러시아 정부가 자신에게 요구했던 공문을 브콘탁테에 공개한 것이다.

"2013년 12월 13일, 러시아 연방보안국[FSB]은 우리에게 유로마이단(우크라이나의 유럽 통합 지지 운동) 시위 운동가들의 개인정보를 요구해왔습니다. 하지만 우리는 이를 거부했으며 러시아 사법 당국은 VK의 우크라이나 사용자들에게 손을 뻗치지 못한다고 자부합니다. 우크라이나 사용자들의 개인정보를 정부 측에 넘기는 일은 불법일 뿐만 아니라 VK를 신뢰해줬던 수백만 모든 우크라이나 친구들에 대한 배신 행위입니다. 이 과정에서 개인적인 피해도 많았습니다. 하지만 저는 후회하지 않습니다. 개인정보 보호는 그 이상의 가치가 있기 때문입니다. 이번 사태 이후에도 저는 더 소중한 것을 가지고 있습니다. 그것은 '양심'과 제가 지키고자 하는 '이상'입니다."[9]

푸틴의 탄압과 텔레그램의 탄생

러시아 정부의 공문을 공개한 지 불과 며칠 후 두로프는 주주총회 의결에 따라 불명예 퇴진 형식으로 브콘탁테 CEO에서 물러났는데, 사실상 푸틴에 의해 축출된 것이나 다름없었다.

브콘탁테 주식의 40퍼센트를 친푸틴 성향의 인터넷 업체가 소유한 상황에서 2014년 4월 17일 러시아 최대 국영 석유회사인 로스네프트 Rosneft의 임원이 소유한 펀드가 두로프의 오랜 친구와 초기 투자자들에게서 브콘탁테 주식 48퍼센트를 사들여 사실상 운영권을 확보했기 때문이다.

물론 두로프는 이런 사실을 전혀 모르고 있다가 나중에서야 알게 되었는데, 이때도 두로프는 한 치의 망설임도 없이 푸틴과의 싸움을 계속할 것이라며 전의를 불태웠다. 당시 그는 "내가 대표로 있는 한 상황이 악화되게 놔두지는 않을 것"이라며 이렇게 말했다. "(브콘탁테를 통제하려면) 먼저 나를 통제해야 한다. 그러나 합법적인 방식으로는 나를 변화시킬 수 없을 것이다."[10]

하지만 푸틴과의 관계가 악화될 대로 악화된 상황인 데다 브콘탁테 운영권까지 뺏긴 상황에서 그가 취할 수 있는 행동은 사실상 아무것도 없었다. 결국 그는 브콘탁테 CEO에서 강제 하차 당한 후 "다시 돌아갈 생각이 없다"면서 망명길에 올랐다. 불행 중 다행이라면 축출당하기 직전에 자신의 주식 12퍼센트를 러시아 통신 대기업인 메가폰에 전량 매각해 막대한 돈을 손에 쥘 수 있었다는 것이다. 그는 푸에르토리코 동쪽에 있는 카리브해 국가 '세인트 키츠 앤드 네비스'에 25만 달러를 기증

하는 조건으로 시민권을 얻었다.[11]

모바일 메신저 텔레그램은 해외로 망명하기 전인 2013년 개발했다. 재미있는 것은 푸틴 덕분에 텔레그램이 탄생했다는 사실이다. 브콘탁테로 인해 푸틴과의 갈등이 고조되던 2013년 4월 두로프는 브콘탁테 본사와 집을 압수 수색 당했는데, 이 과정에서 자신이 도청 당하고 있다는 사실을 알았다. 그는 러시아 정부의 감시를 받지 않는 어떤 소통 수단도 없다는 사실을 깨닫고 사적인 커뮤니케이션을 보호할 수 있는 보안 메신저에 대한 아이디어를 길어 올렸다.[12]

이런 아이디어가 현실화되어 탄생한 게 바로 텔레그램이었다. 두로프는 텔레그램의 사명이 '프라이버시 보호'에 있다는 것을 명확하게 천명했다. 두로프는 텔레그램의 모토를 '개인정보를 보호 받으며 이야기할 권리Talking back our right to privacy'로 삼았고, 텔레그램의 첫 페이지에는 "우리의 프라이버시에 대한 권리를 되찾자"고 적었다.[13] 텔레그램의 홈페이지엔 이런 자문자답도 있다. "문: 당신(텔레그램)은 광고를 붙일 건가? 아니면 내 데이터를 팔 건가? 아니면 내 부인과 아이들을 노예로 만들 건가? 답: 아니오NO."[14]

텔레그램의 보안성은 어느 정도인가? 임일곤은 "텔레그램은 '일반 대화'와 '비밀 대화' 두 가지 대화 기능을 제공하는데 두 개 모두 암호화를 적용한다. 또한 암호를 풀 수 있는 해독키를 별도로 만들어 저장한다. 이로 인해 외부 해커가 텔레그램 서버를 공격해 대화록을 빼가거나, 수사기관에서 영장을 집행해 가져가도 해독키가 없으면 무용지물이나"면서 이렇게 말한다.

"무엇보다 텔레그램 보안의 꽃은 '비밀 대화'라 할 수 있다. 일반 대화보다 보안 장치를 더욱 강화한 기능이다. 두 개 기능의 차이점은 암호화한 대화록과 해독키를 한 곳에 같이 저장하느냐 아니면 따로 하느냐다. 쉽게 말해 잠금장치와 열쇠를 한 곳에 모아 놓느냐, 각각 다른 장소에 보관하느냐다. 텔레그램 홈페이지에 따르면 비밀 대화는 암호화한 대화록을 서버에 저장하고, 해독키는 사용자 스마트폰에 별도로 보관한다. 이럴 경우 수사기관이나 해커가 텔레그램 서버에서 대화록을 가져간다 해도 해당 고객의 스마트폰을 확보하지 못하면 암호를 풀 수 없다."[15]

텔레그램은 자신들의 최대 강점으로 우수한 보안을 내세우고 있다. 텔레그램에 쓰이는 프로토콜로 대화 상대를 일일이 암호화할 수 있는 'MT프로토MTProto'는 형 니콜라이가 개발한 것이다.[16] 텔레그램의 암호화 기능은 해킹으로도 뚫지 못하는 것으로 알려져 있다. 예컨대 2014년 3월 두로프가 약 20만 달러(약 2억 원)의 상금을 걸고 진행한 텔레그램의 암호화 시스템 해킹 대회에서 성공한 사람은 아무도 없었다.[17]

'카카오톡 사찰' 파문과 텔레그램 열풍

한국에 텔레그램의 존재를 알린 사람들은 애널리스트와 펀드 매니저 같은 증권가 사람들이었다. 이와 관련해 김재섭은 2014년 10월 "금융위원회가 멀쩡한 기업까지 '불량 감자'로 지목해 찍어내는 풍문의 온상지를 들춰내겠다며 증권가 사람들의 메신저를 뒤진 데 이어, 올 초에도 씨제이 이엔엠CJ E&M 실적 정보 사전 유출 건을 조사하며 증권가 사람들의 메신저를 또다시 들여다보자, 자구책으로 메신저를 '텔레그램'으로 바꿨다"면서 이렇게 말한다.

"당시 증권가 사람들은 '서버가 정부기관의 손이 미치지 않는 국외에 있어야 하고, 보안이 뛰어나야 한다'는 잣대로 '사이버 망명지' 후보들을 심사해 텔레그램을 골랐다. 이후 증권 쪽 소식을 전하는 방송들이 증권가 화제로 '요즘 꾼들은 메신저로 미스리와 에프엔 대신 텔레그램을 이용하고 있다'고 전하면서 텔레그램이란 메신저가 국내에 알려졌다."[18]

이렇게 소수 전문가들 사이에서만 활용되었던 텔레그램은 2014년 9월 터진 이른바 '카카오톡 사찰' 파문으로 인해 전 국민적 관심의 대상이 되었다. 9월 16일 대통령 박근혜가 국무회의에서 "대통령에 대한 모독이 도를 넘고 있다"며 사이버 허위사실 유포에 강력히 대처하라고 지시한 후, 검찰이 카카오톡 등에서 이루어지는 사적인 대화까지 검증한다는 소문이 돌자 텔레그램이 이른바 '사이버 망명'지로 급부상한 것이다. 자국 내 온라인 서버의 사용자가 자유로운 인터넷 이용에 제한을 받는다고 느껴 자신이 주로 사용하는 이메일, 블로그 등을 국내법의 효력이 미치지 않는 해외 서버를 기반으로 한 서비스로 옮겨가는 행위를 일러 사이버 망명이라고 한다.

당시 검찰은 "포털 같은 공개된 서비스만 모니터링할 뿐 메신저와 같은 개인 간 대화는 대상이 아니다"고 해명했지만, 텔레그램으로의 사이버 망명 현상을 막을 순 없었다.[19] 텔레그램은 9월 24일부터 7일 연속 카카오톡을 제치고 국내 앱스토어 다운로드 수 1위를 기록했으며,[20] 이런 인기를 등에 업고 10월엔 국내 이용자가 직접 개발한 텔레그램 한글판이 인터넷에 유포되었다. 또 텔레그램은 트위터를 통해 한국어 번역

전문가를 모집한다는 글을 띄우며 한국어판 제작에 돌입하기도 했다.[21]

텔레그램 열풍은 정치권은 물론이고 검찰을 비롯한 법조인, 고위공무원 등에까지 번졌다. 재미있는 것은 정부의 사이버 사찰은 근거 없는 소문이라고 일축했던 새누리당의 적지 않은 의원과 의원 보좌진, 사무처 당직자들도 텔레그램에 가입했다는 사실이다. 이와 관련해 김영신은 "당시 텔레그램을 사용한 여당 의원들은 '망명은 아니다'라고 일축하지만 혹여라도 비밀과 정보가 새나가는 데 대한 위기감은 배제하지 못하고 있는 것으로 보인다"고 촌평했다.[22]

한국인은 왜 텔레그램에 열광했는가?

한국에서 텔레그램의 인기를 불러온 직접적 요인은 '카카오톡 사찰' 파문이었지만 당시 텔레그램 열풍엔 다른 요인도 있었다. 예컨대 김재섭은 텔레그램 열풍의 이유로 "텔레그램의 '탄생 스토리'"를 꼽았다. 미국 쪽 메신저는 두로프의 이력과 같은 탄생 스토리가 없어 유독 스토리를 좋아하는 한국인들의 관심 대상이 되지 못했으며, 스노든의 프리즘 폭로로 인해 미국 정부 역시 사이버 검열에서는 가해자 쪽에 가깝다는 인상을 줘 텔레그램으로 쏠림이 발생했다는 것이다.[23]

이른바 '네트워크 효과network effect'도 빼놓을 수 없었다. 특정 상품에 대한 어떤 사람의 수요가 다른 사람들의 수요에 의해 영향을 받는 것을 일컬어 네트워크 효과라 하는데, 주변 사람들이 텔레그램으로 이동하자 그들과의 커뮤니케이션을 위해 함께 텔레그램으로 갈아타는 사람들이 증가한 것이다.

호기심이 강하고 재미를 추구하는 한국인의 기질도 그런 쏠림을 부추기는 요인 가운데 하나였다. 예컨대 텔레그램을 설치한 새누리당 의원 권은희는 "카톡 논란이 불거지며 텔레그램이 무엇인지 궁금해 텔레그램에 가입해봤다"고 말했으며, 새누리당 의원의 한 보좌진은 "정부가 카톡을 사찰했다고 보진 않는다. 요즘 워낙 텔레그램이 화제다 보니 관심이 가서 재미로 가입했다"고 했다.[24] 텔레그램에 가입하면 자신의 주변인들 가운데 누가 가입을 했는지 알 수 있다는 재미도 있었다.

어쨌든, 2014년 10월 13일 172만 명으로 치솟았던 텔레그램 이용자는 10월 20일 155만 명, 11월 3일 113만 명으로 감소해 열풍이 수그러들었다. 하지만 150만 명을 넘는 사람들이 텔레그램을 설치했다는 것은 정부의 사이버 사찰 의지에 대한 항의에서 비롯된 이른바 '모바일 액티비즘mobile activism'의 성격을 지니고 있는 것이라고 보기에 충분했다. 모바일 메신저에서 사생활이 보장될 수 있는 '보안성'이 얼마나 중요한 속성인지를 환기시켜주었기 때문이다.[25] 이후, 카카오톡·네이트온·라인 등이 앞서거니 뒤서거니 텔레그램의 암호화 방법인 '종단 간 암호화' 서비스 제공에 나선 게 이를 잘 말해준다.

한국에서 텔레그램의 인기는 한 풀 꺾였지만 여전히 텔레그램을 애용하는 사람들은 적지 않다. 2015년 10월 15일 리서치사 코리안클릭에 따르면, 9월 텔레그램의 월 평균 이용시간은 138.4분으로 2014년 10월 55.2분에 비해 2.5배 더 늘었다. 이는 주요 모바일 메신저 중 카카오톡(854분)에 이은 2위의 기록으로, 라인은 103분, 네이트온은 41분이었다. 메신저 평균 이용시간은 이용자가 얼마나 해당 서비스를 집중적으로 사용하는지 알 수 있는 지표다.

한국인들은 왜 텔레그램을 계속해서 사용하는 것일까? 이와 관련해 박호현은 "지난해와 올해 카카오톡 감청 논란이 계속되면서 이용자들은 카카오톡을 주 메신저로, 텔레그램을 보안 메신저로 각각 사용하는 추세가 고착화되고 있다"면서 "일상적인 대화, 보안이 필요한 대화 등 커뮤니케이션 종류에 따라 모바일 메신저 시장이 분화되는 것이다"고 했다. 한 텔레그램 이용자는 "증권 정보 등 지인들끼리만 소규모로 공유하고 싶을 때 주로 텔레그램을 쓴다"고 했다. 다른 텔레그램 이용자는 "사적인 얘기는 카톡에서 하고 사업 내용과 같이 공개되면 껄끄러운 얘기를 주로 텔레그램에서 한다"고 했다.[26]

'프라이버시' 우선 정책을 포기할 수 없다

뛰어난 보안성 때문인지 앞서 말했듯, 텔레그램은 테러 단체가 주로 활용하는 메신저로 급부상했다. 이를 잘 보여준 게 바로 국제 테러 조직 이슬람국가다. IS는 2015년 10월 31일 폭발물을 탑재해 러시아 여객기를 격추한 게 자신들의 소행이라고 텔레그램을 통해 발표했다. 또 텔레그램을 통해 2015년 11월 발생한 프랑스 파리 테러 참사가 앞으로 다가올 거센 폭풍의 출발점이 될 것이라며 추가 테러를 예고했다.[27]

IS가 선전장의 창구로 활용한 것은 텔레그램의 '채널'이었다. 채널은 사용자들이 사진, 영상 등을 무수히 많은 구독자에게 전파할 수 있는 서비스다. IS는 이곳에서 테러를 모의하는 것은 물론 하루에 10~20개에 달하는 공식 성명과 동영상을 공개하고 있는 것으로 알려졌는데, 텔레그램 사용자로 하여금 테러 지원 비용을 대면서 자신의 돈이 어떤 무기를 구매하는 데 사용되기를 바라는지를 직접 선택할 수 있도록 하고 있다.[28] IS가 텔레그램을 적극적으로 활용한 것과 관련해 테러 활동 감시 단체 중동미디어연구소MEMRI는 "텔레그램 채널은 감시할 길이 전혀 없다"며 텔레그램이 "성전 관련 활동에 비옥하고 안전한 무대가 될 태세"라고 경고했다.[29]

이에 대해서 두로프는 어떤 생각을 하고 있을까? 두로프는 2015년 9월 테크크런치 디스럽트TechCrunch Disrupt 행사의 인터뷰에서 텔레그램이 테러 조직의 사이버 선전장으로 활용되고 있다는 사실을 알고 있지만 텔레그램은 프라이버시 보호를 위한 메신저이기 때문에 어쩔 수 없다는 반응을 보였다.

"테러리즘처럼 나쁜 일이 일어나는 것에 대한 두려움보다 프라이버시를 지키는 권리가 더욱 중요하다고 생각한다. 물론 중앙아시아에서는 전쟁이 벌어지고 있다. 비극적인 일이 연이어 벌어지고 있지만, 결국 IS는 항상 그들끼리 소통할 수 있는 방법을 찾아낼 것이다. 그리고 그 소통 수단이 그들에게 안전하지 않다고 판단되면 다른 것을 이용할 것이다. 그래서 나는 우리가 이런 활동에 실제로 참여하고 있다고 생각하지는 않는다. 이에 대해서 죄의식을 느껴야 할 필요도 없다고 생각한다. 나는 여전히 우리가 옳은 일, 우리의 프라이버시를 지키는 일을 하고 있다고 생각한다."[30]

텔레그램이 테러를 방지하고 있다는 비판의 강도가 커서사 소나기는 피하고 보자는 심리가 발동한 것인지 두로프는 2015년 11월 18일 IS

관련 채널 78개를 폐쇄했다면서 앞으로 사용자들이 불법 자료를 더 쉽게 신고할 수 있는 방안을 마련했다고 밝혔다.[31] 하지만 IS 조직원들이 개인적으로 사용하는 대화 채널은 폐쇄시키지 않아 여전히 압력을 받았는데, 그럼에도 두로프는 그간 강조해왔던 '프라이버시 보호'라는 기본 정책을 포기할 생각은 없다고 재차 강조했다.[32]

텔레그램은 현재 어떤 광고나 투자도 없이 운영되고 있다. 두로프는 평생 광고나 유료화 없이 서비스를 제공하겠다는 포부를 밝힌 상태다. 오로지 프라이버시 보호를 위해서 탄생했기 때문일까? 그는 "텔레그램은 영원히 무료"라면서 이렇게 말한다. "수익 창출이 목표가 아니다. 광고가 없고 외부 투자도 받지 않는 이유다. 우리는 이용자를 위한 메신저를 운영하고 있는 것이다."[33]

두로프가 이렇게 호언장담을 하는 비결은 브콘탁테를 통해 이미 억만 장자의 반열에 올랐기 때문이다. 두로프의 자산은 약 2억 6,000만 달러(약 2조 원)에 달한다. 현재 텔레그램은 독일 베를린에 있는 '텔레그램 메신저 LLP'라는 독립 비영리 재단이 운영하고 있는데, 두로프는 재단에 기부한 돈만으로도 텔레그램을 운영하기엔 충분하며 만약 예측하지 못한 불행한 일로 자금이 모두 소진될 경우에는 기부를 받아 운영하겠다고 말했다.[34]

"에버노트는 모든 기억을
정리해주는 '제2의 두뇌'다"

필 리빈

"모든 것을 기억하라"

"어느 때부터인지 나는 메모에 집착하기 시작하여, 오늘에 와서는 잠시라도 이 메모를 버리고는 살 수 없는, 실로 한 메모광이 되고 말았다.……내 메모는 내 물심양면의 전진하는 발자취이며, 소멸해가는 전 생애의 설계도이다. 여기엔 기록되지 않는 어구의 종류가 없다 해도 과언이 아닐 만큼 광범위에 긍하는 것이니, 말하자면 내 메모는 나를 위주로 한 보잘것없는 인생 생활의 축도縮圖라고도 할 수 있는 것이다. 쇠퇴해가는 기억력을 보좌하기 위하여, 드디어 나는 뇌수腦髓의 분실分室을 내지 않을 수 없었던 것이다."

메모 예찬론의 내표적 글인 이하윤의 수필 「메모광狂」의 일부다. 디지털 기술의 발달로 인한 정보 폭증과 디지털 치매Digital Dementia 때문일까? 기억력의 한계와 감퇴를 보완하기 위한 다양한 디지털 기술들이 등장하고 있다. 디지털 기기로 인한 '기억력' 감퇴를 디지털 기술을 통해 보완하려 한다는 게 아이러니한 일이지만, '뇌수의 분실' 역할을 하겠다는 이른바 '메모 앱'들의 경쟁이 치열하게 벌어지고 있다.

전 세계 메모 앱 가운데 가장 주목받고 있는 건 에버노트Evernote다. 스마트폰을 비롯한 각종 모바일 플랫폼과 PC 등에서 쉽게 정보를 저장하고 공유할 수 있도록 개발된 클라우드 기반의 메모 앱이다. 에버노트를 이용하면 단순히 텍스트뿐 아니라 음성, 사진, 웹페이지 캡처 등 다양한 형태의 콘텐츠를 저장하고 쉽게 찾아볼 수 있으며, 스마트폰의 좁은 화면으로 메모를 하면서 그 문서에 바로 사진을 찍어 넣고 음성도 함께 녹음할 수 있다. 기록 편의성, 이미지 글자 인식, 검색 기능 등이 특징이다. 2016년 7월 전 세계 이용자 2억 명을 돌파했으며, 한국인 이용자는 약 450만 명에 달한다.

에버노트의 모토는 "모든 것을 기억하라Remember Everything"다. 에버노트의 로고는 이런 지향성을 명확하게 표현하고 있다. 에버노트의 로고는 코끼리로, '코끼리는 절대 잊지 않는다An elephant never forgets'는 서양 속담에서 따왔다. 그러니까 "에버노트를 이용해 언제든지ever 기록하고note 자신만의 콘텐츠들을 영원히ever 저장할 수 있게" 해서 사람들이 코끼리처럼 완벽한 기억력을 갖게 해주겠다는 게 에버노트의 지향점인 것이다.[1]

이런 이유 때문일까? 에버노트의 아시아태평양지역 사장 트로이 말론Troy Malone은 에버노트를 일러 디지털 포스트잇 회사라고 표현하기도 한다. 메모를 손쉽게 남길 수 있다는 점 때문에 생활밀착형 상품으로 인기를 끌고 있는 3M의 포스트잇처럼 에버노트 역시 디지털 기기 사용자가 디지털 기기를 이용해 순간순간의 기억을 남길 수 있는 디지털 메모장 역할을 하겠다는 취지에서다.[2]

에버노트는 포스트잇처럼 편재遍在하고 있다. 에버노트는 대부분의 스마트폰 OS를 지원할 뿐만 아니라 스마트폰·태블릿·PC 등에서 연동해 쓸 수 있도록 서비스하고 있다. 디바이스 간 연동성은 에버노트가 가장 신경 쓰고 있는 부분이다. 세상이 '단일 디바이스의 사용자 경험'을 넘어서 '전 생활 사용자 경험whole life user experience'의 영역으로 진입했다고 보고 있는 데 따른 것이다.[3] 에버노트 창업자 필 리빈Phil Libin이 에버노트를 일러 '유비쿼터스 메모리 플랫폼'이라고 부르는 이유다.

이런 연동성을 에버노트의 최대 장점으로 꼽는 사람들 역시 적지 않다. 예컨대 이크니트스파크 대표 최환진은 "최대 6가지가 넘는 스마트 기기를 사용하는 유저 입장에서 에버노트의 연동성은 가장 큰 매력 포인트"라며 "많은 것들을 기억하기 힘든 45세 일반인으로서 에버노트는 제2의 뇌 역할을 해준다"고 말했다.[4]

'세상의 종말'을 걱정하던 엉뚱한 소년

필 리빈은 1972년 러시아에서 태어났다. 부모는 모두 음악가였다. 아버지는 레닌그라드 오케스트라의 바이올리니스트였으며 어머니는 피아니스트였다. 부모는 리빈을 음악가로 기우고자 했지만 리빈에게 음악적 재능이 별로 없다는 것을 알고 포기했다. 8세 때 부모를 따라 미국으로 이주했다.

어린 시절 리빈은 '언젠가는 세상의 끝이 올 것'이라는, 인류의 종말을 걱정하던 다소 엉뚱한 아이였다. 리빈이 이런 생각을 한 데에는 그럴 만한 이유가 있었다. 러시아에 살던 시절 가족 여행을 갔다가 그는 여행지가 너무 마음에 들어 부모에게 계속 있었으면 좋겠다고 말했다. 그런데 엄마에게서 "세상에 영원한 건 없다"는 말을 듣고 큰 충격을 받았다. 이후부터 그는 무엇이든 언젠가는 사라진다는 생각을 하게 되었으며, '세상의 종말'을 걱정하는 소년이 되었다.[5]

일찍부터 '세상의 종말'을 걱정하던 리빈은 '인류를 똑똑하게 만들어 세상을 계속 지켜내는 것'을 고민하기 시작했다. 혜성이나 바이러스에 의해 인류가 멸망하는 것은 막을 수 없지만 인류가 어리석은 행동을 해서 스스로 종말을 불러오는 길은 막을 수 있지 않을까, 하는 생각을 어렴풋하게나마 하면서 '인류 종말'을 막는 데 기여하겠다는 원대한 꿈도 꾸기 시작했다.[6]

그가 인류 구원의 수단으로 삼은 것은 테크놀로지, 특히 컴퓨터였다. 12세 때 컴퓨터를 처음 접한 이후 리빈은 컴퓨터에만 푹 빠져 지낸 이른바 '컴퓨터 너드nerd'였는데, 바로 이 컴퓨터를 이용해 '사람들을 더 똑똑하게 만들겠다'고 결심한 것이다. 뭔가에 심취해서 주변 친구들과 잘 못 어울리는 사람을 일컬어 '너드'라고 한다.

리빈은 '인류를 똑똑하게 만들고 싶다'는 꿈을 실현하기 위해 어렸을 때부터 창업을 꿈꿨다. 그는 미국 보스턴대학에서 컴퓨터공학을 공부하다가 등록금 때문에 대학을 중퇴했는데, 이후 보스턴대학 재학 시절 만난 친구들과 함께 소프트웨어 회사 '엔진 파이브'를 만들었다. '세상에 존재하는 무지함을 줄여보자Reduce stupidity from the world'는 게 회사 창업의 목적이었다.

리빈은 창업 초기, 비네트Vignette라는 회사에서 만든 스토리지 서버storage server를 이용하고 있던 노키아에서 그 서버를 위한 소프트웨어를 만들어달라는 제안을 받았다. 이 프로젝트는 큰 성과를 거두었다. 이로부터 3주 후 비네트에서 회사를 매입하고 싶다는 연락을 받았으니 말이다. 리빈은 회사를 2,570만 달러(287억 원)에 매각하고 비네트의 애플리케이션 구축 책임자로 활동했다. 이후 전 세계 정부와 대기업들에 스마트 기술과 계정관리 기술을 제공하는 보안 소프트웨어 회사 코어스트리트CoreStreet를 창업했지만 별다른 흥미를 느끼지 못해 6년 만에 매각했다.

2007년 리빈은 실리콘밸리로 이주해 새로운 사업 아이템을 구상하는 와중에 사람들이 자꾸 무언가를 잊어버린다는 것에 주목했다. 인간의 뇌는 한계가 있으며 나이가 들수록 기억력은 감퇴하는데, 컴퓨터 기술을 이용하면 불완전한 인간의 뇌를 보완할 수 있을 것이라는 생각을 한 것이다. 물론 이런 생각은 그가 평소 꿈꾸어왔던 '세상의 무지'를 줄여 '인류의 종말'을 막겠다는 인생의 목표에도 부합하는 것이었다.[7]

"내일 우리 회사는 문을 닫는다"

에버노드 창업에 대한 결정적인 영감을 준 것은 인생의 모든 것을 기록하겠다는 목표를 내걸고 추진된 마이크로소프트MS 리서치의 연구프로젝트인 '마이라이프비츠MyLifeBits'였다. 마이라이프비츠는 전자우편, 메신저, 메모, 만난 사람, 대화와 전화 통화 내용 등 사람이 일상에서 접하는 모든 정보를 카메라 등을 이용해 휴대용 기록 장치에 저장하는 '라이프로깅'으로, 불완전한 인간 기억을 대체할 '완벽한 기억'을 건설하는 것을 목표로 삼은 프로젝트였다.[8]

사업 아이디어를 정하고 리빈은 당시 첨단 이미지 인식 기술을 연구하던 러시아 과학자 스티판 파치코프Stepan Pachikov와 접촉해 "사람들이 자신들의 삶의 기억을 보존할 수 있는 회사를 설립하자"고 제안했다. 손글씨 인식 기술을 이용해 모든 사람의 기억을 담을 수 있는 플랫폼을 만들자는 리빈의 제안에 파치코프는 흔쾌히 동의했다.[9] 파치코프는 모스크바대학에서 '수학의 경제응용'으로 석사, 소련학술원에서 '퍼지 이론'으로 박사학위를 받은 인물이다. 1989년 모스크바에 벤처 회사 파라그라프 인터내셔널ParaGraph International를 설립하고 터치스크린이나 태블릿에서 동작하는 필기 인식 기술인 캘리그래퍼Calligrapher를 개발했다.[10]

리빈은 2008년 "모든 것을 기억하자"는 모토 아래 '제2의 두뇌'를 표방하면서 에버노트를 창업했다. 인간의 보편적인 기억 장치를 만들겠다는 걸 첫 번째, 인간의 사고를 도와주는 외부적 두뇌가 되겠다는 걸 두 번째 목표로 삼았다. 이와 관련해 리빈은 다음과 같이 말한다.

"소셜네트워크가 사람과 사람 간의 차이를 좁혀주면서 새로운 관계를 맺을 수 있도록 도와주지만 정작 나의 사생활과 나의 개인적인 발전을 위한 제품은 없었다. 나는 내가 만족할 수 있는 앱을 만들고 싶었다.

다른 누구도 아닌 오직 나만을 위한 앱 말이다. 마치 나의 자연적인 뇌처럼 작용되는 기억장치를 만들고 싶었다."[11]

오늘날 에버노트는 언제든ever 기록note하라는 뜻을 가진 이름으로 해석되고 있지만, 애초 리빈은 '주목하라'는 의미에서 '노트note'를 사용했다. 그러니까 리빈이 작명을 하면서 사용한 노트는 메모나 공책이라는 뜻이 아니었다. 리빈은 "메모 앱이 아니라 사람들을 자사 서비스로 이끌면서 주목받겠다는 의미를 담아 처음 사업을 시작할 때 이렇게 작명했다"면서 다음과 같이 말한다. "하지만 시간이 흐를수록 우리 의지와 달리 노트가 '공책'이란 의미로 더 각인됐다."[12]

어쨌든, 리빈은 100년 가는 회사를 꿈꾸며 창업했지만 창업 1년 만에 투자 원금이 바닥을 드러내는 등 상황이 녹록지 않았다. 친척과 친구 등 수십 명의 지인에게 급전을 빌려 근근이 회사를 꾸려나가야 했을 정도였다. 엎친 데 덮친 격으로 2008년 글로벌 금융위기까지 겹쳤고 리빈은 결국 회사 문을 닫기로 결정했다. 회사 문을 닫기로 결정한 그는 2008년 말 새벽 눈물을 머금고 30여 명의 직원에게 "내일 우리 회사는 문을 닫는다"는 작별 이메일을 보냈다.

그런데, 이게 웬일인가? 메일 발송을 한 후, 얼마 되지 않아 구원의 메시지를 담은 이메일이 도착한 것이다. 스웨덴에서 온 이메일이었다. 자신을 에버노트 사용자라고 소개한 발송자는 "이렇게 좋은 애플리케이션을 만들어줘 고맙다"며 "혹시 투자가 필요하다면 연락해달라"고 적었니.[13] 이렇게 해서 사라질 뻔한 에버노트의 역사는 본격적으로 시작되었다.

에버노트의 비즈니스 전략

리빈의 비즈니스관은 다소 독특하다. 거칠게 말해, 그는 돈 버는 데에는 별로 관심이 없는 사업가다. 기술을 활용해 '인류의 종말'을 막기 위해서라는 원대한 포부를 실현하기 위해선 되도록 많은 돈을 벌어서 활용하는 세 나을 듯한네도 그는 스스로 "저는 돈에 무관심한 편이지요. 세상을 조금이라도 바꿀 수 있으려면 좀 필요한 것 정도?"라고 말한다. 이런 식의 발언을 하는 기업가가 많은 만큼 이 발언을 전적으로 믿을 수는 없겠지만, 에버노트가 채택하고 있는 수익 모델을 보면 그게 꼭 거짓말 같진 않다.

에버노트는 기본 서비스는 무료로 제공하고 유료 버전을 통해 수익을 창출한다. 하지만 기본 기능만 제공한 뒤 유료화를 유도하는 다른 앱과 달리 이용자들의 유료 버전 사용을 유도하지 않는다. 에버노트의 무상 노트 앱을 쓰기 시작한 사용자가 한 달 이내에 유료 회원이 될 확률은 1퍼센트도 안 되고, 2년 이상 사용자의 12퍼센트, 4년 이상 사용자의 25퍼센트만 유료 버전을 사용하고 있지만 그는 비즈니스 모델을 바꿀 생각이 없다고 말한다.[14]

리빈은 "에버노트의 수익 모델은 고객에게 좋은 제품을 제공해 고객이 돈을 내도록 하는 것 단 한 가지"라면서 이 방식은 절대 바뀌지 않을 것이라고 강조한다.[15] 심지어 리빈은 이렇게까지 말한다. "평생 동안 에버노트의 무료 버전만 사용해도 상관없다. 그것 또한 우리를 행복하게 만드는 일이다."[16]

에버노트의 마케팅과 광고 전략 역시 흥미롭다. 대다수 앱이나 웹사이트가 광고나 별도 마케팅을 수익원으로 삼고 있지만 회사 설립 이후 지금까지 에버노트는 한 번도 광고와 마케팅을 진행한 적이 없다. 그렇다고 해서 에버노트에 마케팅 원칙이 없는 것은 아니다.

그런데 그 '원칙'이라는 게 또 재미있다. 바로 'NO ads, No marketing'이기 때문이다. 광고를 수익으로 하지 않고 불필요한 마케팅 비용도 지불하지 않는 대신 사람들의 입소문과 자발적 사용료에서 나오는 수익만으로 에버노트를 운영하겠다는 뜻이다. 트로이 말론은 에버노트의 이런 사업 모델을 일러 "러브 페이즈 빌Love pays the bills"이라고 표현한다. 충성도 높은 고객이 낸 사용료가 에버노트의 유일한 수익 모델이라는 것이다.[17]

리빈은 에버노트가 제공하는 서비스 본질과 다른 사업도 펼치지 않는다. 구글과 페이스북 등 세계시장을 주름잡고 있는 거대 IT 기업들이 이용자의 빅데이터를 활용한 비즈니스 모델 개발에 박차를 가하고 있지만, 리빈은 빅데이터 비즈니스엔 관심이 없다고 강조한다. 이와 관련해 리빈은 "우리는 빅데이터를 다루지만 빅데이터 회사는 아니다"라면서 이렇게 말한다.

"에버노트에 저장된 모든 자료는 안전하다. 구조적으로 개인정보를 볼 수 없도록 했고 특정 목적을 갖고 이를 수집하지 않는다. 또 서비스 사용을 그만둔 이용자들은 자신의 정보를 모두 가져갈 수 있다. 무엇보다 앞으로 개인들이 생산한 정보를 빅데이터 비즈니스로 연계할 계획을 갖고 있지 않다."[18]

"에버노트는 제가 좋아서 만든 겁니다"

대다수 IT 기업이 비즈니스 모델 개발에 막대한 비용을 쏟아붓고 소비자의 개인정보를 활용해 수익을 창출하려 혈안이 되어 있는 상황에서 이렇게 해도 되는 것일까? 물론 리빈이 추구하는 비즈니스 모델은 있다. 그런데 그게 또 지극히 원론적이다. 그는 "정직하게 행동하고 소비자에게 좋은 경험을 준다면 돈은 따라오게 마련"이라고 말한다.[19] 그러니까 '소비자의 신뢰'를 얻을 수 있는 서비스를 제공하는 게 우선이지 서비스를 통해 돈을 버는 것은 부차적인 것에 지나지 않는다는 게 그의 주장인 셈이다.

물론 리빈이 이런 주장을 하는 데에는 나름의 근거가 있다. 리빈은 다른 사람을 위해 에버노트를 위해 만든 게 아니라 자신의 편의를 위해 에버노트를 만들었기 때문에 이런 식의 비즈니스 모델이 가능하다고 말한다. 이와 관련해 리빈은 "솔직하게 말하면 에버노트는 타인을 위해 개발한 것이 아니다. 나 자신을 위해 만들게 됐고 우리 회사 직원들을 위해 만들어진 것이다"면서 다음과 같이 말한다.

"우리는 우리가 사랑하는 것을 찾고 그것을 에버노트에 반영하려고 노력할 뿐이다. 나는 다만 나 자신에게 초점을 맞추고, 진정으로 내가 원하고 내가 사랑하는 것을 에버노트에 넣었다. 스마트폰과 열린 커뮤니케이션 세상을 통해 내가 사랑하는 것을 만들었을 때 나만큼 그것들을 사랑해주는 수천만 명의 사람들을 만날 수 있었을 뿐이다."[20]

리빈은 에버노트에 광고를 하지 않고 이용자의 빅데이터를 활용해 비즈니스 모델을 구축하려 하지 않는 것도 이런 이유 때문이라고 말한다.

"에버노트는 제가 좋아서 만든 겁니다. 제가 쓰려고 만든 거예요, 그런데 전 광고 보는 게 싫고, 누가 저의 데이터를 들여다보는 것도 싫단 말이죠. 나를 위한 제품인데 내가 싫어하는 것으로 돈 벌어서는 안 되는 거죠. 그리고 또 하나, 우리는 게임회사가 아니라는 거예요. 며칠 사용하다가 싫증날 수도 있는 게임으로 돈 버는 게 아니에요. 두고두고 몇 년, 몇 십 년을 사용하시라. 그러면 우리가 돈 벌겠다는 겁니다. 그래서 신뢰를 저버릴 수 있는 일을 해서는 안 되는 겁니다."[21]

에버노트를 사용하는 소비자로서는 아주 반가운 이야기라 할 수 있겠는데, 그렇다면 시장은 리빈의 이런 비즈니스 전략에 어떤 반응을 보일까? 이를 잘 보여주는 일이 2015년 발생했다. 이른바 '유니콥스 논란'이다. 에버노트는 2012년 총 2억 7,000만 달러(약 3,136억 원)를 투자 받아 기업 가치가 10억 달러(1조 원)를 넘는 기업을 일컫는 유니콘 Unicorn이 되었다. 그런데 2015년 상반기부터 에버노트가 실리콘밸리 최초의 '유니콥스'가 될지도 모른다는 우려가 제기되었다. 유니콥스 Unicorpse는 죽은 유니콘, 즉 10억 달러 이상의 가치를 평가받았다가 상장 전에 망해서 사라진 신생 기업을 일컫는 용어다.

미국 언론은 에버노트가 유니콥스가 될 가능성에 대한 근거로 성장 실패, 무료 고객의 유료 고객 전환 실패, 과도한 사내 복지 등으로 인한 재정 관리 실패 등을 제기했다.[22] 시장의 그런 우려는 근거가 없는 게 아니었다. 앞서 본 것처럼, 리빈은 말할 때마다 에버노트를 100년이 가는 기업으로 만들겠다고 강조했지만 에버노트의 성장에는 큰 관심을 기울이지 않았으며, 독자적인 플랫폼을 구축하거나 돈이 되는 비즈니스 모델은 개발하지 않고 서비스 개선에만 치중해왔으니 말이다.

하지만 이런 논란 속에서도 리빈은 자신이 추구하는 비즈니스 모델을 포기할 뜻은 없는 듯하다. 다음과 같이 말하고 있으니 말이다. "재빠른 것이 이긴다고 생각하지만 장기적인 관점에서 정말 해야 할 일의 본질을 꿰뚫는 것이 더 중요합니다."[23]

'기억 위탁' 시대의 개막

리빈은 틈만 나면 에버노트는 '제2의 뇌'라고 강조하는데, 그렇다면 '제2의 뇌'를 갖는다고 해서 기억력은 좋아지는 것일까? 이런 의문을 가진 사람들에게 리빈은 이렇게 말한다.

"연구 결과에 따르면 에버노트와 같은 기술이 인간의 기억력을 향상시킨다. 무엇인가를 기억하기 위해 메모하는 행동은 실제로 더 잘 기억할 수 있도록 도와준다. 에버노트의 미션은 '당신을 더 똑똑하게 만들기'다. 사람들을 더 똑똑하게 만들기의 첫 단계가 기억력을 조금 증진시켜주는 것뿐이다. 생각의 조각을 에버노트에 기입하면 생각을 조합해 생각의 완성 단계에 이르기까지 발전되리라 생각된다."[24]

에버노트를 '제2의 뇌'로 키우겠다는 리빈의 프로젝트는 착착 진행 중이다. 그는 2013년 3월 "요즘 세상에선 엄청난 양의 정보가 날마다 쏟아져 들어온다. 이 정보를 사람들이 다 정리하는 것은 불가능하기 때문에 '봐야 하는 것을 자동으로 보여주는 방법'을 에버노트가 만들어가고 있다"면서 "에버노트는 당신이 뭘 기억해야 할지 떠올리기도 전에 기억하려던 정보를 찾아주는 인공지능이 될 것"이라고 말했다.[25]

인공지능에 대해 거부감을 느끼는 사람이 적지 않기 때문인지 리빈은 현재 인공지능이라는 말 대신 증강지능Augmented Intelligence이라는 개념으로 에버노트를 설명한다. 기술이 인간의 사고를 도와서 인간을 더 똑똑하게 만들어주는 것을 일러 증강지능이라 하는데, 인간과 컴퓨터의 결합이 인간보다 훨씬 똑똑하다는 개념을 바탕으로 한다. 기계가 인간을 돕는다는 점에서 사람의 인지 능력을 흉내내 사람을 대체하려는 인공지능Artificial Intelligence과 다르다. 리빈은 인공지능이 인간을 이길 수 있느니 없느니 하고 따질 게 아니라, 인간이 컴퓨터를 이용하면 정말 놀라운 일을 할 수 있다는 점이 중요하다고 강조한다.[26]

리빈의 원대한 꿈이 실현될지는 지켜보아야겠지만 에버노트의 등장이 시사해주는 확실한 것 하나는 있다. 바로 외부 기계에 기억을 의존하는 이른바 '기억 위탁'시대가 개막했다는 사실이다. "개인적 기억과 정체성을 컴퓨터에 더 많이 위탁할수록 우리는 자율성을 잃는 데 대한 두려움인 '데이터 소외'가 더욱 증가한다"[27]거나 "우리가 기계에 기억과 결정을 의존하기 시작할 때부터, 우리의 자유의지는 어떻게 될지 따져봐야"[28] 한다며 '기억 위탁'을 우려의 눈으로 바라보는 사람도 적지 않지만, '기억 위탁'이 대세가 되고 있음은 부인할 수 없을 듯하다.

"크게
생각하라"

일론 머스크

몽상가에서 '혁신의 대명사'로

문샷 싱킹moonshot thinking. 달에 로켓을 보내려는 시도와 같이 거대한 문제에 도전하는 사고 체계를 이르는 용어다. 상식을 뛰어넘는 혁신적 생각과 도전을 통해 큰 폭의 기술 발전을 이룬다는 의미로 쓰이고 있는 말이다. 구글·애플·페이스북 등 정보통신기술ICT 산업을 주도하고 있는 글로벌 기업들이 문샷 싱킹을 강조하며 혁신을 지속하고 있는 것으로 유명하다.

문샷 싱킹을 거론할 때 빼놓을 수 없는 사람이 한 명 있다. 바로 영화 〈아이언맨〉의 주인공 '토니 스타크'의 실제 모델로 잘 알려진 일론 머스크Elon Musk다. 머스크는 항공우주 회사 스페이스 엑스Space X의 창업자이자 전기 자동차 회사 테슬라 모터스Tesla Motors, 태양광 에너지 회사

솔라 시티Solar City의 공동창업자다. 세상에 도전 강박증이라는 말이 존재한다면, 이 말에 가장 잘 어울리는 사람은 머스크일지도 모른다. 그는 "크게 생각하라You have to think big"를 강조하면서 공상과학 소설에나 나올 법한 상상을 현실화하는 데 '삶의 가치'를 두고 있는 인물이니 말이다.

2010년대 초반까지만 하더라도 머스크는 괴짜이자 몽상가 혹은 사기꾼 취급을 받은 인물이었다. 그를 이른바 '야바위의 왕자'로 통했던 P. T. 바넘P. T. Barnum, 1810~1891에 비유한 사람들이 있었다는 게 이를 잘 시사해준다. 바넘은 다음과 같은 말들을 남겼던 사람이다. "지금 이 순간에도 속기 위해 태어나는 사람들이 있다There's a sucker born every minute." "대부분의 사람을 대부분의 시간 동안 속일 수 있다." "사람들은 기만당하기를 좋아한다."[1] 이와 관련해 애슐리 반스Ashlee Vance는 『일론 머스크, 미래의 설계자』(2015)에서 다음과 같이 말했다.

"현실에서 머스크는 거짓 희망을 선전하며 로켓·전기 자동차·태양 전지판 등에 집착하는 사람이다. 스티브 잡스Steve Jobs와 비교하지 마라. 머스크는 공상과학 소설 분야의 P. T. 바넘으로, 두려움과 자기혐오를 극복하라고 다른 사람을 부추기면서 엄청난 부를 거머쥐고 있다.……예전에 실리콘밸리에서 열리는 행사에서 들었던 머스크의 허세 어린 말투는 종종 테크노 유토피안의 각본을 그대로 옮긴 것만 같았다. 게다가 그가 세상을 구원하겠다며 세운 기업들이 자기 임무를 썩 훌륭하게 수행하는 것 같지 않아서 무엇보다 서늘했다."[2]

하지만 이제 머스크는 도전과 혁신의 대명사로 거론되고 있다. 예컨대 다케우치 가즈마사竹内一正는『엘론 머스크, 대담한 도전』(2014)에서 머스크는 "일주일에 100시간씩 일하는 불굴의 노력가, 전기 자동차와 우주 로켓, 태양 에너지 개발을 꿈꾸는 벤처 공학도, 무일푼으로 시작해 억만장자가 된 천재 경영인"이라면서 "원대한 꿈을 꾸는 사람, 지도에 없는 길을 가는 사람, 대담한 도진과 혁신으로 상상을 현실화하는 사람"이라고 했다.[3]

찰스 모리스Charles Morris는『테슬라 모터스』(2015)에서 다음과 같이 말한다.

"그는 어린 나이에 꿈의 나라 미국으로 건너온 이민자이며, 단순히 돈을 많이 벌기보다는 세상을 변화시키고 싶어 하는 이상주의자이고, 자신의 그런 꿈을 실현하는 데 필요한 원대한 계획들은 물론 그 꿈이 실현되는 걸 보고야 말겠다는 집요함도 갖고 있다. 그는 또 마르지 않는 아이디어의 샘으로, 머릿속에 늘 뭔가 새로운 원대한 계획이 들어 있는 듯하다."[4]

만화책과 공상과학 소설에 탐닉한 10대 시절

머스크는 1971년 남아프리카공화국에서 태어났다. 아버지는 전기 기술자였으며, 어머니는 캐나다 출신 모델이었다. 머스크는 스스로 어린 시절 '왕따'였다고 말하는데, 그가 어린 시절『브리태니커 백과사전』, 만화책, 공상과학 소설 등에 흠뻑 빠져 지낸 것도 이와 무관치 않을 것이다.

10세에 첫 컴퓨터를 구입한 그는 프로그램 안내서가 너덜너덜해지도록 탐독해 프로그래밍을 익혔다. 독학으로 쌓은 실력을 발휘해 12세에

게임 소프트웨어 블래스터를 개발했으며, 게임 업체에 이 소프트웨어를 500달러에 판매하는 등 일찍부터 사업가적 기질을 보였다.[5] 머스크는 남동생과 함께 전자오락실을 열겠다는 생각을 갖고 한 건물을 임대하기까지 했지만 사업 계획을 용인하지 않은 부모의 반대로 이 계획은 수포로 돌아갔다.[6]

머스크는 남아프리카공화국에서 고등학교까지 마친 후 아버지와 이혼한 어머니가 거주하고 있던 캐나다로 1988년 건너갔다. 캐나다 온타리오주의 퀸스대학에서 2년간 공부했으며, 1992년 미국 펜실베이니아대학에 입학해 경영학과 물리학을 공부했다. 머스크는 이때 배운 물리학이 "어떤 아이디어를 내고 그것을 실현할 때" 큰 도움을 주었다고 말한다.[7] 1995년 응용물리학과 재료공학을 배우기 위해 스탠퍼드대학 박사 과정에 진학했지만 이틀 만에 자퇴했다. 인터넷 시대에 조금이라도 빨리 창업해서 자신만의 비즈니스를 시작하자는 생각에서였다.

바로 이해에 머스크는 남동생 킴벌 머스크Kimbal Musk와 함께 소프트웨어 회사 'Zip2'를 창업했다. 인터넷 지도 플랫폼을 개발해 소매점에 인터넷 지도와 주소 등을 서비스하는 회사였다. 애초 머스크는 이 회사를 『뉴욕타임스』 같은 유명 신문사에 팔 생각이었지만 그 뜻은 이루지 못했다. 'Zip2'는 1999년 검색 엔진 알타비스타의 자회사였던 컴팩에 3억 7,000만 달러에 매각되었으며, 이때 2,200만 달러를 손에 쥐었다.[8]

회사를 매각한 후 곧바로 머스크는 1,000만 달러를 투자해 인터넷 전자상거래 서비스를 제공하는 '엑스닷컴X.com'을 창업했다. 이후 엑스닷컴과 유사한 서비스를 제공하던 '컨피니티Confinity'와 합병을 통해

2000년 인터넷 전자상거래 결제 서비스 회사를 창업했다. 페이팔PayPal
이었다. 머스크는 새로운 고객을 소개해주는 고객에게 10달러를 주는
방식의 당시로서는 비교적 생소했던 '바이럴 마케팅'을 도입해 페이팔
의 성장을 이끌었다. 페이팔은 2001년 현재 온라인 경매 업체 이베이
eBay에서 이루어지는 경매의 50퍼센트를 소화할 만큼 온라인 결제 기
관으로서 확고한 지위를 확보했으며, 2002년 2월 기업 공개를 통해 주
가 총액 12억 달러의 기업으로 성장했다.[9]

하지만 페이팔 시절은 머스크에겐 시련의 시기이기도 했다. 창업 초
창기부터 컴퍼니티 세력과 회사의 성격과 운영을 두고 충돌과 알력이
발생한 가운데 내부 권력 투쟁에서 패해 2001년 9월 이사회에서 축출
당했기 때문이다. 페이팔은 2002년 10월 이베이에 15억 달러에 팔렸
고 페이팔 지분 11.7퍼센트를 소유하고 있던 머스크는 1억 7,000만 달
러를 손에 쥐었다. 이때 그의 나이 31세였다.[10]

"지구에 안주해서는 인류의 멸종을 막을 수 없다"

이베이와 매각 협상을 한창 진행하던 도중이던 2002년 6월, 머스크
는 항공우주 회사 스페이스 엑스를 창업했다. 왜 뜬금없이 항공우주 회
사를 창업했던 것일까? 그건 '인류의 화성 이주'가 머스크의 꿈이기 때
문이다. 인류가 다른 행성에서 살기 위해선 우선 우주 로켓을 먼저 만들
어야 했기에 항공우주 회사를 창업했다는 것이다.[11]

그렇다면 머스크는 왜 '인류의 화성 이주'라는 거대한 꿈을 꾸고 있는
것일까? 인류가 처한 멸종 위기 때문이다. 인구 증가와 식량난, 물 부족

과 환경오염으로 인해 인류가 지구에서 살 수 있는 환경이 갈수록 악화되고 있어 인류의 생존을 위해서 화성 이주는 선택이 아닌 필수가 되었다는 게 머스크의 주장이다. "지구에 안주해서는 인류의 멸종을 막을 수 없다. 유일한 대안은 지구 밖에 자립할 수 있는 제2의 문명을 만드는 것이다."[12]

문제는 인류의 화성 이주 시기였다. 그때가 언제인지 알 수 없는 상황에서 머스크는 인류의 생존을 도모할 대안으로 지구 온난화와 환경오염, 에너지 고갈 등을 최대한 늦추는 작업을 추진하기로 했다. "지구를 화석연료 의존에서 탈피시켜 기후 변동에 대처해야 한다. 그래야 화성이주를 실현할 시간을 벌 수 있다."[13]

머스크가 전기 자동차 회사 테슬라(2004년 2월)에 투자하고 사촌 동생 린던 리브Lyndon Rive와 함께 태양광 발전 회사 솔라 시티(2006년 7월)를 창업한 이유도 이런 이유 때문이었다. 이런 점에서 보자면 인류의 화성 이주 프로젝트는 머스크가 전개하고 있는 전기 자동차 사업과 태양광 에너지 사업 등을 이해하는 열쇳말이기도 하다.

재미있는 것은 머스크가 이런 생각을 이미 대학 시절부터 했다고 이야기한다는 점이다. 미래엔 인터넷·재생 에너지·우주가 핵심이 될 것이라고 생각해 이 3가지 분야를 모두 추진하겠다는 야망을 가졌다는 게 머스크의 주장이다. 자신이 진행하고 있는 여러 사업에 대한 알리바이용으로 이 말을 지어냈다고 생각하는 사람이 많아서일까? 머스크는 다음과 같이 말한다.

"나는 대학교 재학 시절에 이미 미래의 계획을 생각하고 있었습니다.

사실이 발생하고 나서 나중에 지어낸 이야기가 아닙니다. 나는 뒷북을 치거나 일시적 유행을 좇는 사람이나 기회주의자처럼 보이기 싫습니다. 나는 투자가가 아닙니다. 스스로 미래에 중요하고 유용하다고 생각하는 기술을 실현시키고 싶어요."[14]

화성 이주를 통한 인류 구원 프로젝트를 하고 있기 때문일까? 그는 돈에 대해서도 초연한 자세를 보인다. 몇 가지 발언을 보자. "나는 개인적으로 돈을 거의 쓰지 않는다. 옷도 보통 청바지에 티셔츠를 입는다. 가족 여행 등을 제외하면 휴가도 거의 없다."[15] "만일 내게 충분한 자금력이 있다면 화성에 보내는 우주 로켓을 개발하는 일이야말로 가치 있는 돈의 쓰임새다. 설혹 그것으로 돈은 벌지 못할망정."[16] "돈 때문에 악마로 변신하는 사람들이 있다. 하지만 나는 내가 번 돈을 어디에 쓸지 그 목적을 명확히 한다."[17]

어쨌든, 머스크는 우주 사업을 하겠다고 결심한 지 6년 만인 2008년 8월 3번의 발사 실패 끝에 팰컨 1호를 예정된 궤도에 진입시키는 데 성공했다. 팰컨Falcon은 스페이스 엑스가 개발한 우주선 이름으로, 영화 〈스타워즈〉에 등장하는 은하계에서 가장 빠른 우주선으로 나오는 소형 우주선 '밀레니엄 팰컨'에서 따왔다.[18] 머스크는 이때까지 개발비와 실험비로 총 1억 달러를 투입한 상태였다. 이날 머스크는 다음과 같이 말했다. "오늘은 내 인생 최고의 날입니다. 그동안 우리가 해온 노력들이 옳았음이 증명됐습니다."[19]

"섹시한 제품을 만들어, 그것으로 세상을 구한다"

머스크는 스페이스 엑스를 자신의 분신으로 간주하고 있겠지만 오늘날의 머스크를 만든 일등공신은 누가 뭐라고 해도 전기 자동차 회사 테슬라다. 지난 100년간 모든 전문가가 사업성이 없다고 여긴 전기 자동차 시장에서 테슬라가 가시적인 성과를 내면서 머스크는 몽상가라는 낙인에서 벗어날 수 있었을 뿐만 아니라 '혁신의 대명사' 타이틀도 획득하게 되었으니 말이다. 테슬라는 2003년 7월 1일 마틴 에버하드Martin Eberhard와 마크 타페닝Marc Tarpenning에 의해 설립되었다. 머스크는 2004년 2월 테슬라에 635만 달러를 투자해 테슬라 최대 주주이자 회장이 되었다.

2012년 11월 출시된 테슬라의 세단 '모델S'는 자동차 업계에 돌풍을 일으켰다. 2013년 자동차 잡지『모터 트렌드』,『오토모빌 매거진』,『야후! 오토스』등은 약속이나 한 것처럼 모델S를 '올해의 자동차'로 선정했으며,『로드 앤드 트랙』은 모델S를 '미국 역사상 가장 중요한 자동차'라고 불렀다. 미국의 '컨슈머 리포트'는 2013년과 2014년 연속으로 모델S를 '올해의 차'에 선정했다.[20]『뉴욕타임스』엔 이런 기사가 실렸다.

"1세기도 더 전에 헨리 포드가 모델 'T'를 내놓은 이래, 자동차는 그 디자인과 기능 면에서 근본적인 변화가 없었다. 난 그렇게 생각했는데, 테슬라 모델S와 함께 1주일을 지낸 뒤 그 생각이 바뀌었다."[21]

어떻게 이런 일이 가능했던 것일까? 거칠게 말해, 테슬라의 성공은 디자인과 스타일의 승리였다. 친환경 자동차를 타는 사람이라는 사회적 명성 못지않게 자동차의 디자인과 스타일에 민감하게 반응하는 사람들의 욕망을 테슬라가 제대로 건드린 것이다. 2004년 10월 테슬라 최초의 전기 자동차 로드스터 시제품이 등장했을 때 사회적 유명 인사들이 크게 열광했던 것도 이 때문이다.

이와 관련해 피터 틸Peter Thiel · 블레이크 매스터스Blake Masters는 『제로 투 원』(2014)에서 "테슬라는 청정기술에 대한 관심을 주도하는 것이 유행이라는 사실을 알고 있었다"면서 다음과 같이 말한다.

"부유한 사람들은 특히나 상자처럼 생긴 프리우스나 혼다 인사이트Honda Insight를 모는 한이 있더라도 '친환경'적으로 보이고 싶어 했다. 이런 차의 운전자들을 근사하게 보이게 만들어주는 것은 환경을 생각하는 유명 영화배우들도 같은 차를 소유하고 있다는 사실뿐이었다. 그래서 테슬라는 누가 운전하든 상관없이 운전자를 근사하게 보이게 만들어줄 차를 만들기로 했다. 그리고 나니 리어나도 디캐프리오조차 프리우스를 버리고 값비싼 (그리고 비싸 보이는) 테슬라 로드스터를 택했다. 일반 청정 기술 기업들은 스스로를 차별화하느라 고전했지만, 테슬라는 청정기술이 환경적 의무보다 오히려 사회적 현상이라는 숨겨진 비밀을 바탕으로 고유한 브랜드를 구축했다."[22]

머스크는 "섹시한 제품을 만들어, 그것으로 세상을 구한다. 이보다 쿨한 것은 없다"고 말했는데,[23] 사실 디자인과 스타일 차별화는 애초에 에버하드의 생각이었다. 에버하드는 한 프레젠테이션에서 "'포르시우스Porschius', 그러니까 포르셰와 프리우스의 최대 장점을 한데 모은 자동차, 그리고 자동차를 사랑하지만 기름 소비도 최소화하고 싶어 하는 사람들을 위한 자동차를 제시"했다.[24]

그렇다고 해서 머스크가 에버하드의 공을 가로챘다고 볼 필요는 없을 듯하다. 머스크는 에버하드의 전략을 계승·발전시켜 오늘날의 테슬라를 만들었기 때문이다. 예컨대 애슐리 반스는 『일론 머스크, 미래의 설계자』(2015)에서 "머스크가 이룩한 성과 가운데 경쟁사가 놓쳤거나 도저히 따라잡을 수 없었던 성과는 테슬라를 일종의 라이프스타일로 바꾼 것이다"면서 다음과 같이 말한다.

"테슬라는 고객에게 자동차를 파는 데 그치지 않고 이미지를 팔았고, 미래에 손을 뻗는 기분을 팔았고, 관계를 팔았다. 애플이 수십 년 전에 맥 컴퓨터를 팔고 다시 요즘 들어 아이팟과 아이폰을 팔며 그랬던 것처럼 말이다."[25]

머스크는 잡스를 능가한다

머스크의 추진력과 원대한 야망은 종종 애플의 스티브 잡스에 비견된다. 아닌 게 아니라 두 사람은 닮은 점이 많다. 두 사람은 대학을 중퇴했고, 최초 사업에서 성공했으며, CEO로 재직하던 기업에서 해고당했다는 점을 동류항으로 삼고 있다. 일중독자라는 점도 비슷하다. 잡스도 일중독자로 유명했지만, 머스크는 잡스보다 더하면 더했지 못하진 않다.

머스크는 여러 인터뷰에서 자신은 일주일에 100시간 일한다고 밝혔는데, 한 기자에게서 "대규모 사업을 동시에 추진할 수 있는 원동력이라고나 할까, 그 비결이 있나요"라는 질문을 받고선 다음과 같이 말했다. "많이 일합니다.……어쨌든하든 많이 일합니다." 머스크는 이런 말도 했다. "기업을 경영하는 사람은 지옥처럼 일해야 한다. 보통 사람보다 2.5

배는 일해야 한다는 뜻이다. 그래야 성공할 확률이 높아진다.”[26]

두 사람 모두 변덕스럽고 직원들을 혹독하게 대한다는 점에서도 비슷하다. 스페이스 엑스와 테슬라 등에 투자한 벤처 자본가이자 잡스 밑에서 일한 적이 있는 스티브 저벳슨Steve Jurvetson은 이렇게 말한다. “일론은 스티브 삽스와 마찬가지로 C급과 D급 직원을 용납하지 않아요.”[27] 공급이 수요를 창출한다는 전략을 구사한 것도 비슷하다. 잡스는 “소비자에게 무엇을 원하는지 묻지 말라. 그들은 자신이 뭘 원하는지 모른다. 수요는 조사하는 게 아니라 창출하는 것이다”고 말했는데, 자동차 시장에 돌풍을 몰고 온 머스크 역시 비슷한 전략을 구사했으니 말이다.

이런 이유 때문에 한동안 머스크를 ‘제2의 잡스’로 보는 사람이 많았는데, 이젠 공개적으로 머스크가 잡스를 능가했다고 말하는 사람도 적지 않다. 예컨대 미국의 『비즈니스 인사이더』는 2014년 5월 “일론 머스크는 스티브 잡스의 후계자가 아니다. 그는 잡스를 능가한다”고 평가했다.[28] 애슐리 반스는 『일론 머스크, 미래의 설계자』(2015)에서 머스크를 많이 알수록 잡스와 머스크를 동급으로 묶기는 힘들다고 말한다.

“스티브 잡스는 대기업 두 곳, 즉 애플과 픽사를 경영하며 업계의 판도를 바꾸었다. 하지만 두 사람의 실질적 유사점은 여기까지이다. 잡스는 픽사보다 애플에 에너지를 훨씬 많이 쏟았지만 머스크는 테슬라와 스페이스 엑스에 똑같은 에너지를 쏟았고 나머지를 솔라 시티에 투자했다. 잡스도 세세한 부분까지 신경 쓰는 것으로 유명했지만 머스크만큼 기업의 일거수일투족을 매일 감독하지 못했다.”[29]

미국의 경영 컨설턴트이자 IT 저술가 돈 탭스콧Don Tapscott 역시 머스크의 손을 들어준다. 그는 "현존하는 CEO 중 '디지털 선구자'는 누구인가"라는 질문에 대해 다음과 같이 말했다.

"테슬라 CEO인 일론 머스크를 꼽을 수 있다. 지금처럼만 회사를 이끌어간다면 그는 현 시대에 가장 위대한 CEO가 될 수 있다. 나는 '일론 머스크는 현 시대의 가장 위대한 CEO인가?'라는 제목으로 기고한 적이 있다. 위대한 리더의 조건은 좋은 제품을 내놓거나 견고한 기업을 세우는 것만이 아니다. 해당 기업이 속한 산업뿐만 아니라 전 세계를 바꾸는 것이 진정으로 위대한 리더다. 스티브 잡스 같은 경우에는 '올드 스타일'의 리더였다. 그는 기업이 세상을 위해 어떤 역할을 해야 하는지 이해하지 못했다. 애플은 좋은 제품들을 만들어냈지만, 좋은 회사는 아니었다. 그는 많은 변화를 만들어냈지만 세상을 바꾸는 회사를 만든 리더라고 생각하진 않는다."[30]

"인류의 미래가 밝다고 생각하면서 숨을 거두고 싶다"

테드TED의 큐레이터 크리스 앤더슨Chris Anderson은 미국 경제 전문지 『포천』에 기고한 「천재성을 공유하는 일론 머스크와 스티브 잡스The shared genius of Elon Musk and Steve Jobs」에서 잡스와 머스크의 가장 비범한 점은 '시스템 싱킹System Thingking'에 있다고 했다.

시스템 싱킹이란 사물이 개별적으로 무관해 보이지만 실은 알게 모르게 연결되어 있으며 서로 영향을 주기 시작하면 어느 지점에 이르러 폭발하듯 새로운 현상 또는 혁신이 창조된다는 이론이다.

시스템 싱킹이 약하면 "가능성이 희박해", "애당초 무리야" 등으로 포기하게 되지만 사업 분야를 다방면으로 생각하고 이를 상호 연결시킬 수 있으면 '비범한 확신'으로 연결되는데, 잡스와 머스크가 바로 그런 식의 사고를 해서 성공을 일군 사람이라는 것이다.[31] 항공우주와 전기자동차, 태양광 에너지 등 머스크가 공을 들이고 있는 사업들이 '인류의 화성 이주' 프로젝트와 연계되어 있나는 점에서 보자면 설득력 있는 해석이라 할 수 있을 듯하다.

머스크는 어떻게 '시스템 싱킹' 사고를 하는 사람이 되었던 것일까? 그건 평소 '핵심을 찌르는 질문'을 하려고 했던 노력과 관련이 깊다. 문제를 해결하기 위해선 먼저 질문을 던져야 하는데, 이때 제대로 된 질문을 던져야 한다는 게 머스크의 생각이다. 머스크는 이렇게 말한다. "무엇을 질문해야 할지가 가장 생각해내기 어렵다. 하지만 핵심을 찌르는 질문만 생각해낸다면 나머지는 의외로 간단하다." 머스크는 이런 철학에 대한 영감을 10대 시절 읽었던 더글러스 애덤스Douglas Adams의 공상과학 소설 『은하수를 여행하는 히치하이커를 위한 안내서』에서 얻었다.[32]

『포천』은 "낙관주의자는 어떤 문제든 언젠가 해결 방법이 발견된다는 것을 우직하게 믿는 사람"이라며 "시스템 싱킹을 하는 머스크가 진정한 낙관주의자"라고 해석했는데,[33] 아닌 게 아니라 머스크는 스스로 대단히 낙관적인 사람이라고 강조한다. "나는 기본적으로 눈앞에 닥친 현실이나 미래에 대해 낙관론자이다."[34]

낙관적인 사람이지만 머스크도 두려워하는 게 하나 있다. 바로 인공지능AI이다. 그는 2014년 11월 한 미래학 사이트에 게재한 글을 통해 "AI(인공지능) 기술이 생각보다 더 빠르게 진전되고 있다"면서 "5년 혹은 최대 10년 안에 (인류에게) 중대한 위험을 줄 일이 실제 벌어질 수 있다"고 경고했다. 그는 AI 기술을 두고 '악마를 소환하는 일'이란 표현까지 썼다. AI가 발전하면 로봇 스스로 인간을 죽이는 게 합리적이란 판단을 내릴 수도 있다는 것이다.[35]

머스크는 2015년 3월 유명 천체물리학자 닐 더그래스 타이슨Niel deGrasse Tyson과의 대담에선 "개인적인 생각에는 핵무기보다 오히려 AI가 더 인류에게 위험한 존재가 될 것"이라면서 "우리가 운이 좋다면 애완견 래브라도는 되지 않을 것"이라고 말했다.[36]

AI에 의한 인류 종말을 막기 위해서일까? 머스크는 2015년 12월 "사악한 AI와 맞설 수 있는 최선의 방법은 인공지능 접근권을 제한하는 것이 아니라 오히려 확대하는 것"이라며 AI를 안전하게 활용하자는 목적의 '오픈 AI'를 설립했다. 또 2016년 7월엔 인간의 뇌에 '뉴럴레이스'라는 칩을 이식하고, 인간의 뇌신경(뉴로)과 컴퓨터 칩을 연결(링크)하는 것을 사업 목표로 한 '뉴럴링크Neuralink'라는 바이오 기술 스타트업을 설립했다. 뉴럴링크의 궁극적 목적은 인간과 기계의 통합이다. 그러니까 머스크는 인간의 사이보그화를 AI의 대안으로 제시한 것이다.[37]

머스크는 "인류의 미래가 밝다고 생각하면서 숨을 거두고 싶다"고 밝혔는데, 인류의 종말을 막기 위한 머스크의 무한 도전이 언제까지 지속될지 지켜보기로 하자.

"기업은 이윤이 아닌 사회적 가치를 창출해야 지속 가능하다"

블레이크 마이코스키

기부의 대명사가 된 탐스 슈즈

"탐스를 시작했을 때 사람들은 내게 미쳤다고 했다. 특히 신발업계에 오래 몸담았던 사람들은 내가 제시한 비즈니스 모델이 오래 지속되기 힘들며, 검증되지 않은 방식이라고 주장했다. 영리 목적의 사업에 사회적 소명을 결합해봤자 일만 복잡해지고 양쪽 모두에게 방해가 될 것이라는 이유였다. 하지만 탐스가 성공할 수 있었던 것은 바로 우리가 새로운 모델을 창조했기 때문이었다. 기부는 우리 신발을 단순한 상품 이상으로 만들었다."[1]

이른바 '하나를 사면 다른 하나는 공짜BOGO: Buy One Get One' 방식을 통해 성공을 일군 탐스 슈즈TOMS shoes 창업자 블레이크 마이코스키Blake Mycoskie의 말이다.

탐스 슈즈의 기부 방식은 다소 독특하다. 신발 한 켤레를 팔 때마다 한 켤레를 기부하는 '일대일One for one' 기부 방식으로, 이를 일러 '슈 드롭shoe drop'이라고 한다. 탐스 슈즈는 일대일 기부 캠페인을 통해 새로운 형식의 기부 문화를 창안한 기업이자 사회적 기업의 새로운 모델을 제시한 기업이라는 타이틀을 획득했으며, '코즈 마케팅Cause marketing'과 '공유 가치 창출CSV: Creating Shared Value'의 대명사가 되었다.

마이코스키가 탐스 슈즈를 통해 기부의 대명사가 된 것도 당연지사다. 미국의 빌 클린턴 전 대통령은 블레이크를 "지금까지 내가 만나본 기업가들 중 가장 흥미로운 사람"이라고 소개했으며, 빌 게이츠는 시사주간지 『타임』에 기고한 「자본주의를 수리하는 법」이라는 글에서 블레이크와 탐스 슈즈를 창조적 자본주의 모델의 대표적 사례로 제시했다.[2]

탐스 슈즈는 '내일의 신발Tomorrow's Shoes'이라는 뜻으로, '더 나은 내일을 위한 신발Shoes for a Better Tomorrow'에서 따온 말이다. 즉, 탐스 슈즈는 더 나은 내일에 대한 약속이라는 것을 의미하는 사명社名이라 할 수 있겠다.[3] 일대일 기부 캠페인을 통해 탐스 슈즈는 2016년 11월 현재 70개국 이상에서 약 7,000만 켤레가량의 신발을 선물했으며, 회사 매출은 약 4억 달러(약 4,400억 원)에 이르는 기업으로 성장했다. 탐스 슈즈의 매출액에서 2010년 기준 한국은 미국에 이어 2위를 기록했을 정도로 한국에서도 인기가 높은 신발 브랜드다.[4]

일대일 기부 마케팅을 통해 탐스 슈즈가 큰 성공을 거두었기 때문일까? 마이코스키는 일대일 기부 방식을 활용한 다양한 사업에 뛰어들었다. 예컨대 그는 2011년 안경 회사인 '탐스 아이웨어TOMS Eyewear'를 설립해 안경 한 개를 팔 때마다 가난한 지역 주민 한 명에게 안경을 만들어주거나 시력 회복 수술을 시켜주는 사업을 시작했으며,[5] 2014년 3월엔 "커피 1봉지가 팔릴 때마다 빈국 주민에 1주일 치 물"을 제공하겠다는 구상 아래 커피 사업에도 진출했다. 2015년에는 개발도상국 산모와 태아의 안전한 출산을 돕겠다는 취지에서 고객이 가방 한 개를 구매할 때마다 조산사 양성을 포함해 위생 장갑이나 탯줄 절단기 등 출산에 필요한 용품이 포함된 위생 키트를 나누어주는 '탐스 가방'을 탄생시켰다.[6]

테니스 선수의 꿈을 꾸다가 사업가로

마이코스키는 1976년 텍사스 알링턴에서 태어났다. 아버지는 정형외과 의사, 어머니는 작가였다. 10세 때부터 테니스를 치기 시작해 테니스 선수가 되고자 했던 그는 서던메소디스트 대학Southern Methodist University에 테니스 특기생으로 입학했지만 대학 2학년 때 아킬레스건에 심각한 부상을 입어 테니스 선수의 꿈을 접어야 했다. 아킬레스건 부상을 계기로 그는 세탁 서비스 사업가로 변신했는데, 여기엔 이런 사연이 있다.

부상을 입어 방에 꼼짝달싹하지 못하고 누워 있던 그의 눈에 쌓여가고 있던 자신의 세탁물이 들어왔다. 이때 그는 누군가 자신의 세탁물이라도 처리해주었으면 좋겠다는 생각을 했는데, 여기에서 아이디어를 얻어 기숙사나 혼자 사는 대학원생들을 상대로 한 대학 내 세탁 서비스 사업을 시작한 것이다. 1,200달러짜리 중고 트럭을 사서 시작한 세탁물 서비스 사업은 40명 이상의 직원을 고용하고 3개 대학에까지 진출하는 등 나름 성공을 거두었다.[7] 그는 1999년 파트너에게 회사를 팔고 내슈 빌로 옮겨 주로 마케팅 컨트리 음악에 중점을 둔 옥외 광고 게시판 회사 인 마이코스키 미디어Mycoskie Media를 세웠다.[8]

2002년 마이코스키는 여동생과 함께 리얼리티 TV쇼 〈어메이징 레이 스Amazing Race〉 시즌 2에 출연했다. 2인 1조로 전 세계를 돌며 경주하 는 일종의 철인 3종 경기였다. 우승하면 100만 달러를 손에 쥘 수 있었 던 이 쇼에서 그는 단 4분 차이로 1위를 놓쳤는데, 이때 여동생의 말을 들었다면 100만 달러의 상금을 손에 쥘 수도 있었다. 당시 그는 '지도를 먼저 확보해서 가자'고 제안한 여동생의 제안을 거절하고 '자신이 길을 잘 안다'고 고집을 피워 지도 없이 갔다가 눈앞에서 우승을 놓쳤다.[9]

〈어메이징 레이스〉를 통해 리얼리티 프로그램의 놀라운 인기를 직접 체험했기 때문일까? 그는 24시간 리얼리티 프로그램만 방송하는 케이 블 채널을 설립하기로 마음먹고 2004년 E!엔터테인먼트 텔레비전 창 립자인 래리 네이머Larry Namer와 함께 케이블 네트워크 리얼리티 센트 럴Reality Central을 공동 설립했다. 하지만 이듬해 미디어업계의 '식인 상 어'로 통하는 루퍼트 머독이 이끄는 폭스TV가 폭스 리얼리티 채널Fox Reality Channel을 론칭하면서 이 사업은 실패하고 말았다. 마이코스키는 너무 늦게 케이블TV 사업에 뛰어든 것을 실패의 원인으로 간주하면서 이 사업의 실패와 〈어메이징 레이스〉에서 동생의 말을 듣지 않은 것을 인생 '최악의 결정'이라고 말했다.[10]

이후 그는 동업 형식으로 자동차 운전학원을 차렸다. 인터넷으로 중고생들에게 운전을 가르치는 온라인 프로그램 사업이었다. 하이브리드 자동차만을 대상으로 교육까지 병행하는, 요컨대 친환경적이면서도 차별화된 프로그램이었다. 그는 자동차 운전학원을 홍보하기 위해 샌타모니카에 본사를 둔 브랜드 개발·바이럴 마케팅 전문 마케팅 회사인 클로저 마케팅 그룹Closer Marketing Group을 창설하기도 했다.[11]

"맙소사, 정말로 내 꿈이 실현되는구나"

마이코스키는 2006년 아르헨티나로 휴가를 떠났다가 탐스 슈즈를 창업했는데, 여기엔 그럴 만한 사연이 있다. 휴가가 끝나갈 무렵 신발이 없어 다치고 병에 걸린 아이들을 만난 마이코스키는 물집과 상처로 엉망이 되어 있는 아이들의 작은 발을 보면서 아이들에게 신발을 신길 방법을 고민했다. 일회성이 아닌 아이들을 지속적으로 도울 수 있는 방법을 찾고자 했던 그는 이때 신발 한 켤레가 팔릴 때마다 한 켤레를 기부하는 '일대일' 기부 캠페인 개념을 떠올렸다. 이렇게 해서 탄생한 회사가 바로 탐스 슈즈였다.[12]

마이코스키는 아르헨티나 전통 신발인 알파르가타Alpargata에서 영감을 얻어 탐스 슈즈를 제작했다. 약 100여 년 전에 만들어진 알파르가타는 천이 발 둘레를 감싸고 밑창이 붙은 형태의 신발로 신고 벗기 편하며, 빨리 마른다는 장점을 가진 신발이다. 마이코스키는 아르헨티나에서 100년 넘게 선풍적인 인기를 끌었다면 미국에서도 성공할 수 있으리라는 생각에서 알파르가타를 미국인의 취향에 맞게 개조하기 시작했다. 이렇게 해서 탄생한 탐스 슈즈는 캔버스 소재를 이용해서 화려함과 멋을 겸비했으며 일체형 밑창과 고무 소재를 덧댄 가죽 인솔 등을 사용해 착화감 또한 뛰어났다.

아르헨티나의 신발 제화공과 함께 제작한 신발 250켤레를 가지고 미국으로 돌아온 그는 2006년 6월 캘리포니아 샌타모니카에서 '내일을 위한 신발'이라는 슬로건을 내걸고 탐스 슈즈를 창업했다.[13] 신발업계의 문외한이자 자본이 부족해 광고조차 할 수 없었지만 이해 여름에만 그는 무려 1만 켤레의 신발을 판매하는 대성공을 거두었다. 어떻게 이런 일이 가능했던 것일까?

그건 탐스 슈즈의 매력적인 스토리 때문이었다. 미국에 돌아와서 처음 만난 신발 유통점 바이어에서부터 시작해 언론까지 모두 신발 판매를 기부와 연계시킨 탐스 슈즈의 스토리에 큰 관심을 보였다. 특히 미디어가 탐스 슈즈에 주목하면서 말 그대로 히트 상품이 되었다. 『LA타임스』를 시작으로 『보그Vogue』, 『피플People』, 『엘르Elle』, 『타임』 등이 탐스 슈즈에 주목하면서 전국적 지명도를 가진 브랜드로 성장하기 시작했으니 말이다.[14]

1만 켤레의 신발이 팔리자 마이코스키는 신발을 나누어주기 위해 아르헨티나로 향했다. 향후 탐스 슈즈의 기부 여행 프로그램이 되는 '기부 여행Giving Trip'의 시작이었다. 이때의 경험에 대해 마이코스키는 이렇게 말했다.

"맙소사, 정말로 내 꿈이 실현되는구나 싶었다. 매번 신발을 나눠줄 때마다 감정이 복받쳐서 우느라 신발을 제대로 신겨줄 수가 없었다. 불과 아홉 달 전 내 수첩 속의 스케치로 시작한 일이었는데, 어느새 우리는 신발이 필요한 아이들에게 신발을 나눠주고 있었다. 단순한 아이디어가 세상을 바꿀 수 있으며, 한 켤레의 신발이 그토록 큰 기쁨을 줄 수 있음을 실감한 순간이었다."[15]

기부 여행을 마치고 돌아왔을 때 미이코스키는 자신이 딴사람이 되어 있으며, 자신에게 탐스 슈즈가 단순한 사업이 아니라는 것을 깨달았다고 말한다. 처음 탐스 슈즈 사업에 뛰어들었을 때만 하더라도 "록 스타처럼 유명한 사업가가 되는 것이" 목표였지만 아이들에게 신발을 신겨준 순간 그때까지 경험한 다른 사업에서 느껴보지 못한 성취감을 느껴 탐스 슈즈 사업에 전념하기로 했다는 것이다.

"사람들은 내게 묻는다. 이 아이디어를 처음 생각해냈을 때 내 삶이 변화했느냐고. 이 아이디어가 내 인생을 바꿨느냐고. 내 답은 노[No]다. 아이들에게 신발을 처음 신겨주었을 때가 바로 내 인생이 바뀐 때다."[16]

소비자를 매혹시킨 탐스 슈즈의 스토리

마이코스키는 2006년 11월 우연하게 만난 한 여성에게서 자신도 미처 알지 못했던 중요한 사실을 발견하게 되었다. 그건 바로 '일대일' 기부라는 탐스 슈즈의 스토리가 가진 힘의 위력이었다. 당시 마이코스키가 만난 여성은 마이코스키가 탐스 슈즈의 창업자임을 알지도 못한 채 "내가 이 신발을 한 켤레 살 때마다 아르헨티나에 있는 아이들에게 신발 한 켤레가 간답니다"면서 일면식도 없던 사람에게 자신이 신고 있는 탐스 슈즈를 자랑했는데, 이를 통해 마이코스키는 탐스 슈즈의 이야기

를 퍼뜨리고 다니는 사람들은 탐스 슈즈의 단순한 고객이 아니라 후원자라는 것을 깨달은 것이다.[17]

이때의 경험 이후 마이코스키는 본격적으로 스토리텔링Storytelling에 주력하기 시작했다. 우선 그 자신이 스토리텔러가 되었다. 그는 명함에 자신을 CEO가 아니라 '최고 신발 기부자Chief Shoe Giver'로 표기했으며,[18] 초창기 오른발에는 빨강색, 왼발엔 파란색 신발을 신고 다녔다. 사람들의 호기심을 불러일으키려 했던 이런 전략은 대성공을 거두었다. "사람들이 왜 신발을 짝짝이로 신었느냐고 물으면, 나는 탐스의 사연을 들려줄 수 있었다. 이 방법은 아주 효과 만점이었다. 짝을 맞춰서 신고 다닐 때보다 탐스에 대해 말할 기회가 훨씬 더 많아졌다."[19]

탐스 슈즈의 스토리를 전달하기 위해 마이코스키는 다양한 이벤트를 전개했다. 예컨대 그는 트레일러를 타고 70일간 미국을 횡단하기도 했으며, 트라이베카필름 페스티벌에서 상영할 35분짜리 다큐멘터리도 만들었다. 또 탐스 슈즈의 운동에 동참하고 싶은 고등학생과 대학생들을 선발하기 위해 탐스 캠퍼스 부서도 만들었다.[20]

마이코스키는 때마침 개막한 SNS를 활용한 입소문 마케팅에도 적극적으로 나섰다. 유튜브 채널을 개설해 신발 기부를 받음으로써 인생이 바뀐 아이들의 이야기를 들려주면서 탐스 슈즈의 목적을 강조하고 이용자들이 탐스 슈즈와 관련된 콘텐츠를 게시하도록 독려하는 식이었다.[21]

마이코스키는 입소문 마케팅을 위해 특히 신발 기부 여행을 적극적으로 활용했다. 그는 신발 기부 여행에 고객들을 초대하고 그들에게 기부 여행에서 찍은 사진이나 비디오를 인터넷에 올리라고 격려했다. 이와 관련해 마이코스키는 『탐스 스토리』(2012)에서 "탐스가 고객들과 신뢰를 쌓은 한 가지 방법은 신발 기부 여행에 고객들을 초대하는 것이다. 또는 우리의 기부에 동참하는 단체들을 방문해 그들이 하는 일을 좀더 자세히 알아보는 여행을 마련하기도 한다"면서 다음과 같이 말했다.

"초창기에는 온라인으로 참가자를 모집했다. 남녀노소 수천 명이 응모했는데, 우리는 열여덟 살 대학생부터 여든 살 할머니에 이르기까지 다양한 사람들을 뽑았다. 그렇게 대략 50번의 여행에 200명가량의 지원자들이 참여했다. 이렇게 우리의 여행에 고객과 다른 관계자들을 동참시키고, 그들에게 여행에서 찍은 사진이나 비디오를 인터넷에 올리라고 격려함으로써 우리는 신뢰를 더 널리 전파할 수 있다. 여행에 참여하지는 않았지만, 우연히 온라인상의 사진이나 비디오를 보게 된 사람들의 신뢰까지 얻게 되는 것이다. 그들은 탐스가 약속을 지키고 있음을 보게 된다."[22]

'선한 의도로는 충분하지 않다'

탐스 슈즈를 신은 사람들도 스스로 이야기를 만들어내고 있었다. 이에 발맞추어 마이코스키의 스토리텔링은 스토리두잉Storydoing으로 진화했다. 이를 잘 보여준 게 바로 탐스 슈즈가 매년 4월 여는 이른바 '신발 없는 하루One day Without Shoes' 이벤트라 할 것이다.

애초 이 이벤트는 2008년 미국 페퍼다인대학의 탐스 클럽 학생들이 신발 없이 사는 아이들의 고통을 체험하기 위해 맨발로 교정을 걷는 행사에서 시작되었는데, 마이코스는 이를 바로 응용해 '신발 없는 하루'란 이름을 붙이고 공식적인 연례행사로 키웠다.[23] 2010년 '신발 없는 하루' 행사엔 전 세계에서 25만 명이 넘는 사람들이 참여했는데, 이 가운데 절반을 넘은 약 13만 명이 페이스북에 자신이 직접 행사에 참여한 사진을 올렸다.[24]

이른바 '나만의 탐스 슈즈 만들기SYS: Style Your Sole' 이벤트 역시 스토리두잉의 한 사례라 할 수 있었다. 알파르가타는 기본 스타일이 단순하기 때문에 색상과 소재의 변경을 통해 다양한 디자인의 신발을 제작할 수 있는데, 이런 특성을 이용해 오프라인 매장에서 탐스 소비자들이 모여 자신이 원하는 소재와 문양으로 신발을 장식하도록 한 것이다.[25] 이와 관련해 마이코스키는 다음과 같이 말한다.

"이 행사는 탐스를 사랑하는 고등학생과 대학생들에게 인기 만점이다. SYS 파티는 탐스를 사랑하는 사람들이 함께 모여 페인트와 마커, 그 밖에 자신이 원하는 소재로 신발을 장식하는 행사이다. 탐스를 판매하는 많은 가게에서 이 행사를 진행한다. 또한 탐스 슈즈는 우리의 창조적인 고객, 바로 어린아이들에게도 좋은 놀이 도구이다. 현재 수천 명의 아이들이 친구들과 함께 탐스 슈즈에 색칠을 하고 장식하는 생일 파티를 열고 있다."[26]

이런 식으로 기부에 동참한 고객들이 자신의 감동적인 스토리와 영상을 페이스북이나 유튜브에 올리면서 탐스 슈즈의 스토리가 더욱 풍성해졌음은 물론이다. 이런 다양한 스토리 마케팅이 거둔 성적표는 놀라웠다. 2006년 1만 켤레, 2007년 5만 켤레, 2009년 30만 켤레였던 신발 기부량은 2010년이 채 지나기 전 100만 켤레로 증가했으며, 신발이 전달된 국가도 아르헨티나에서 시작해 캄보디아·에티오피아·아이티 등 23개국으로 확산했으니 말이다. 초기 천으로 된 기본 컨버스 스타일만 제작했던 탐스 슈즈도 하이탑 스타일, 반짝거리는 글리터 스타일, 유아용 제품 등 약 40여 종으로 증가했다.[27] 그래서 탐스 슈즈를 사는 건지 스토리를 사는 건지 구별하기 어려울 정도라는 평가까지 나왔다.

하지만 아프리카 등 저개발국에서 일하는 각종 비영리단체나 국제 활동가들 가운데서는 탐스 슈즈는 "자선을 마케팅에 끌어들여 돈을 버는 업체일 뿐"이라며 "해당 지역에 도움을 주기보다는 폐를 끼친다"는 비판도 나왔다.[28] 예컨대 20여 년간 다양한 비영리단체에서 활동하며 실효성 있는 기부 방법을 소개하는 사이트 '선한 의도로는 충분하지 않다Good intentions are not enough'를 운영하고 있는 손드라 시멜페니크Saundra Schimmelpfennig는 "기증된 물품은 그 지역에서 만들어진 제품보다 가격 경쟁력을 지니고 이로 인해 현지의 산업 기반을 무너뜨린다"고 비판했다.[29]

이런 비판에 대해 마이코스키는 어떤 반응을 보였던가? 마이코스키는 "창업할 땐 단순히 기부하겠다는 생각만 가득해 부작용을 생각하지 못했다"고 인정했다. 이후 그는 다양한 개선책을 마련했는데, 지역 경제에 미치는 영향을 고려해 현지 비영리단체와의 협업을 늘려나갔으며, 현지 제조업의 피해를 최소화하면서 일자리까지 창출하는 식으로 현지에 신발 공장을 세웠다. 판매용 신발은 기존의 중국 공장에서 생산하되, 가장 큰 수혜 지역인 아르헨티나와 아프리카의 에티오피아 등에 기부용 신발 공장을 설립하는 식이었다.[30]

마이코스키는 기업가인가? 사회사업가인가?

2014년 3월 마이코스키는 자신이 100퍼센트 보유하고 있던 탐스 슈즈의 지분 50퍼센트를 미국계 사모펀드 베인 캐피탈Bain Capital에 넘겼다. 마이코스키는 베인 캐피탈의 도움으로 회사를 더 빨리 성장시켜 더 많은 나눔을 실천하기 위해서라는 이유를 제시했으며, 베인 캐피탈에 넘어간 지분 50퍼센트를 다른 신생 기부 기업에 투자하는 데 사용할 계획이라고 말했다.[31]

하지만 마이코스키가 사모펀드에 지분을 매각해 두둑한 돈을 챙겼기 때문이었을까? 켄타로 토야마는 『기술 중독 사회』(2016)에서 "탐스는 자사가 '신발 없이 자라는 아이들이 겪어야 할 고난'을 해결하기 위해 헌신하고 있다고 자랑스럽게 알리지만, 실제로 고객이 무엇에 돈을 지불하는지에 매우 비공개적인 태도를 보인다"면서 다음과 같이 비판했다.

"우리고 알고 있는 것이라고는 최근 마이코스키가 자기 지분의 50퍼센트를 베인 캐피탈에게 팔기로 합의함에 따라 지금껏 유일한 소유자이자 최고경영자로서 자신이 지급받은 급여 외에 추가로 3억 달러를 더 받을 것이라는 내용이다. 만일 당신이 비영리단체에 50달러를 기부했는데, 그중 10달러가 본래 목적에 쓰이고 10달러는 당신에게 감사의 표시로 되돌려주며 나머지 30달러는 해당 단체의 사무총장이 받을 수백만 달러의 상여금으로 쓰인다고 생각하면 아마도 화가 날 것이다. 하지만 이것이 탐스의 비즈니스 모델이다. 창업자는 이 모델을 통해 충분한 수익도 확보하고, 이상해 보이지만 사회운동가의 영웅으로 묘사된다."[44]

이어 토야마는 "어쨌든 탐스는 사회적 책임을 갖춘 신발 회사다. 물론 마이코스키는 통찰력 있는 기업가이며, 자신의 재산의 일부를 자선단체에 기부한 것은 칭찬받아 마땅하다. 그러나 그렇게라도 하지 않으면 탐스가 나이키와 다르다고 할 만한 게 없다. 왜냐하면 두 회사 모두 신발의 원래 가치보다 비싼 가격표를 붙여 브랜드에 민감한 소비자에게 팔고, 개발도상국의 값싼 노동력을 이용해 회사 임원에게 많은 보수를 주고, 수익의 일부를 자선 목적에 사용하기 때문이다(나이키의 경우, 비영리 단체인 나이키재단에 기부한다)"면서 다음과 같이 말했다.

"그러나 탐스는 한술 더 떠서 사람들로 하여금 마치 회사의 주목적이 자선인 것처럼 오해하게 하여 사람들의 선의를 다른 방향으로 흐르게 할 수 있다. 사람들은 아주 작은 것일지라도 자신이 과거에 좋은 일을 했다고 생각함으로써 미래의 무관심을 정당화하려는 경향이 있는데, 심리학자들은 이를 두고 '도덕적 자기 허용moral self-licensing effect'이라 부른다. 따라서 탐스의 많은 고객들은 보다 가치 있는 활동을 아껴서 행할 수 있는 기회를 얻는다. 이는 나이키에서 신발을 샀다면 할 수 없는 일이다. 나이키도 자사의 사회적 책임 기구를 운영하지만 자화자찬하는 경우는 그리 많지 않다. 무엇보다 위험한 것은 사회적 자기 허용이 광범위해지는 것이다. 탐스와 같이 자신의 활동을 크게 선전하다 보면, 우리 사회가 계몽된 소비주의로써 세계 문제를 해결할 수 있다는 잘못된 믿음에 빠질 수 있다."[33]

소비자들의 '도덕적 자기 허용'과 '계몽된 소비주의'까지 마이코스키에게 책임을 물어야 하는지는 의문이지만 토야마가 골치 아픈 주장을 한 것만은 부인할 수 없을 듯하다. 그간 마이코스키가 신발을 팔아 이윤을 남기는 경영자가 아닌 나눔 실천을 전파하는 게 자신의 역할이라고 강조하는 등 자신을 기업가가 아닌 사회사업가로 포지셔닝해온 것 또한 사실이니 말이다.[34]

이런 점에서 보자면 토야마의 비판이 일리가 없는 것은 아니다. 하지만 사람들은 기본적으로 자신이 세상을 변화시킨다는 기분을 느끼고 싶어 하는 성향을 가지고 있으며, 제품 소비를 매개로 해서나마 그런 심리를 충족하고자 하기에 마이코스키는 사회적 가치를 추구하면서 이윤을 극대화하는 전략을 효과적으로 구사한 대표적 기업가로 기억될 가능성이 크다고 보아야 하지 않을까?

"킥스타터는 사람들이 열망하는 것을 만들어나가는 큰 공동체다"

얀시 스트리클러

크라우드 펀딩의 대명사가 된 킥스타터

페블 테크놀로지Pebble Technology를 창업한 에릭 미기코브스키Eric Migicovsky는 2012년 4월 11일 한 크라우드 펀딩crowd funding 사이트에서 자신이 구상하고 있던 제품 개발 비용 마련을 위해 10만 달러 모금을 목표로 캠페인을 진행했다. 그가 개발하고자 한 상품은 저전력 특수 LCD 화면을 탑재해 네트워크 기능이 가능하고 프로그래밍이 가능한 스마트워치였다. 그간 투자자들에게 자신의 아이디어를 제시하면서 투자를 권유했지만 번번이 거절당한 상태에서 마지막으로 지푸라기라도 잡는 심정으로 크라우드 펀딩 사이트에서 도전에 나선 것이다.

그런데 이게 웬일인가? 미키코브스키는 크라우드 펀딩 사이트에서 캠페인을 시작한 지 불과 2시간 만에 목표 금액인 10만 달러를 달성했을 뿐만 아니라 5월 18일까지 5주 동안 진행한 캠페인을 통해 총 1,026만 달러를 모금하는데 성공하는 기적을 경험한 것이다. 페블이 제작한 스마트워치는 이 크라우드 펀딩 사이트에서 3번 펀딩을 진행했는데 총 4,000만 달러 이상의 금액을 모았다.[1]

미기코브스키에게 이런 기적을 선사한 곳은 이후 크라우드 펀딩 플랫폼의 대명사가 되는 킥스타터Kickstarter였다. 비단 미기코브스키뿐만 수많은 사람과 스타트업이 킥스타터에서 이런 기적을 경험했다. 예컨대 2012년 5월 현재 1만 개가 넘는 프로젝트가 애초 설정한 목표 금액을 모금하는데 성공했으며, 10만 달러가 넘는 기부를 받은 물리적 제품 제조 프로젝트는 약 20여 개에 달했다.[2] 2013년 현재 7개 대륙 214개국에서 300만 명이 다양한 프로젝트를 후원했는데, 실제 투자로 이어진 프로젝트는 1만 9,911개, 투자 금액은 총 4억 8,000만 달러에 이르렀다.[3] 2017년 현재 100만 달러 이상 펀딩에 성공한 프로젝트는 총 70여 개에 달했다.[4]

대체 킥스타터는 어떤 매력을 가지고 있었기에 이런 기적을 일으킬 수 있었던 것일까? 킥스타터는 개인이나 기업을 소액 투자자들이 후원할 수 있도록 연결해주는 플랫폼이다. 크라우드 펀딩엔 특정 프로젝트에 소요될 비용을 모금하는 후원형, 사업 자금을 받는 대신 회사 지분을 주는 기업 투자형, 불특정 다수에게 돈을 빌리는 대출형 등이 있는데, 이 가운데 킥스타터는 후원형에 해당한다.[5]

킥스타터에서 자금을 조달하는 과정은 다음과 같다. 기발한 프로젝트나 제품 개발 아이디어가 있는 사람이나 회사는 킥스타터에 제품에 대한 내용이 담긴 게시물이나 사진 동영상을 올린다. 이때 프로젝트를 실현하기 위한 목표 모금액과 기한도 함께 명시한다. 후원자는 이를 보고 기부를 결정하는데, 목표 금액이 달성되면 후원이 이루어지지만 만약 기한 안에 목표 모금액을 채우지 못하면 프로젝트는 무산되며 후원자의 계좌에서 돈도 빠져나가지 않는다.

킥스타터에서는 후원자의 기부금 약정에 대해 '기부donate'나 '투자invest' 대신 '서약pledge'이라는 단어를 사용하는데, 이는 기간 내에 목표액에 도달하면 약속한 돈을 내겠다는 의미에서다.[6] 결제는 아마존 페이먼트Amazon Payment를 통해 이루어진다. 킥스타터는 기부금의 5퍼센트를 수수료로 받으며, 아마존은 3~5퍼센트의 결제 수수료를 챙긴다.

킥스타에서의 자금 모집 활동은 캠페인campaign이라 하며 후원자는 배커backer라 한다.[7] 배커는 서약에 대한 대가로 약정 수준에 따라서 차등적으로 프리미엄을 제공받는다. 제품 출시 이전에 제품을 미리 받는다든가 실제 제품의 최종 버전을 받는다든가, 혹은 제품 출시 행사에 참가한다든가 하는 식이다. 또 투자 액수에 따라 '나는 이 제품을 지지한다'는 문구가 새겨진 티셔츠를 받거나 영화나 음반의 '서포터'로 등록되기도 한다. 자신이 후원한 회사에 방문해서 하루 종일 개발자들과 함께 시간을 보낼 수도 있으며, 자신만을 위해 맞춤 디자인된 제품을 받기도 한다.[8]

프리랜서 록 평론가에서 기업가로

킥스타터의 CEO 얀시 스트리클러Yancey Strickler는 미국의 버지니아주의 매우 보수적인 기독교 집안에서 태어났다. 아버지는 가구 판매원이자 음악가였고 어머니는 비서였다. 어린 시절 그의 유일한 관심사는 책이었다. 윌리엄 앤 메리대학에서 영문학과 문화 연구를 복수 전공했다. 훗날 스트리클러는 "자신은 결코 기업가가 되고 싶지 않았다"면서 "창조적인 글쓰기"만이 자신의 유일한 관심사였다고 말했다. 대학 시절 「쇠스랑Pitchfork」이라는 글을 쓰기도 했다. 대학을 졸업한 2000년 작가가 되기 위해 뉴욕으로 이주했다.[9]

라디오 뉴스 서비스의 작가를 시작으로 프리랜서로 다양한 글쓰기를 진행했는데, 그는 이 시절을 일러 '자아를 죽이는 교육'을 받은 시기라고 했다. 창의적이고 자신만의 색깔이 묻어나는 글은 상업적이지 않다는 이유로 쓰지 못했다는 이유 때문이다. 『빌리지 보이스Village Voice』, 『시티 페이지City Pages』, 『스핀Spin』, 『엔터테인먼트 위클리Entertainment Weekly』, 『뉴욕 매거진New York Magazine』 등 다양한 매체에서 프리랜서로 락 음악 평론가로 활동했지만 스트리클러는 스스로 자신은 별 재능이 없는 평론가였다고 말한다.

스트리클러는 락 음악 평론가로서 자신이 가졌던 가장 뛰어난 장점은 기이한 이름이라고 말한다. 이름이 특이해서 독자들이 자신을 기억했을 것이라는 이유에서다.[10] 2007년 음반 회사 eMusic Selects를 공동 창립해 다양한 인디 밴드의 데뷔 앨범을 출시하기도 한 그는 이 시절 『eMusic.com』의 편집장으로도 활동하며 『야드 워크Yard Work』라는 온라인 야구 잡지를 발행하기도 했다.[11]

2005년 스트리클러는 브런치를 먹으러 자주 들렀던 브루클린의 다이너Diner라는 힙스터 식당에서 킥스타터 공동 창업자 페리 첸Perry Chen을 만났다. 첸은 킥스타터에 대한 최초 아이디어를 제시한 사람으로, 첸이 크라우드 펀딩 형식의 킥스타터를 제안한 것은 순전히 개인적 경험 때문이었다. 음악과 미술 애호가이자 전자음악 제작자로 뉴올리언스 프렌치쿼터에 거주하고 있던 첸은 2001년 말 이듬해 있을 재즈 페스티벌에 오스트리아 DJ 크루더Kruder와 도르프마이스터Dorfmeister를 초청해 DJ 콘서트를 열 꿈을 꾸고 있었다.

하지만 한 가지 문제가 있었다. 그건 바로 콘서트를 열기 위해선 장소 대관과 장비 섭외로 1만 5,000달러의 선불금이 필요하다는 것이었다. 비용 때문에 결국 콘서트를 열지 못했지만 이후로도 계속해서 이 문제를 고민하던 첸은 콘서트를 열기 전에 관객에게 티켓을 판매하되 만약 판매 수입으로 콘서트 비용을 감당할 수 없다면 콘서트를 취소하고 돈을 돌려주면 어떨까 하는 생각을 가지고 있었다.[12]

자본이 부족해 창의력을 구현할 수 없다는 아픔을 공유하고 있었기 때문일까? 첸의 아이디어를 들은 스트리클러는 웹의 대중화로 프로젝트 추진비를 미리 모금할 수 환경이 마련되었다는 점에 주목하고 첸이 떠올린 개념을 현실에서 적용해보기로 했다. 시장의 상업적 논리에 뜻을 굽히지 않고 창의성을 발휘하고자 하는 예술가들에게 기회를 주는 동시에 대중들에게도 기존 시장에서는 경험하지 못한 새로운 음악과 문화를 즐길 수 있는 기회를 제공하자는 게 이들의 구상이었다.

사업을 구상한 후 웹 디자이너로 대중음악을 인터넷 스트리밍으로 제공하는 찰스 애들러Charles Adler까지 합류했지만 사이트 개설까지는 다시 4년이 더 걸렸다. 창업 멤버 가운데 개발자가 없었기 때문이다. 2008년 어렵게 20만 달러를 조달해 개발자를 고용하고 서버 비용을 마련한 후 이들은 2009년 4월 28일 킥스타터를 출범시켰다.[13]

킥스타터는 "미래에 투자하는 선구적 모금 시스템"

킥스타터가 최초로 펀딩을 받은 것은 '몇 달러에 그림 그려주기 Drawing for Dollars' 프로젝트였다. '몇 달러만 내면 당신이 원하는 그림을 그려주겠다'는 프로젝트였다. 2009년 5월 시작된 이 프로젝트의 목표 금액은 20달러였는데, 8일 만에 3명의 후원자에게서 35달러를 받아 이 프로젝트를 완성했다. 스티리클러는 이 프로젝트를 킥스타터에서 진행한 프로젝트 가운데 가장 애착을 느끼는 프로젝트로 생각하고 있는데, 그건 이 프로젝트가 "킥스타터가 괜찮은 아이디어고 실행가능하다는 걸 증명해준 일종의 증표 같은 케이스"가 되었기 때문이다.[14]

2009년 한 달 투자 금액이 평균 3,900달러에 불과했던 킥스타는 2011년부터 가파르게 성장했다. 2010년 3월 100만 달러 정도였던 월간 모금액은 2011년 3월 700만 달러로 뛰어올랐으며, 월간 2,000여 개의 캠페인이 달성되었다. 킥스타터 캠페인의 모금 성공 비율도 43퍼센트에 달해, 2만 371개 프로젝트 중 7,496개가 성공했다. 2011년부터 2년간 거둔 모금액은 5,300만 달러에 달했는데, 이 가운데 4,600만 달러가 예술가에게 전해져 실제 모금액의 전달률은 85퍼센트를 상회했다. 이는 창업시절이 예상한 5퍼센트 내외의 성공률을 훨씬 벗어넘은 것이었다.[15]

얀시 스트리클러

이런 놀라운 성과를 발판 삼아 킥스타터는 미디어가 주목하는 플랫폼으로 부상했다. 예컨대 2011년 5월 18일 CNN의 간판 프로그램인 〈앤더슨 쿠퍼 360°〉는 킥스타터를 집중 조명하며 "하나의 꿈이 또 다른 꿈을 현실로 만들고 있다"고 했다. CNN과 IT 전문지 『와이어드』, 『뉴욕타임스』 등도 특집 기사를 쏟아내며 킥스타터를 두고 "패러다임의 변화"이며 "미래에 투자하는 선구적 모금 시스템"이라고 극찬했다.[16]

이런 현실에 고무되었던 것일까? 공동 창업자 첸은 2012년 11월 샌프란시스코에서 열린 '기가옴 로드맵 콘퍼런스'에서 세상에는 수익을 낼 순 없어도 가치 있는 프로젝트는 얼마든지 존재하며 킥스타터는 이를 잘 보여준 플랫폼이라고 강조했다.

"킥스타터의 가장 결정적 파워는 투자라는 개념을 없앴다는 것이다. 사람들은 돈이 될 것 같은 프로젝트가 아닌, 현실화되길 원하는 프로젝트를 후원한다."[17]

특히 킥스타터는 미국의 인디예술 생태계를 흔들어놓았다.[18] 2013년 현재 킥스타터가 독립영화인들이 자금을 조달하는 주요 창구로 성장했다는 게 이를 잘 시사해준다. 세계 최대 독립영화제 '선댄스'의 경우 2012년 출품작 중 무려 17편이 킥스타터를 통해 제작비를 구한 것으로 나타났으며, 무용·만화·음악·요리·출판 등에서도 비슷한 양상이 벌어졌다. 홈페이지에 적힌 문구처럼 킥스타터는 세계인이 예술 혹은 창의적 활동과 관계 맺는 방식을 바꾸고 있었던 것이다.[19]

대체 어떻게 해서 이런 일이 가능했던 것일까? 그건 이른바 개미들의 힘 때문이었다. 킥스타터는 단돈 1달러부터 기부를 할 수 있도록 했는데, 2010년부터 2011년까지 킥스타터를 통해 후원에 나선 사람들의 숫자는 무려 59만 1,773명에 달했다. 이 가운데 7만 9,658명은 2회이상 후원에 나선 정기 후원자인 것으로 나타났다. 개미들의 힘이 모여10만 달러가 넘는 프로젝트도 모금에 성공하는 일이 발생했음은 물론이다.[20]

자금 조달 행위를 게임처럼 만든 킥스타터의 마법

개미들의 동참을 이끌어낸 원인으로는 이른바 '모 아니면 도All or Nothing' 식으로 이루어지는 킥스타터만의 독특한 펀딩 방식이 주요한 요인으로 거론되었다. 앞서 말했듯, 킥스타터는 정해진 기간에 목표 금액을 달성하지 못하면 펀딩이 무산되는 방식을 채택했다. 그런데 바로이 방식이 후원자들로 하여금 프로젝트 성과를 공유하면서 마치 게임을하는 듯한 스릴을 느끼도록 해 열광적인 참여를 이끌어냈다는 것이다.[21]

예컨대 세라 돕Sarah Dopp은 웹 커뮤니티 블로그 '컬처 컨덕터Culture Conductor'에서 "킥스타터의 마법은 자금 조달 행위를 게임"으로 만들었다는 데에 있다고 했다.[22] 스트리클러 역시 '모 아니면 도' 식의 펀딩방법이 "게임처럼 프로젝트의 성과를 기다리며 스릴을 만끽할 수 있고참여한 사람들이 목표 달성을 위해 널리 알리려는 노력도 하"는 원인으로 작용했다며 "킥스타터 성장의 결정적인 원동력이 됐다"고 했다.[23]

조너선 프룻킨Jonathan Frutkin은 『고객이 열성 주인이 되는 소셜네트워크 시대』(2014)에서 킥스타터의 성공을 미국인의 이른바 '아메리칸드림'과 연결시켜 해석한다. 미국인들은 어린 시절부터 성공담에 대한 이야기를 들으면서 성장하기 때문에 성공 스토리에 열광할 뿐만 아니라 성공을 추종하고 응원하는 문화를 가지고 있는데, 이런 문화가 킥스타터의 펀딩 방식과 궁합이 잘 맞아떨어졌다는 게 프룻킨의 견해다.[24]

애초 킥스타터는 대기업들이 관심을 보이지 않을 만한 음악, 영화, 예술, 연극, 만화, 패션 등을 제작하려는 사람들을 지원하기 위해 탄생했지만 엔터테인먼트 분야뿐만 IT 기기 개발, 사회 혁신 같은 분야에서도 영향력을 행사했다. 특히 제조 분야에서 거둔 성과 역시 놀라웠다. 킥스타터를 두고 스타트업 기업의 '창업 인큐베이터'로 자리매김 했다는 평가까지 등장했다는 게 이를 잘 시사해준다. 이와 관련해 크리스 앤더슨은 『메이커스』(2013)에서 킥스타터가 스타트업 기업의 3가지 문제를 해결해주었기에 이런 마법 같은 상황이 연출되었다고 말한다.

첫째, 기업가들이 제품을 생산하기 이전에 매출을 올리게 해준다. 기업을 창업하는 사람들은 제품 개발과 제조에 드는 비용을 충당하기 위해서 처음에 투자를 유치해야 하는데, 킥스타터는 제품을 출시하기도 전에 선판매할 수 있도록 해줌으로써 스타트업 기업가들이 벤처 캐피탈리스트나 은행에 의존하지 않아도 필요한 시기에 돈을 조달할 수 있게 해주었다는 것이다.

둘째, 킥스타터는 소비자들의 커뮤니니 역할을 하면서 소비자들이 프로젝트를 후원하는 동시에 제품을 선구매하도록 하는 것 이상의 역할을 한다. 스타트업은 후원자들에게 제품 생산 진행 상황을 알려주고 후원자들은 토론과 아이디어 제안으로 스타트업에 피드백을 주는데, 이런 과정을 통해 후원자들은 프로젝트 참여 의식을 고양하는 한편 제품을 적극 홍보도 하는 마케터가 됨으로써 제품의 성공 확률을 높인다는 것이다.

셋째, 스타트업 기업에게 가장 중요한 시장 조사 서비스를 제공한다. 킥스타터에서 목표 모금액도 채우지 못한 제품이라면 출시해봤자 실패할 확률이 높은데, 제품을 개발하고 제조하기 전에 손실 위험 없이 소비자 반응을 살펴볼 기회를 제공함으로써 대다수 스타트업이 얻지 못하는 귀중한 기회를 얻을 수 있다는 것이다.[25]

"획일적 문화는 '꺼지라' 하세요"

2014년 3월 25일(현지시각) 스트리클러는 미국 솔트레이크 솔트팰리스컨벤션센터에서 열린 '어도비 디지털 마케팅 서밋Adobe digital marketing summit'에서 기조연설자로 나서 "킥스타터는 사람들이 열망하는 것을 만들어 나가는 큰 공동체입니다"라고 말했다. 그는 또 "신명나는 아이디어로 제작된 제품들은 단순한 소비재가 아니다. 모금 과정이 하나의 이야깃거리와 문화가 된다"면서 "이 과정에서 아이디어를 누군가와 함께 키운다는 소속감과 함께 제품에 대한 충성도가 높아지는 효과를 얻는 1석3조의 효과가 있다"고 강조했다.[26]

2014년 사회적 기업을 의미하는 비 코퍼레이션B corporation 인증을 받았던 킥스타터는 2015년 9월 20일(현지시간) 주식회사inc.에서 사회적 기업Public benefit corporation · PBC으로의 전환을 선언했다. 킥스타터는 사회적 기업으로의 전환은 아주 자연스러운 수순이라고 설명했다. 킥스타터의 미션을 '창의적인 생각을 실현시키는데 도움을 주는 것'으로 설정한 것처럼 "처음부터 기업의 미션 자체가 이윤 추구보다는 사회에 긍정적인 영향을 미치는 것이었"기에 "이번 기업 형태의 전환은 자연스러운 수순"이라는 것이었다.

이와 관련해 공동 창업자 첸은 "우리 회사의 가치를 문서에만 기록하는 것과 법적으로 사회적 기업으로 진화하는 것은 엄청난 차이가 있다"고 강조했다. 대외적으로 사회적 기업으로 인정받아 본격적으로 사회에 긍정적인 영향을 미치는 일을 하고 싶다는 게 첸이 밝힌 포부였다.[27]

킥스타터는 2015년 10월 6일 시리아 난민을 돕기 위한 후원 페이지를 개설함으로써 사회적 기업으로서의 첫 삽을 떴다. 이 프로젝트는 미국 정부의 제안으로 시작되었는데, 이와 관련해 스트리클러는 "킥스타터는 창의적인 창작물을 위한 모금 활동을 주로 진행했다"며 "정부에서 연락이 왔을 때 이번 프로젝트는 도와야한다고 생각해 동참했다"라고 말했다. 기존 후원 프로젝트에서는 수수료 5퍼센트를 받았던 킥스타터는 이 프로젝트를 위해 수수료 전액을 시리아 난민 후원금으로 쓰기로 했으며, 목표 금액을 모두 달성했을 때만 후원금을 전달하던 과거와 달리 그 조건도 없애고 후원금 모두를 유엔난민기구 미국 지사에 전달하겠다고 밝혔다.[28]

자본 논리에 의해 좌우되는 산업 환경을 극복하려는 취지에서 시작했기 때문일까? 킥스타터가 가장 혐오하는 것은 획일화로, 이런 철학은 'F*** the monoculture(획일 문화에 반대)'로 명징하게 나타내고 있다.[29] 스트리클러 역시 이런 철학을 자주 강조한다. 예컨대 그는 2015년 11월 4일 영국 『가디언』과 인터뷰에서 킥스타터는 획일적 가치를 배제하고 문화적 다양성을 추구한다고 강조했다. 그는 "초창기부터 우리는 모두 회사를 판매하지도, 주식 상장을 하지도 않겠다고 맹세했다"면서 "우리와 생각이 같은 사람들은 단순히 살아남거나 부자가 되는 것 이상의 뭔가를 하길 원한다"고 했다.

이어 그는 획일적 가치는 자본 논리에 의한 '이윤 극대화'의 논리에서 비롯되고 있다고 지적한 후 "세상이 오직 이윤 극대화의 원칙에 따라서만 운영된다면 특히 문화에 독이 될 것"이라면서 "우리는 문화적 다양성을 위해 싸울 필요가 있다"고 강조했다.[30] 그는 2016년 11월 한국에서 열린 '헤럴드디자인포럼 2016'의 기조연설에서도 창조성과 다양성이 결국 '더 나은 세상'으로 우리를 이끌 것이라면서 "우리의 목표는 다양한 사람들이 다양한 삶을 영위하도록 돕는 것입니다. 획일적 문화는 '꺼지라' 하세요"라고 했다.[31]

킥스타터를 매개로 "세상은 더 나아질 것"

2016년 현재 킥스타터에는 음식, 게임, 언론, 사진, 출판 등 15개 다양한 분야의 프로젝트가 돌아가고 있다. 펀딩 금액 기준으로는 디자인, 게임, 테크놀로지 분야 지원이 가장 활발하게 이루어지고 있다. 전 세계에 퍼져 있는 후원자는 약 1,180만 명에 달하며, 그중 373만 명은 2개 이상의 프로젝트를 후원하고 있다.[32]

킥스타터가 유발한 경제적 효과도 상당한 것으로 나타났다. 미국 펜실베이니아대학 와튼 스쿨의 에단 몰릭Ethan Molick 교수가 2009년부터 2015년까지 킥스타터에서 이루어진 6만 1,654의 성공적인 프로젝트를 분석해 2016년 7월 11일(현지시간) 펴낸 보고서를 보면, 킥스타터는 8,800개의 새로운 회사와 비영리단체를 탄생시켰으며, 2만 9,600개의 정규직과 28만 3,000개의 비정규직 및 아르바이트 일자리를 생산해 약 5억 3,000만 달러의 경제적 효과를 창출했다.

창작자들 역시 킥스타터에 크게 만족하고 있었다. 창작자들 중 37퍼센트가 킥스타터에서 한 프로젝트가 자신들의 경력에 도움이 되었다고 답했다. 또 21퍼센트의 창작자들은 프로젝트를 성공적으로 완수한 후 더 많은 수익을 내기 시작했다고 했으며, 몇몇의 영화 제작자, 음악가, 작가, 비디오게임 제작자들은 프로젝트 진행 후 더 좋은 계약을 하게 되었다고 답했다. 18퍼센트는 취직이 되었고, 7퍼센트는 자신의 직업을 바꾸는데 도움이 되었다고 했다.[33]

이런 현실에 고무된 것일까? 스트리클러는 킥스타터는 "후원자들이 자신이 생각하는 더 나은 사회 혹은 문화를 만들기 위해 자신의 뜻을 펼쳐줄 수 있는 크리에이터(예술가)를 지원"하도록 돕고 있다며 킥스타터를 통해 "세상은 더 나아질 것"이라고 말한다. 특히 그는 후원자들이 후원을 통해 자긍심을 느끼는 것은 물론 실제 프로젝트에 참여하면서 '공동체'적 경험을 한다는 데 주목하고 있다고 강조했다.

"후원자와 크리에이터로 이뤄진 커뮤니티에서는 사실 하나의 아이디어로 뭉친 사람들이라고 볼 수 있다. 이들은 대단히 희망적이고 낙관적 분위기를 만들며 다음 세대가 나아가야 할 방향에 대해 고민한다."[34]

킥스타터를 매개로 한 성공 스토리가 워낙 강렬하기 때문에 대중은 성공담에만 주목하고 있지만 스트리클러는 실패한 프로젝트에 관한 통계도 꼼꼼하게 정리하는 등 성공한 프로젝트만큼이나 실패한 프로젝트도 중요하게 간주하고 있다. 이유는 단 하나, 킥스타터가 '성공으로 가는 가장 빠른 길은 실패하는 것'이라는 신조를 가지고 있기 때문이다. 2017년 12월 현재 킥스타터에선 13만 6,000여 개의 프로젝트가 성공했으며, 실패한 프로젝트는 성공한 프로젝트의 두 배에 가까운 24만 3,972건에 달한다. 자금을 아예 조달하지 못한 프로젝트도 20퍼센트(5만 3,288건)에 달한다.[35]

목표 금액 모금에 성공한 프로젝트 개설자가 잠적하는 사건이 발생하는 등 부작용도 적지 않게 발생했지만,[36] 자본 논리 때문에 빛을 발하지 못하고 사라질 뻔한 수많은 기발한 아이디어들을 세상과 만나게 해주었다는 점에서 킥스타터의 의미는 적지 않을 것이다. 창조성과 다양성을 강조하며 공익적 활동을 통해 세상을 바꾸어나가겠다는 킥스타터의 질주가 언제까지 이어질지 지켜보기로 하자.

주

Chapter 1 <u>도전을 하는 설계자들</u>

레이쥔

김경미, 「국내 상륙한 '대륙의 실수'…'실력'으로 국산 가전 위협」, 『중앙선데이』, 제436호 (2015년 7월 19일).

성현석, 「'대륙의 실수' 샤오미, '대륙의 실력'이 되다」, 『프레시안』, 2015년 10월 28일; 김선영, 「[토마토칼럼] 이젠 '대륙의 실수' 아닌 '대륙의 실력'」, 『토마토뉴스』, 2015년 8월 10일.

손재권, 「한국은 요즘 '샤오미제이션'」, 『매일경제』, 2015년 6월 30일.

송지혜, 「모두들 '샤오미'하고 있습니까」, 『시사IN』, 제413호(2015년 8월 18일).

김영훈, 「[노트북을 열며] 샤오미의 좁쌀과 소총」, 『중앙일보』, 2015년 10월 22일; 남윤선, 「[취재수첩] 씁쓸한 샤오미 열풍」, 『한국경제』, 2015년 12월 9일.

손재권, 앞의 기사.

구자윤, 「샤오미 CEO "샤오미, 중국산 이미지 바꾸고 있다"」, 『파이낸셜뉴스』, 2015년 12월 16일.

후이구이, 이지은 옮김, 『샤오미 CEO 레이쥔의 창업 신화』(느낌이있는책, 2014), 27쪽; 허옌, 정호운 · 정세경 옮김, 『샤오미 insight』(예문, 2014), 43쪽.

후이구이, 이지은 옮김, 앞의 책, 59, 15~17쪽; 허옌, 정호운 · 정세경 옮김, 앞의 책, 43쪽; 정혜인, 「[창간 4주년/ 중국 IT 선도하는 五福星] 레이쥔 샤오미 CEO "아이폰 등장 충격"…스마트폰 제조 결심」, 『이투데이』, 2014년 10월 1일.

10 후이구이, 이지은 옮김, 앞의 책, 28쪽; 허옌, 정호운·정세경 옮김, 앞의 책, 44쪽.

11 후이구이, 이지은 옮김, 앞의 책, 55쪽.

12 허옌, 정호운·정세경 옮김, 앞의 책, 56쪽; 이나리, 「[세상 바꾸는 체인지 메이커] 가격 거품 뺀 스마트폰 히트…거대한 '좁쌀'로 변신 〈36〉 중국 샤오미 창업자 레이쥔」, 『중앙선데이』, 제 383호(2014년 7월 13일).

13 후이구이, 이지은 옮김, 앞의 책, 178~179쪽; 허옌, 정호운·정세경 옮김, 앞의 책, 23쪽.

14 허옌, 정호운·정세경 옮김, 앞의 책, 50쪽; 후이구이, 이지은 옮김, 앞의 책, 195쪽.

15 김영훈, 앞의 기사.

16 후이구이, 이지은 옮김, 앞의 책, 299쪽; 박병종, 「중국 IT산업 이끄는 TABX…作名의 힘」, 『한국경제』, 2014년 9월 27일, A2면.

17 허옌, 정호운·정세경 옮김, 앞의 책, 76쪽; 후이구이, 이지은 옮김, 앞의 책, 299쪽.

18 후이구이, 이지은 옮김, 앞의 책, 354쪽.

19 허옌, 정호운·정세경 옮김, 앞의 책, 119쪽.

20 후이구이, 이지은 옮김, 앞의 책, 113쪽.

21 허옌, 정호운·정세경 옮김, 앞의 책, 43쪽; 후이구이, 이지은 옮김, 앞의 책, 24쪽.

22 후이구이, 이지은 옮김, 앞의 책, 63쪽.

23 김국헌, 「샤오미 공동창업자 레이쥔, 중국판 스티브 잡스?」, 『머니투데이』, 2012년 7월 19일; 정원교, 「[한마당─정원교] 샤오미(小米)의 최후 운명은?」, 『국민일보』, 2014년 8월 20일; 허옌, 정호운·정세경 옮김, 앞의 책, 36쪽.

24 허옌, 정호운·정세경 옮김, 앞의 책, 36쪽.

25 성현석, 앞의 기사.

26 허옌, 정호운·정세경 옮김, 앞의 책, 34쪽.

27 월터 아이작슨, 안진환 옮김, 『스티브 잡스』(민음사, 2011), 881쪽.

28 허옌, 정호운·정세경 옮김, 앞의 책, 88쪽.

29 허옌, 정호운·정세경 옮김, 앞의 책, 155쪽.

30 후이구이, 이지은 옮김, 앞의 책, 329~330쪽.

31 강준만, 「reality distortion field」, 『교양영어사전 2』(인물과사상사, 2013); 후이구이, 이지은 옮김, 앞의 책, 329~330쪽.

32 후이구이, 이지은 옮김, 앞의 책, 141~142쪽.

33 허옌, 정호운·정세경 옮김, 앞의 책, 129쪽; 장재웅, 「[동아비즈니스포럼 2015] "샤오미처럼 '대화할 만한 가치가 있는 것'을 만드는 기업이 돼라"」, 『동아일보』, 2015년 11월 20일; 후이구이, 이지은 옮김, 앞의 책, 251쪽.

34 허옌, 정호운·정세경 옮김, 앞의 책, 25쪽.

35 송시혜, 앞의 기사.

36 후이구이, 이지은 옮김, 앞의 책, 202쪽.

37 허옌, 정호운·정세경 옮김, 앞의 책, 115쪽.

38 허옌, 정호운 · 정세경 옮김, 앞의 책, 50쪽; 후이구이, 이지은 옮김, 앞의 책, 195쪽.

39 허옌, 정호운 · 정세경 옮김, 앞의 책, 184~185쪽.

벤 실버먼

1   박효주, 「쇼핑 피로 제로, 큐레이션 서비스 주목 전문 MD가 엄선한 제품만을 판매」, 『세계일보』, 2013년 1월 17일.

2   김윤경, 「차세대 SNS로 급부상하는 '소셜 큐레이션'…거품 논란도」, 『뉴스핌』, 2013년 2월 6일.

3   한석주, 「옮긴이의 말」, 사사키 도시나오, 한석주 옮김, 『큐레이션의 시대』(민음사, 2011/2012), 281~286쪽; 김윤경, 앞의 기사.

4   김대중, 『1%의 숨은 고객도 사로잡는 소셜 마케팅』(경향BP, 2012), 72쪽; 이장우, 『소셜 지용활: SNS를 제대로 이해하고 활용하는 최상의 방법』(미래지식, 2012), 174쪽; 우고운, 「美 여성들에 인기 급증, '핀터레스트'가 뭐길래」, 『조선일보』, 2012년 3월 5일.

5   김현일, 「내일은 슈퍼리치! ⑧ 수집광 소년이 만든 SNS '핀터레스트'…창업자 벤 실버맨」, 『헤럴드경제』, 2015년 3월 23일.

6   이신영, 「[Weekly BIZ] [Cover Story] 이미지로 말하기, SNS의 새 장르 열다」, 『조선일보』, 2014년 7월 5일; 김현일, 앞의 기사.

7   이상은, 「[BIZ Insight] 핀터레스트 창업 CEO 벤 실버맨, 곤충 · 우표 수집에 꽂힌 소년…이미지 수집 서비스로 대박」, 『한국경제』, 2016년 4월 29일; 김현일, 앞의 기사.

8   박평호, 「사진 공유 기반 SNS의 최강자 핀터레스트」, 『소프트웨어 스타트업 거인들의 성공이야기 63』(한스미디어, 2015), 90쪽.

9   이상은, 앞의 기사.

10 이신영, 앞의 기사.

11 박은지, 「[CEO 리포트] 페이스북 대항마 '핀터레스트'」, 『이투데이』, 2012년 4월 3일.

12 이신영, 앞의 기사.

13 김수진, 「핀터레스트가 세계 3대 SNS로 올라선 비결」, 『비즈니스포스트』, 2014년 12월 24일.

14 김현일, 앞의 기사.

15 김수진, 앞의 기사.

16 이신영, 앞의 기사.

17 김수진, 앞의 기사.

18 이상은, 앞의 기사.

19 김수진, 앞의 기사.

20 강병준, 「[미래를 만드는 사람들] 강학주 이투커뮤니케이션즈 대표」, 『전자신문』, 2012년 9월 28일.

21 이신영, 앞의 기사.

22 예카테리나 월터 · 제시카 지오글리오, 박준형 옮김, 『비주얼 스토리텔링의 힘』(시그마북스,

2015), 67~68쪽.

23 Sharon Gaudin, 「새롭게 부상하는 소셜 네트워크 '핀터레스트'」, 『IT월드』, 2012년 2월 24일.

24 임정욱, 「이제는 'RT' 대신 '리핀' 시대」, 『시사IN』, 제229호(2012년 2월 9일).

25 예카테리나 월터 · 제시카 지오글리오, 박준형 옮김, 앞의 책, 68쪽.

26 이홍표, 「[글로벌 SNS 한류 대반란] 새롭게 뜨는 SNS, 뭐가 있나 '2세대' 급성장…콘텐츠 중
    요성 '쑥쑥'」, 『한국경제』, 2013년 7월 5일.

27 예카테리나 월터 · 제시카 지오글리오, 박준형 옮김, 앞의 책, 69~70쪽.

28 클라이브 톰슨, 이경남 옮김, 『생각은 죽지 않는다: 인터넷이 생각을 좀먹는다고 염려하는 이
    들에게』(알키, 2015), 316쪽.

29 조정은, 「[싱크탱크] "핀터레스트, 쇼핑 공식을 바꾼다"」, 『이투데이』, 2013년 7월 9일.

30 하제헌, 「[글로벌 라운지] 핀터레스트는 차세대 소셜 미디어가 될 수 있을까」, 『중소기업뉴
    스』, 제2091호(2016년 10월 12일).

31 유병률, 「욕망을 채우는 이곳, 핀터레스트의 성공 이유」, 『머니투데이』, 2014년 2월 18일.

32 정선미, 「미국인이 가장 싫어하는 SNS 서비스 1위는?」, 『조선일보』, 2014년 7월 23일.

33 권상희, 「[컴퍼니 리뷰] 〈37〉 핀터레스트」, 『전자신문』, 2016년 8월 21일.

34 안희정, 「핀터레스트, '구매 버튼' 눌러 직접 제품 산다」, 『지디넷코리아』, 2015년 7월 1일; 권
    상희, 「맘에 드는 가방 봤다면 사진만 찍으면 OK」, 『전자신문』, 2016년 6월 29일.

35 김경윤, 「"저 옷 어느 브랜드지?" 사진 찍어 올리면 찾아준다」, 『연합뉴스』, 2016년 6월 29일.

36 이강민, 「미국 온라인 쇼핑, SNS 중심으로 진화 중…핀터레스트 '비주얼 서치' 주목」, 『IT
    NEWS』, 2016년 7월 24일.

37 이상은, 앞의 기사.

38 예카테리나 월터 · 제시카 지오글리오, 박준형 옮김, 앞의 책, 68쪽.

제임스 다이슨

1 조은아, 「'날개 없는 선풍기' 다이슨社 아시나요?」, 『동아일보』, 2010년 7월 2일; 김현예, 「날
   개 없는 선풍기 판매…'정용진 트위터' 덕?」, 『한국경제』, 2011년 4월 13일.

2 레인 캐러더스, 박수찬 옮김, 『다이슨 스토리: 창의와 혁신의 브랜드』(미래사, 2011), 220쪽.

3 현대경제연구원, 「다이슨: 숱한 실패를 밑천 삼는 다이슨…주머니 없는 청소기, 날개 뗀 선풍
   기 성공」, 『그들은 왜 성공한 퍼스트 무버가 되었나』(티핑포인트, 2015), 112~113쪽.

4 강인귀, 「[Book] 날개 없는 선풍기로 훨훨 날다」, 『머니투데이』, 2011년 6월 15일; 고은이, 「제
   임스 다이슨 [다이슨 CEO]: 먼지 봉투 없는 청소기, 날개 없는 선풍기로 '혁신 돌풍'…'영국의
   잡스'라 불리는 남자」, 『한국경제』, 2012년 11월 9일.

5 제임스 다이슨, 박수찬 옮김, 『계속해서 실패하라: 그것이 성공에 이르는 길이니』(미래사,
   2012), 37~38쪽.

6 제임스 다이슨, 박수찬 옮김, 앞의 책, 40~41쪽.

7   제임스 다이슨, 박수찬 옮김, 앞의 책, 39쪽.

8   박성준, 「다이슨과 그의 제품들은」, 『세계일보』, 2010년 2월 28일.

9   고은이, 앞의 기사.

10 데이비드 레스터, 김무겸 옮김, 「다이슨, 혁신은 새로운 가치를 만들어낸다!」, 『아이디어 배틀: 세계 톱 기업들의 시장 쟁탈전』(북스넷, 2010), 170~171쪽; 레인 캐러더스, 박수찬 옮김, 앞의 책, 89쪽; 조용탁, 「제임스 다이슨 다이슨 창업자 겸 수석 엔지니어-기술이 없는 혁신은 없다」, 『이코노미스트』, 2015년 3월 2일.

11 손해용, 「5126번, 실패 해봤다」, 『중앙일보』, 2015년 10월 23일; 배정원, 「[Weekly BIZ] 다이슨의 3가지 성공 방정식」, 『조선일보』, 2015년 8월 22일.

12 김성환, 「英 다이슨 진공청소기, 美 시장 '청소'」, 『파이낸셜뉴스』, 2005년 2월 25일; 정철환, 「무명 英 진공청소기 美 시장 쓸어 담는다」, 『한국일보』, 2005년 2월 25일.

13 자일스 루리, 이정민 옮김, 「5,126번의 실패가 만든 다이슨 청소기」, 『폭스바겐은 왜 고장난 자동차를 광고했을까?』(중앙북스, 2014), 186쪽; 레인 캐러더스, 박수찬 옮김, 앞의 책, 25쪽.

14 「친환경 청소기 '사이클론' 기술이 핵심」, 『전자신문』, 2009년 2월 23일; 백경일, 「[디지털포럼] 진공청소기와 싸이클론 기술」, 『디지털타임스』, 2007년 8월 27일.

15 제임스 다이슨, 박수찬 옮김, 앞의 책, 220, 222쪽.

16 이종민, 「다이슨 "실패 없는 혁신은 없다"」, 『한경비즈니스』, 2015년 2월 2일; 데이비드 레스터, 김무겸 옮김, 앞의 책, 176쪽.

17 레인 캐러더스, 박수찬 옮김, 앞의 책, 129~130쪽.

18 이종민, 앞의 기사.

19 손해용, 앞의 기사.

20 고은이, 앞의 기사.

21 현대경제연구원, 앞의 책, 113~114쪽.

22 손해용, 앞의 기사.

23 하제헌, 「[INTERVIEW] James Dyson 다이슨 설립자 겸 CTO: "더 좋은 성능과 높은 효율성, 콤팩트한 디자인으로 한국 시장 공략할 것"」, 『서울경제』, 2014년 6월 20일; 홍승완, 「다이슨 이번에도…'뺄셈의 혁신'」, 『헤럴드경제』, 2013년 11월 4일.

24 최연진, 「"디자인은 기술을 위해 존재한다"」, 『한국일보』, 2010년 6월 23일.

25 배정원, 「[Weekly BIZ] 마케팅이 왜 필요한가? 브랜딩이 왜 필요한가?…진공청소기는 먼지만 잘 빨아들이면 그뿐」, 『조선일보』, 2015년 8월 22일.

26 이종민, 앞의 기사.

27 구본준, 「'영국의 잡스' 다이슨: 5126전 5127기」, 『한겨레』, 2012년 4월 20일.

28 배정원, 앞의 기사.

29 조용탁, 앞의 기사.

30 제임스 다이슨, 박수찬 옮김, 앞의 책, 363~364쪽.

31 배정원, 앞의 기사.

32 레인 캐러더스, 박수찬 옮김, 앞의 책, 182쪽.

33 레인 캐러더스, 박수찬 옮김, 앞의 책, 49쪽.

34 레인 캐러더스, 박수찬 옮김, 앞의 책, 77쪽에서 재인용.

장 폴 아공

1 함혜리, 「[세계 일류에서 배운다–佛 '로레알'] "여성에게 마법을 걸면 '불황'이란 없다"」, 『서울신문』, 2004년 8월 24일.

2 안선희, 「이데올로기는 죽지 않았다, 다만 교묘해졌을 뿐」, 『한겨레』, 2013년 8월 11일; 뤼시앙 세브, 「묻노니, 인류에게 미래는 있는가」, 『르몽드 디플로마티크』(한국판), 제38호(2011년 11월 11일).

3 맬컴 글래드웰, 김태훈 옮김, 『그 개는 무엇을 보았나』(김영사, 2010); 금동근, 「[경제경영] 내 맘 같지 않은…'남의 속' 들춰 보기」, 『동아일보』, 2010년 3월 27일; 박철, 「지식창업 (81)–뷰티, 브랜드가 되다」, 『미래한국』, 2017년 2월 13일.

4 김민주, 「로레알」, 『MUST KNOW! 세계 100대 기업』(미래의창, 2012), 281쪽; 김현진, 「100년이 지나도 늙지 않았다…더 세련되고 똑똑해졌을 뿐」, 『조선일보』, 2009년 2월 27일.

5 함혜리, 앞의 기사.

6 홍지혜 · 신나영, 「[bnt–글로벌 뷰티] 〈2〉 영원한 뷰티 신화, 로레알 프로페셔널」, 『bnt뉴스』, 2013년 7월 29일.

7 심재우, 「"연구원만 60개국 3,000명 꾸준히 선두 지킨 비결"」, 『중앙일보』, 2007년 2월 25일.

8 이정선, 「"당신은 소중하니까요"…장 폴 아공 로레알 CEO, 공격적 M&A · 감성 마케팅으로 '뷰티 제국' 일궈」, 『한국경제』, 2015년 11월 6일.

9 이정선, 앞의 기사.

10 최보윤, 「[Weekly BIZ] "미친 가격 깨라…소비자가 쉽게 살 수 있는 혁신이 진짜 럭셔리"」, 『조선일보』, 2011년 6월 11일.

11 강유현, 「[BIZ Trend] Best Practice··60개국 출신 연구원 3,300명…R&D: 마케팅 '5:5 법칙' 지킨다」, 『한국경제』, 2010년 11월 18일.

12 강유현, 앞의 기사.

13 김현진, 앞의 기사; 홍지혜 · 신나영, 앞의 기사.

14 김현진, 앞의 기사.

15 이정선, 앞의 기사.

16 최보윤, 앞의 기사.

17 이정선, 앞의 기사.

18 이소아, 「로레알 DNA는 과학…과학은 여성을 빛으로 한다」, 『중앙일보』, 2016년 10월 28일.

19 김지미, 「로레알 CEO "화장품은 이미지만으론 성공 못해"」, 『매일경제』, 2008년 3월 9일.

20 이소아, 앞의 기사.

21 함혜리, 앞의 기사; 홍지혜 · 신나영, 앞의 기사.

22 송동훈, 「[글로벌 비즈니스] '세계 1위' 화장품 기업 佛 로레알」, 『조선일보』, 2003년 4월 21일.

23 이소아, 「'공유 뷰티'…남미 등 빈민 일자리 교육시켜 고객 10억 늘릴 것」, 『중앙일보』, 2015년
    10월 2일.

24 최보윤, 앞의 기사.

25 박영렬 · 이중우 · 박용석, 「로레알」, 『유럽 기업의 성장 전략과 경쟁력』(한국학술정보, 2013),
    198쪽.

26 이동훈, 「100년 브랜드 로레알의 성공 비결」, 삼성경제연구소, 『그들의 성공엔 특별한 스토리
    가 있다』(삼성경제연구소, 2012), 63쪽; 함혜리, 앞의 기사.

27 이동훈, 앞의 글, 61쪽.

28 이소아, 앞의 기사, 강유현, 앞의 기사.

29 박내선, 「[초일류 기업은 요즘] 세계 1위 화장품 그룹 로레알」, 『조선일보』, 2002년 9월 11일.

30 함혜리, 앞의 기사.

31 최보윤, 앞의 기사.

32 이소아, 「'공유 뷰티'…남미 등 빈민 일자리 교육시켜 고객 10억 늘릴 것」, 『중앙일보』, 2015년
    10월 2일.

33 이소아, 앞의 기사.

34 이소아, 「부동의 화장품 1위 로레알 "윤리로 무장해야 생존한다"」, 『중앙일보』, 2015년 10월 2일.

35 이소아, 「'공유 뷰티'…남미 등 빈민 일자리 교육시켜 고객 10억 늘릴 것」, 『중앙일보』, 2015년
    10월 2일.

36 이소아, 앞의 기사.

케빈 파이기

1 양성희, 「[뉴스클립] Special Knowledge 〈560〉 트랜스미디어 스토리텔링」, 『중앙일보』, 2015
   년 3월 2일.

2 양성희, 「[궁금한 화요일] TV선 인턴인 장그래…모바일선 알바생 시절도 나와」, 『중앙일보』,
   2014년 12월 23일; 정달해, 「[정달해의 엔터 인사이트] 드라마서 영화까지…웹툰 전성시대」,
   『매일신문』, 2015년 3월 6일.

3 곽명동, 「[MD 포커스] 마블 어떻게 성공했나, "유머 · 액션 · 창조성 · 휴머니티"」, 『마이데일
   리』, 2016년 11월 7일.

4 서지희, 「[글로벌 리더-케빈 파이기] ① 마블 제2전성기 이끈 '진정한 히어로'」, 『이투데이』,
   2015년 6월 11일; 「[피플 인사이드] 마블코믹스 덕후의 성공기-마블스튜디오 CEO 케빈 파이
   기(Kevin Feige)」, 『한화자산운용』; http://blog.hanwhafund.com/220470328029?Redirect=
   Log&from=postView.

5 백승재, 「[Weekly BIZ] 만화책 회사 '마블'이 화려하게 부활한 비결은?」, 『조선일보』, 2009년

2월 2일.

6 장승철, 「마블社 애니메이션 지존 군림」, 『파이낸셜뉴스』, 2003년 8월 17일; 서지희, 「[글로벌 리더-케빈 파이기] ② 영웅들의 고향…스파이더맨 · 엑스맨도 마블 출신」, 『이투데이』, 2015년 6월 11일.

7 백승재, 「[Weekly BIZ] 마블의 영광과 실패 뒤엔 영웅과 악마가 함께 있었다」, 『조선일보』, 2009년 1월 31일; 이혜진, 「미국 혁신 금융 · 디즈니가 위기의 '마블' 구해냈다」, 『서울경제』, 2014년 4월 7일.

8 박혜은, 「〈닥터 스트레인지〉 스페셜: 마블의 성공 비결 "염치없이 가져와 과감하게 내던진 다"」, 『맥스무비』, 2016년 10월 25일.

9 박경은, 「[정리뉴스] 마블 VS DC 슈퍼 히어로 입문 가이드」, 『경향신문』, 2016년 4월 27일.

10 허남웅, 「망해가다 만화처럼 세계 영화판 뒤집다」, 『시사저널』, 2014년 4월 30일.

11 이신영, 「[Weekly BIZ] [Cover Story] 마블社 CEO에게 듣는 '빅히트 영화 제작 5가지 비결'」, 『조선일보』, 2013년 11월 2일.

12 홍석재, 「마블 슈퍼 히어로의 마법에 홀리다」, 『한겨레』, 2014년 3월 28일; 김윤희, 「[빅데이터로 보는 세상-마블의 성공 비결] 트랜스미디어 전략 효과…배트맨 앞지른 아이언맨 버즈량」, 『헤럴드경제』, 2015년 10월 2일.

13 이신영, 앞의 기사.

14 현대경제연구원, 『그들은 왜 성공한 퍼스트 무버가 되었나』(티핑포인트, 2015), 60∼61쪽.

15 이동진 · 김주은 · 배연향 · 양효선 · 민세훈, 『어떻게 결정할 것인가: 경쟁의 판을 바꾼 16가지 중대한 결정들』(미래의창, 2014), 96∼97쪽.

16 이주현, 「[flash on] 로키가 인기 있는 악당이 되길」, 『씨네21』, 2013년 11월 7일.

17 김경민, 「마블스튜디오, 대변화 겪는다 "디즈니 직속으로 편성"」, 『엑스포츠뉴스』, 2015년 9월 1일; 곽명동, 「케빈 파이기, '캡틴 아메리카: 시빌 워' 예산 문제로 마블 사퇴할 뻔」, 『마이데일리』, 2015년 9월 7일.

18 이혜진, 앞의 기사; 곽명동, 「'마블의 수장' 케빈 파이기의 시대가 열린다」, 『마이데일리』, 2015년 9월 2일; 박판석, 「[Oh!lywood] 마블, 새 CEO 케빈 파이기 임명…'변화의 바람'」, 『오센』, 2015년 9월 4일.

19 이신영, 앞의 기사.

20 이소담, 「케빈 파이기 대표가 밝힌 마블스튜디오 작품 인기 이유」, 『뉴스엔』, 2013년 10월 14일.

21 김유민, 「'토르' 제작자 케빈 파이기 "한국서 최초 개봉하는 이유"」, 『티브이데일리』, 2013년 10월 14일.

22 김경주, 「[Oh!lywood] 마블 측 "마블 DNA는 유머…어두워지지 않을 것"」, 『오센』, 2015년 5월 14일.

23 심새빈, 「마블 CEO 케빈 파이기, 〈가디언즈 오브 더 갤럭시〉 12세 관람가 능급 이유는?」, 『시선뉴스』, 2017년 5월 17일.

24 김나볏, 「슈퍼 히어로의 고향 '마블' 성공 비결 엿보기」, 『뉴스토마토』, 2014년 8월 14일.

Chapter 2 질문을 하는 설계자들

예르겐 비 크누스토르프

1   데이비드 로버트슨 · 빌 브린, 김태훈 옮김, 『레고 어떻게 무너진 블록을 다시 쌓았나』(해냄, 2016), 19쪽; 류경동, 「[주목! 이기업] 〈5회〉 레고」, 『전자신문』, 2015년 2월 22일.

2   자일스 루니, 이정민 옮김, 『폭스바겐은 왜 고장난 자동차를 광고했을까?』(중앙북스, 2014), 43쪽.

3   데이비드 로버트슨 · 빌 브린, 김태훈 옮김, 앞의 책, 19쪽.

4   문요한, 『스스로 살아가는 힘: 내가 선택하고 결정하는 인생법』(더난출판, 2014), 111~112쪽.

5   정진영, 「[글로벌 리포트] '레고' 디지털 날개 달고 '훨훨'」, 『전자신문』, 2008년 3월 24일.

6   데이비드 로버트슨 · 빌 브린, 김태훈 옮김, 앞의 책, 20쪽.

7   김신회, 「김신회의 터닝포인트」 〈26〉 레고, 통제력 잃은 혁신의 역풍」, 『머니투데이』, 2013년 11월 18일.

8   데이비드 로버트슨 · 빌 브린, 김태훈 옮김, 앞의 책, 73쪽.

9   필 로젠츠바이크, 이주형 옮김, 『헤일로 이펙트』(스마트비즈니스, 2007), 22쪽; 이혜숙, 「[BIZ Insight] 후지필름과 레고, 장수 기업의 부활 비결은」, 『한국경제』, 2016년 4월 22일; 김형식, 「수익성 도마에 오른 레고」, 『머니투데이』, 2001년 12월 28일.

10 연선옥, 「14년 장수 CEO '예르겐 비그 크누스토르프'」, 『이코노미조선』, 2017년 1월 8일.

11 데이비드 로버트슨 · 빌 브린, 김태훈 옮김, 앞의 책, 102쪽.

12 데이비드 로버트슨 · 빌 브린, 김태훈 옮김, 앞의 책, 102~103쪽.

13 이혜운, 「[Cover Story] 레고 왕국 다시 쌓은 크누스토르프 CEO "5~9세 고객이 회생 아이디어 줘…팬들은 레고가 쉬워지는 걸 반대했다"」, 『조선일보』, 2016년 3월 26일.

14 데이비드 로버트슨 · 빌 브린, 김태훈 옮김, 앞의 책, 107~108쪽; 이혜운, 앞의 기사.

15 이혜운, 앞의 기사.

16 이혜운, 앞의 기사.

17 이혜진, 「레고의 화려한 부활」, 『서울경제』, 2014년 2월 16일.

18 박상주, 「[신년기획─글로벌 기업 '혁신'을 배워라] ⑦ 레고」, 『뉴시스』, 2016년 12월 28일.

19 김경준, 「블록에 쌓인 영욕의 84년…레고는 어떻게 부활했을까」, 『한국경제』, 2016년 3월 18일.

20 이성훈, 「오너 가문 외의 사람으로 첫 CEO 크누드스톱」, 『조선일보』, 2009년 6월 20일.

21 http://www.brickwiki.info/wiki/Adult_Fan_Of_LEGO.

22 http://bricksetforum.com/discussion/11594/20th-anniversary-of-the-online-lego-community.

23 데이비드 로버트슨 · 빌 브린, 김태훈 옮김, 앞의 책, 182쪽.

24 최준호, 「(신의한수) 레고, 누구나 고객이 될 수 있다」, 『뉴스토마토』, 2014년 1월 6일.

25 데이비드 로버트슨 · 빌 브린, 김태훈 옮김, 앞의 책, 250쪽.

26 데이비드 로버트슨 · 빌 브린, 김태훈 옮김, 앞의 책, 249~250쪽.

27 데이비드 로버트슨 · 빌 브린, 김태훈 옮김, 앞의 책, 182~185쪽.

28 차병석, 「[BIZ Trend] Best Practice··레고의 '유저 이노베이션'···잘 팔릴 제품은 고객이 가장 잘 안다」, 『한국경제』, 2010년 6월 3일

29 데이비드 로버트슨 · 빌 브린, 김태훈 옮김, 앞의 책, 186~187쪽.

30 존 거제마 · 에드 러바, 노승영 옮김, 『브랜드 버블』(초록물고기, 2010), 225~226쪽: 데이비드 로버트슨 · 빌 브린, 김태훈 옮김, 앞의 책, 182쪽.

31 데이비드 로버트슨 · 빌 브린, 김태훈 옮김, 앞의 책, 182쪽.

32 데이비드 로버트슨 · 빌 브린, 김태훈 옮김, 앞의 책, 29쪽.

33 남윤선, 「스토리로 쌓은 레고의 '저력'···장난감 불황 뚫었다」, 『한국경제』, 2014년 3월 5일.

34 김범석, 「레고 모으는 프렌디 "아이와 소통하고 재테크도"」, 『동아일보』, 2013년 5월 3일.

35 류경동, 앞의 기사.

36 이보라, 「레고, 첫 외국인 CEO 발탁···부진 타개 목적」, 『머니투데이』, 2016년 12월 7일.

37 데이비드 로버트슨, 연선옥, 「레고가 만드는 '블록 없는 세계'」, 『이코노미조선』, 2017년 1월 8일.

마화텅

1 이인묵, 「美 'TGiF(Twitter · Google · iphone · Facebook) 제국' 위협하는 中 '인터넷 삼총사' BAT(Baidu · Alibaba · Tencent)」, 『조선일보』, 2014년 3월 24일; 손해용, 「중국 'BAT'의 습격···한국 넘어 미국 'TGIF' 넘본다」, 『중앙일보』, 2014년 7월 9일.

2 박창영, 「[Biz Focus] 中 B · A · T, 널린 아이디어를 '자기 것' 만들어 성공」, 『매일경제』, 2015년 9월 18일.

3 유채원, 「명함 교환 대신 위챗 QR코드 찍는 중국인들」, 『과학기술정책』 25(5), 10~13쪽.

4 정주용, 「[창간 특집 텐센트 2] 수십 조 총알, 2년 40곳 인수합병 '블랙홀'」, 『한국경제』, 2015년 3월 11일.

5 이경래, 「[차이나리포트] 중국의 야심찬 '인터넷+' 전략」, 『디지털타임스』, 2015년 7월 10일.

6 조윤선, 「[중국 양회] '인터넷 플러스' 시대 선도자 텐센트 마화텅」, 『뉴스핌』, 2015년 3월 9일; 심윤희, 「[매경포럼] 중국의 ICT굴기」, 『매일경제』, 2015년 12월 7일.

7 조윤선, 앞의 기사; 최서윤, 「[글로벌 IT기업 성공 스토리] ① '인터넷 대통령' 마화텅, '펭귄 제국' 건설하다」, 『아주경제』, 2016년 1월 25일.

8 양홍전, 정세경 옮김, 『중국의 장사꾼들: 세계 최고 장사꾼은 무엇이 다른가』(카시오페아, 2015), 283쪽; 천펑취안, 이현아 옮김, 『텐센트, 인터넷 기업들의 미래』(이레미디어, 2015), 17쪽; 정혁훈, 「[중국의 스타 CEO] ③ 인터넷 절대 왕국 세운 중국의 빌 게이츠」, 『매일경제 Luxmen』 제4호(2012년 0월).

9 천펑취안, 이현아 옮김, 앞의 책, 15쪽; 김영훈, 「[중국 재벌 대해부] 〈4〉 마화텅 텅쉰 회장, 4억 가입자 QQ메신저의 사령탑」, 『뉴스핌』, 2013년 3월 1일.

10 이동훈, 「다음카카오 2대 주주로 올라선 中 '펭귄 제국의 황제', '제2의 저커버그' 노린다」, 『주간조선』, 2014년 6월 8일.

11 박병종, 「중국 IT산업 이끄는 TABX…作名의 힘」, 『한국경제』, 2014년 9월 27일, A2면; 정주용, 「[창간 특집 텐센트 3] 20대 창업 마화텅, 10년 만에 '15조' 대부호」, 『한국경제』, 2015년 3월 11일.

12 양훙젠, 정세경 옮김, 앞의 책, 103~105쪽.

13 자오밍, 박홍석 옮김, 『중국기업가 20인의 성공신화』(FKI미디어, 2011), 69쪽.

14 조용성, 「마화텅 "여자 가장해 남성 고객 끌어모았다"…중국 모바일 네티즌이 미국보다 많은 건 분명한 강점」, 『아주경제』, 2015년 6월 3일.

15 이성규, 「'펭귄 제국' 텐센트, 한국을 넘보다」, 『블로터』, 2014년 11월 20일.

16 자오밍, 박홍석 옮김, 앞의 책, 71쪽; 조선비즈, 『위클리비즈 경영의 신을 만나다 5: 중국의 거인들』(아이웰콘텐츠, 2015).

17 김진양, 「[중국 부호들] ① 중국판 카카오톡 '위챗'의 아버지, '마화텅'」, 『뉴스토마토』, 2014년 1월 6일; 배준호, 「[창간 4주년/중국 IT 선도하는 五福星] 마화텅 텐센트 회장, 베껴 만든 QQ · 위챗 대박…중국 내 '영향력' 시진핑 앞서」, 『이투데이』, 2014년 10월 1일; 이성규, 앞의 기사.

18 채명석, 「[취재현장] 샤오미와 아주경제」, 2015년 9월 27일; 이찬선, 「[여백] 음서제」, 『대전일보』, 2015년 8월 21일.

19 오광진, 「[중국 IT 기업 열전] 텐센트, 금융 · 드론까지 영역 확장 '무한도전'」, 『조선일보』, 2016년 1월 10일; 이성규 · 정주용, 「텐센트 VS '상인' 알리바바 "결제 시장 전면전"」, 『이코노믹리뷰』, 2015년 2월 18일.

20 정주용, 「[창간 특집 텐센트 1] 5년간 10배 성장, 펭귄 제국 중국 삼키다!」, 『한국경제』, 2015년 3월 11일.

21 이성규, 앞의 기사.

22 미타니 고진, 전경아 옮김, 『세상을 바꾼 비즈니스 모델 70』(더난출판, 2015), 244~245쪽.

23 임원기, 「중국, 한국 게임 대놓고 베긴다」, 『한국경제』, 2005년 5월 11일; 이나리, 「[세상 바꾸는 체인지 메이커] 모방→변형→재창조로 성공 가도…중화권의 IT 황제: 〈32〉 中 텐센트 창업자 마화텅」, 『중앙선데이』, 제373호(2014년 5월 4일).

24 자오밍, 박홍석 옮김, 앞의 책, 76쪽.

25 자오밍, 박홍석 옮김, 앞의 책, 77~78쪽.

26 양훙젠, 정세경 옮김, 앞의 책, 283쪽; 자오밍, 박홍석 옮김, 앞의 책, 77쪽.

27 자오밍, 박홍석 옮김, 앞의 책, 74쪽.

28 천펑취안, 이현아 옮김, 앞의 책, 15~16쪽.

29 자오밍, 박홍석 옮김, 앞의 책, 81~82쪽.

30 강소영, 「텐센트, 인터넷 공룡에서 'IT업계 IB'로 외연 확장」, 『뉴스핌』, 2014년 5월 30일; 박창영, 앞의 기사; 오광진, 앞의 기사.

31 김수진, 「텐센트, 독자 모바일 운영체제 무료로 공개해 확산 나서 "모든 것 연결하는 오픈 플랫폼 만들기 원해"」, 『비즈니스리포트』, 2015년 4월 30일; 강소영, 앞의 기사.

32 강희경, 「중국 텐센트 상륙 향해 가속…"호랑이를 키웠나"」, 『한국일보』, 2014년 3월 28일.

33 이지석, 「YG–텐센트 전략적 협약 체결, 국내 대표 엔터–중국 대표 IT 기업 만남」, 『스포츠서울』, 2014년 12월 2일; 최종신, 「[창간 특집 텐센트 5] '문어발' 한국 광폭 투자 엇갈린 시선」, 『한국경제』, 2015년 3월 11일.

34 박명기, 「[창간 특집 텐센트 4] 정주용 "텐센트는 글로벌 1위 '합체로봇'"」, 『한국경제』, 2015년 3월 11일.

리드 호프먼

1 김주연, 「글로벌 기업 CEO, 어떤 SNS 사용하나 봤더니…페이스북 0%, 링크드인은 ↑」, 『전자신문』, 2015년 5월 18일.

2 웨인 브레이트바르트, 김미정 옮김, 『링크드인: 세계 최대 비즈니스 소셜미디어』(말글빛냄, 2011), 25쪽.

3 김중태, 「'페이팔 마피아', 실리콘밸리 점령하다」, 『시사저널』, 제1272호(2014년 3월 6일); 정지훈, 「[정지훈의 IT 인물열전] 페이팔 마피아 링크드인…클래리엄 캐피털…소셜 웹 세상 주무르다」, 『주간동아』, 제791호(2011년 6월 13일).

4 웨인 브레이트바르트, 김미정 옮김, 앞의 책, 27~34쪽; 장승규, 「[비즈니스 포커스] 비즈니스맨 위한 SNS…회원 1억 명」, 『한국경제』, 2011년 6월 29일.

5 웨인 브레이트바르트, 김미정 옮김, 앞의 책, 18쪽.

6 백우진, 「링크드인 "다 연결"…교육 · 빅데이터社 잇단 인수」, 『아시아경제』, 2015년 4월 21일.

7 안희권, 「링크드인, 유료회원 증가로 1분기 매출 35%↑」, 『아이뉴스24』, 2016년 4월 29일.

8 박평호, 「자신의 이력서를 인터넷에서 공개하는 SNS 링크드인」, 『소프트웨어 스타트업 거인들의 성공 이야기 63』(한스미디어, 2015), 178쪽; 노승헌, 「스타트업 위스퍼러의 힘: 리드 호프먼 링크드인 CEO」, 『소셜 네트워크로 세상을 바꾼 사람들: Startup DNA』(길벗, 2012), 133~134쪽.

9 앤드루 킨, 진달용 외 옮김, 『디지털 현기증』(한울, 2016), 18쪽.

10 노승헌, 앞의 글, 앞의 책, 139쪽.

11 박평호, 앞의 글, 앞의 책, 180쪽; 노승헌, 앞의 글, 앞의 책, 141쪽.

12 에이미 윌킨슨, 김고명 옮김, 『크리에이터 코드: 세상에서 가장 창조적인 기업가들의 6가지 생각 도구』(비즈니스북스, 2015), 137~138쪽.

13 존 번, 유지연 옮김, 「모든 걸 다 준비하려 진 빼지 마라 운은 먼저 길을 나선 자를 찾아온다: 닝크느닌 창엽사 리느 호쁘반」, 『서상를과의 시녁만찬』(타임비즈, 2012), 204쪽.

14 노승헌, 앞의 글, 앞의 책, 154쪽.

15 최필식, 「비즈니스 SNS 1인자, 링크드인 성공 비결은?」, 『전자신문』, 2014년 7월 7일.

16 데이비드 레스터, 한수영 옮김, 「링크드인: 인맥이 열쇠다」, 『아이디어 하나로 시작된 디지털 기업: 세상을 뒤흔든 디지털 스타트업 25』(재승출판, 2013), 136쪽.

17 에이미 윌킨슨, 김고명 옮김, 앞의 책, 290~291쪽.

18 한상기, 『한상기의 소셜미디어 특강』(에이콘, 2014), 118쪽.

19 에이미 윌킨슨, 김고명 옮김, 앞의 책, 292~293쪽.

20 데이비드 레스터, 한수영 옮김, 앞의 글, 앞의 책, 139쪽.

21 김중태, 앞의 기사; 이해진, 「링크드인 창업가의 '스타트업 성공 운영법 5가지'」, 『머니투데이』, 2014년 12월 2일.

22 앤드루 킨, 진달용 외 옮김, 앞의 책, 19쪽.

23 조성문, 『스핀 잇: 세상을 빠르게 돌리는 자들의 비밀』(알투스, 2013), 224쪽.

24 에이미 윌킨슨, 김고명 옮김, 앞의 책, 290쪽.

25 유한빛, 「[북리뷰] 연결하는 인간」, 『조선일보』, 2015년 10월 17일.

26 에릭 퀄먼, inmD 옮김, 『소셜 노믹스』(에이콘, 2009), 293쪽.

27 정진욱, 「[글로벌 이노베이션 DNA] 링크드인 혁신의 핵심은 '단순화'」, 『전자신문』, 2013년 6월 30일; 김영식, 「[글로벌페이스] 제프 위너 링크드인 CEO」, 『아시아경제』, 2011년 9월 21일.

28 민혜정, 「링크드인 10주년 전 세계 회원 2억 명」, 『아이뉴스24』, 2013년 5월 7일.

29 임정욱, 「링크드인, 세계 최강의 인맥 사전」, 『시사IN』, 제302호(2013년 7월 2일).

30 장승규, 앞의 기사.

31 웨인 브레이트바르트, 김미정 옮김, 앞의 책, 13쪽.

32 미타니 고지, 전경아 옮김, 이동현 감수, 『세상을 바꾼 비즈니스 모델 70』(더난출판, 2015), 238~239쪽.

33 필 사이먼, 장현희 옮김, 여인춘 감수, 『플랫폼의 시대: 아마존, 애플, 페이스북, 그리고 구글은 비즈니스를 어떻게 발전시켰나』(제이펍, 2013), 367쪽에서 재인용.

34 필 사이먼, 장현희 옮김, 여인춘 감수, 앞의 책, 367쪽.

35 장승규, 앞의 기사.

리옌훙

1 최진주 · 문향란 · 남보라, 「'검색 공룡' 구글을 밀어낸 중국 곰」, 『세계 슈퍼 리치: 초일류 거부를 만든 부자 DNA』(어바웃어북, 2012), 101쪽; 정아영, 「구글을 밟은 대륙의 곰 궁금하면 "바이두 해봐!"」, 『매일경제』, 2011년 6월 17일; 완즈쯔, 이화진 옮김, 『청춘, 그 이름만으로도 뛴다』(생각수레, 2012), 128~129쪽.

2 정재용, 「中 2 · 3위 검색 업체 합병 논의…바이두에 도전하나」, 『연합뉴스』, 2013년 7월 22일.

3 류스잉 · 펑정, 이지은 옮김, 『중국 최대의 검색 사이트 바이두 스토리』(미래의창, 2011), 102~105쪽; 서명덕, 「중문 검색 강자, "바이두 세계" 꿈꾼다」, 『세계일보』, 2006년 7월 17일.

4 장종회, 「'중국 디지털 영웅' 리옌훙 회장은?: '중국의 구글' 꿈꿨던 슈퍼 루키…이제는 닷컴

챔피언 자리 넘봐」, 『매일경제』, 2009년 9월 8일.

5 완즈쯔, 이화진 옮김, 앞의 책, 289쪽.

6 완즈쯔, 이화진 옮김, 앞의 책, 46쪽; 류스잉 · 펑정, 이지은 옮김, 앞의 책, 67~68쪽.

7 정혁훈, 「[중국의 스타 CEO] ⑪ 리옌훙(李彦宏) 바이두(百度) 회장: 구글도 몰아냈다…바이두의 독주 이제 시작」, 『매일경제 Luxmen』, 제36호(2013년 9월).

8 이성규, 「구글마저 흠모한 천재, 바이두 리옌훙」, 『블로터』, 2014년 12월 14일.

9 김영훈, 「[중국 재벌가 대해부] 〈2〉 바이두 리옌훙(李彦宏 · 45) 회장」, 『뉴스핌』, 2013년 2월 27일.

10 박병종, 「중국 IT 산업 이끄는 TABX…作名의 힘」, 『한국경제』, 2014년 9월 27일, A2면; 천둥성, 오유 옮김, 김용준 감수, 『바이두 이야기: 리옌훙의 중국 IT 성공신화』(마더북스, 2011), 32쪽; 완즈쯔, 이화진 옮김, 앞의 책, 85쪽.

11 정혁훈, 앞의 기사.

12 자오밍, 박홍석 옮김 「리옌훙: 기술 숭배자의 현혹」, 『중국 기업가 20인의 성공신화』(FKI미디어, 2011), 184쪽; 윤현종, 「대륙 부호 만한전석 ⑬ 우리가 몰랐던 'IT 공룡' 바이두의 비밀, 그리고 갑부 아내들」, 『헤럴드경제』, 2015년 9월 3일.

13 완즈쯔, 이화진 옮김, 앞의 책, 109쪽.

14 천둥성, 오유 옮김, 김용준 감수, 앞의 책, 45~46쪽.

15 천둥성, 오유 옮김, 김용준 감수, 앞의 책, 59쪽; 류스잉 · 펑정, 이지은 옮김, 앞의 책, 132~133쪽; 김진양, 「[중국 부호들] ③ "검색이 세상을 바꾼다" 믿음을 현실로, '리옌훙'」, 『뉴스토마토』, 2014년 1월 20일.

16 스티븐 데니, 구계원 옮김, 『킬링 자이언트: 업계의 거인을 쓰러뜨리는 10가지 핵심 전략』(북하우스, 2011), 43쪽에서 재인용.

17 완즈쯔, 이화진 옮김, 앞의 책, 21쪽.

18 천둥성, 오유 옮김, 김용준 감수, 앞의 책, 141쪽.

19 천둥성, 오유 옮김, 김용준 감수, 앞의 책, 112~113쪽.

20 류스잉 · 펑정, 이지은 옮김, 앞의 책, 40~41쪽.

21 최진주 · 문향란 · 남보라, 앞의 글, 앞의 책, 105쪽

22 류스잉 · 펑정, 이지은 옮김, 앞의 책, 268쪽; 완즈쯔, 이화진 옮김, 앞의 책, 208~209쪽.

23 완즈쯔, 이화진 옮김, 앞의 책, 211~212쪽.

24 류스잉 · 펑정, 이지은 옮김, 앞의 책, 188쪽.

25 장유엔창, 하진이 옮김, 『창조경영 구글』(머니플러스, 2010), 414쪽.

26 민동용 · 구자룡, 「구글, 중국사이트 'google.cn' 철수 왜?」, 『동아일보』, 2010년 3월 24일; 양홍주, 「"전체주의에 대한 혐오감이 구글이 中 떠나게 된 이유": 구글 공동창업자 세르게이 브린」, 『한국일보』, 2010년 3월 26일.

27 미타니 고지, 전경아 옮김, 이동현 감수, 『세상을 바꾼 비즈니스 모델 70』(더난출판, 2015), 242쪽.

28 류스잉 · 펑정, 이지은 옮김, 앞의 책, 76~78쪽.

29 박만원, 「"의료 광고가 사람 잡네" 中 바이두 게이트」, 『매일경제』, 2016년 5월 3일; 최진홍, 「중국 내부 규제 강화?: 검색 광고 매출에 3% 부가세」, 『이코노믹리뷰』, 2016년 7월 12일.

30 박은경, 「[박은경의 베이징 리포트] 바이두는 왜 비판을 받고 있나」, 『경향신문』, 2016년 5월 13일.

31 예컨대 바이두는 2008년 9월 300만 위안을 받고 중국에서 독 분유 파문을 일으킨 싼루(三鹿) 그룹에 불리한 정보를 삭제했다는 의혹을 받아 큰 곤혹에 처한 적이 있다. 11월 15일과 16일 이틀에 걸쳐 중국의 중앙방송인 CCTV의 〈뉴스 30분〉 프로그램이 바이두의 검색 중립성에 대한 문제를 제기했으며, 곳곳에서 바이두에 대한 비판이 제기되었다. 이 사태는 당시 바이두 이사회에서 리옌훙의 퇴진까지 논의할 정도로 심각한 사안이었지만 역사가 말해주듯 이후에도 바이두와 리옌훙은 건재하다. 자오밍, 박홍석 옮김, 앞의 책, 163~164쪽.

32 배인선, 「中 리옌훙, "바이두의 역사적 사명은…"」, 『아주경제』, 2012년 1월 10일.

산타뉴 나라옌

1 제시카 리빙스턴, 김익환 옮김, 『어도비 시스템즈(Adobe Systems) 찰스 게슈케: 그래픽으로 세상을 바꾸다』(크리에디트, 2007), 428~429쪽.

2 「어도비[Adobe Systems Corp.]」, 『네이버 지식백과』; 김민주, 「어도비 시스템즈」, 『MUST KNOW 세계 100대 기업』(미래의창, 2012), 229쪽.

3 김민주, 앞의 책, 228~229쪽.

4 미타니 고진, 전경아 옮김, 이동현 감수, 『세상을 바꾼 비즈니스 모델 70』(더난출판, 2015), 62쪽; 김지민, 「'퇴출 1순위'였던 어도비…클라우드선 정공법」, 『머니투데이』, 2015년 3월 20일.

5 김인순, 「어도비 포토숍 '성인식' 갖는다」, 『전자신문』, 2010년 2월 19일; 배정원, 「[Weekly BIZ] 다들 미쳤다고 할 때 깨고 나갔다: [Cover Story] 어도비 CEO 나라옌 "판매 방식 바꾸고도 잘나가는 비결은"」, 『조선일보』, 2015년 5월 2일; 김민주, 앞의 책, 229쪽.

6 「Adobe's Shantanu Narayen: India and Other Emerging Markets Are Going to Drive Trends in Software Evolution」, 『Wharton』, May 16, 2007.

7 http://busybee4u.blogspot.kr/2012/09/shantanu-narayen-ceo-adobe-systems.html.

8 폴 누네스 · 팀 브린, 액센츄어 옮김, 『넥스트 S커브』(에이콘, 2012), 182쪽.

9 「All about Shantanu Narayen, Adobe CEO And why he is in Apple?s crosshairs」, 『Go2BSchool』, July 2, 2010.

10 Priti Patnaik, 「Newsmaker: Shantanu Narayen」, 『Business Standard』, January 22, 2005.

11 https://www.adobe.com/aboutadobe/pressroom/pressreleases/pdfs/200711/111207NarayenNamedCEO.pdf.

12 홍희경, 「Q&A로 살펴본 인도 출신 글로벌 CEO들의 강점 · 성공 비결」, 『서울신문』, 2015년 8월 19일; 이혜운, 「[Weekly BIZ] 이젠 '인도식 경영'이다」, 『조선일보』, 2016년 1월 23일; 배정

원, 앞의 기사.

13 배정원, 앞의 기사.

14 배정원, 앞의 기사.

15 이유라, 「디지털 콘텐츠 '소비'에서 '생산'으로…누구나 콘텐츠 생산자 된다」, 『서울경제』, 2011년 11월 10일.

16 강일용, 「SW에서 서비스로, 어도비의 변신 그 허와 실」, 『IT동아』, 2015년 3월 6일.

17 김혜민, 「"매월 사용료만 내고 쓰세요"…'가입형 소프트웨어' 뜬다」, 『파이낸셜뉴스』, 2015년 3월 11일.

18 송영규, 「애플-어도비 '플래시 공방'」, 『서울경제』, 2010년 4월 30일; 손재권, 「애플-어도비 '플래시 논쟁'서 비즈니스 모델 결판날 것」, 『매일경제』, 2010년 5월 31일.

19 정보라, 「포토샵 회사? 어도비는 통합 마케팅 기업」, 『블로터』, 2014년 3월 28일.

20 박정현, 「어도비, 빅데이터로 1,000분의 1초를 잡는다」, 『조선일보』, 2013년 3월 7일; 정보라, 「어도비, "콘텐츠 제작에서 분석까지 한번에"」, 『블로터』, 2013년 3월 7일. 어도비가 '어도비 디지털 마케팅 서밋'이란 이름으로 열고 있는 '서밋'은 원래 옴니추어가 열던 것이었는데, 어도비는 옴니추어를 인수한 후 디지털 마케팅 산업에서 입지를 다지기 위해 해마다 이 콘퍼런스를 미국 솔트레이크시티에서 열고 있다. 정보라, 앞의 기사.

21 강일용, 앞의 기사.

22 한동희, 「어도비 CEO "기업은 고객과 실시간으로 소통해야"」, 『조선일보』, 2014년 3월 27일.

23 배정원, 앞의 기사.

24 채민기, 「"포토샵 Adobe? 이젠 디지털 마케팅 기업으로 변신 중"」, 『조선일보』, 2016년 3월 4일.

25 이창균, 「오페라하우스 누가 가나, 어도비가 알려줍니다」, 『중앙일보』, 2016년 3월 28일.

26 정보라, 앞의 기사.

27 이창균, 앞의 기사.

28 심재석, 「위기를 기회로 바꾼 어도비…"우리가 SW산업 바꿨다"」, 『디지털데일리』, 2015년 3월 6일; 이창균, 앞의 기사.

29 장기영, 『책의 미래: 파피루스에서 e-Book까지 진화의 시간』(푸른영토, 2011), 436쪽.

30 김정남 엮음, 『스티브 잡스 I Said: 우리를 위해 남긴 말들』(한스미디어, 2011), 250쪽; 정소영, 「어도비, 모바일용 플래시 포기 선언…'잡스가 옳았다'」, 『전자신문』, 2011년 11월 10일; 강동식, 「"애플, 플래시 반대는 비즈니스 목적"」, 『디지털타임스』, 2011년 7월 28일.

Chapter 3 감동을 주는 설계자들

파벨 두로프

1 함종선, 「[궁금한 화요일] 국정원 감청 논란…내 휴대폰 안전할까」, 『중앙일보』, 2015년 8월 4일.

2   김유나, 「[기획] 프라이버시냐…테러 방지냐…딜레마에 빠진 메신저 암호화」, 『국민일보』, 2015년 1월 28일.

3   최여경, 「[파리 연쇄 테러] 텔레그램, IS 선전용 채널 78개 폐쇄」, 『서울신문』, 2015년 11월 20일, 4면.

4   최진홍, 「텔레그램의 파벨 두로프, 그는 누구인가 (1) VK의 성공과 그의 길」, 『이코노믹리뷰』, 2014년 10월 15일.

5   이득재, 「기자 암살에 이른 러시아 정치 탄압 속 탄생한 텔레그램」, 『참세상』, 2014년 10월 21일.

6   최진홍, 「텔레그램의 파벨 두로프, 그는 누구인가 (1) VK의 성공과 그의 길」, 『이코노믹리뷰』, 2014년 10월 15일.

7   백종민, 「스노든 채용하겠다는 러시아 인터넷 재벌 알고 보니」, 『아시아경제』, 2013년 8월 7일; 「러시아판 페이스북 '브콘탁체' 스노든에 취직 제안 "드림팀 합류해달라"」, 『헤럴드경제』, 2013년 8월 2일.

8   민상식, 「'러시아의 저커버그', 텔레그램 만든 파벨…누구?」, 『헤럴드경제』, 2014년 9월 30일; 송채경화, 「더욱 거세지는 텔레그램 '사이버 망명'」, 『한겨레21』, 제1031호(2014년 10월 6일).

9   최진홍, 「텔레그램의 파벨 두로프, 그는 누구인가 (2) 텔레그램의 열풍으로 그를 본다」, 『이코노믹리뷰』, 2014년 10월 15일.

10   이한승, 「러시아 수사당국, SNS 업체 압수수색」, 『연합뉴스』, 2013년 4월 19일.

11   한예지, 「텔레그램 개발자 누구? 꽃미남 억만장자 '돈 뿌리기-러 정부에 배짱 일화까지'」, 『티브이데일리』, 2014년 9월 27일.

12   Dylan Love, 「Pavel Durov: The most interesting man in the encryption wars」, 『THE kERNEL』, June 7th, 2015; John Thornhill, 「Lunch with the FT: Pavel Durov」, 『FINANICIAL TIMES』, July 3, 2015.

13   정환봉, 「'바이버'와 '텔레그램'으로 망명하셨다고요?」, 『한겨레』, 2014년 10월 4일.

14   최영경, 「텔레그램 보안에 민감한 이유 있었다…지난 한 주 한국인 신규 가입자 150만 명」, 『국민일보』, 2014년 10월 7일.

15   임일곤, 「[카톡 검열 논란] ② '사이버 망명' 러시 텔레그램의 허와 실」, 『비즈니스워치』, 2014년 10월 8일.

16   노창훈·이광민·최여원, 「카톡 검열 논란 속 사이버 망명지로 부상한 '텔레그램'」, 『머니투데이』, 2014년 10월 30일.

17   송채경화, 앞의 기사.

18   김재섭, 「사이버 망명지, 왜 텔레그램인가?」, 『한겨레』, 2014년 10월 7일.

19   박순찬, 「카톡 등 메신저 이용자들 '사이버 亡命(망명)'」, 『조선일보』, 2014년 9월 29일.

20   정수영, 「한국 내 1위…'텔레그램' 인기국은 언론자유 후진국」, 『KBS뉴스』, 2014년 9월 30일.

21   이서희, 「텔레그램 한국어판 등장…사이버 망명 가속화」, 『한국일보』, 2014년 10월 6일.

22   김영신, 「텔레그램 망명 열풍, 정치권까지…與도 속속 가입」, 『뉴스1』, 2014년 10월 16일.

23   김재섭, 앞의 기사.

24 김영신, 앞의 기사.

25 최광, 「텔레그램 열풍 '모바일 액티비즘'…실 이용은 여전히 카톡?」, 『머니투데이』, 2014년 10월 4일; 김지선, 「무섭게 성장하던 텔레그램, 가입자 수가 왜…」, 『디지털타임스』, 2014년 11월 25일.

26 박호현, 「일상 대화는 카카오톡, 지인끼리 정보 공유 땐 텔레그램」, 『서울경제』, 2015년 10월 15일.

27 박상숙, 「IS, 텔레그램으로 美 정보 당국 따돌렸다」, 『서울신문』, 2015년 11월 19일, 4면.

28 손해용, 「IS, 서방 감시 피해 돈·조직원 모은 루트는 '텔레그램'」, 『중앙일보』, 2015년 11월 19일; 장현구, 「[파리 테러] 다시 주목받는 IS '사이버 은거지' 텔레그램 메신저」, 『연합뉴스』, 2015년 11월 18일.

29 김지연, 「IS, '사이버 망명지' 텔레그램 메신저도 선전장으로 이용」, 『연합뉴스』, 2015년 10월 30일.

30 Colin Neagle, 「파리 테러 주범 IS의 소통 수단 "PS4? 텔레그램?"」, 『아이티월드』, 2015년 11월 17일.

31 전영선, 「텔레그램, IS 채널 78개 폐쇄」, 『중앙일보』, 2015년 11월 19일.

32 정의길, 「테러 정국에 불똥 튄 'SNS 암호화 메시지'」, 『한겨레』, 2015년 12월 7일.

33 최지윤, 「[친절한 쿡기자] "감시 안 받고 이야기할 권리를 찾자" 카톡 버리고 '사이버 망명하기' 열풍」, 『국민일보』, 2014년 9월 29일.

34 김민성, 「파벨 두로프의 '텔레그램', 광고나 요금 없는 서비스의 비밀은?」, 『시사위크』, 2014년 10월 6일.

필 리빈

1 손은경, 「천만 유저 앱 '에버노트' 경영진 방한 "한국서 가장 빠른 성장세"」, 『에이빙뉴스』, 2011년 8월 3일; 홍순성, 『에버노트 라이프』(영진닷컴, 2012), 14쪽; 윤정현, 「[왜 기업가 정신인가] 메모 앱 '에버노트'로 세계 제패한 필 리빈 "세상 바꾸길 원하면 청년이여! 창업하라"」, 『매일경제』, 2015년 1월 2일.

2 안희권, 「에버노트, "100년 가는 회사로 키울 것"」, 『아이뉴스24』, 2011년 12월 8일.

3 스티브 발머·돈 탭스콧·김종훈 외 지음, 서울디지털포럼 사무국 엮음, 『무엇이 우리를 진화하게 하는가』(알키, 2013), 160쪽.

4 김문기, 「다음·그루폰은 에버노트 어떻게 활용할까?」, 『아이티투데이』, 2012년 5월 22일.

5 윤정현, 앞의 기사.

6 조성문, 『스핀 잇: 세상을 빠르게 돌리는 자들의 비밀』(알투스, 2013), 175쪽.

7 소셜보, 앞써 책, 177쪽; 비범윤, 「'아이디어·메모 등 세계적 지장 앱' 개발 '제2의 뇌' 역할로 인기」, 『한국경제』, 2014년 1월 24일.

8 구본권, 「인간의 기억 용량, 디지털 기록으로 '무한 확장'」, 『한겨레』, 2012년 8월 27일.

9 안희권, 앞의 기사; 정현정, 「에버노트로 스마트하게 일하는 사람들」, 『지디넷코리아』, 2012년 5월 22일.

10 박평호, 「세계인이 사랑하는 메모 작성 앱 에버노트」, 『소프트웨어 스타트업 거인들의 성공 이야기 63』(한스미디어, 2015), 347쪽.

11 손재권 · 황미리, 「[Hello CEO] 모바일 스타 앱 '에버노트' 필 리빈 창립자 겸 최고경영자」, 『매일경제』, 2012년 5월 25일.

12 원요환, 「'세계 최대 메모 앱' 에버노트 필 리빈 CEO」, 『매일경제』, 2013년 6월 5일.

13 윤정현, 앞의 기사; 이승종, 「"에버노트, 충성 고객 1명이 기업 살렸다"」, 『아시아경제』, 2011년 12월 16일.

14 미타니 고지, 전경아 옮김, 이동현 감수, 『세상을 바꾼 비즈니스 모델 70』(더난출판, 2015), 225쪽.

15 조선일보 위클리비즈팀, 「에버노트 CEO 필 리빈」, 『더 인터뷰: 세계를 뒤흔든 30인의 리더에게 인생과 성공을 묻다』(21세기북스, 2014), 187쪽.

16 손재권 · 황미리, 앞의 기사.

17 박근태, 「에버노트 無광고 전략 비결 알아봤더니…」, 『조선일보』, 2012년 7월 9일.

18 박근태, 앞의 기사.

19 김상훈, 「해커도 두 손 든 '5,000만 명의 두뇌'」, 『동아일보』, 2013년 3월 13일.

20 손재권 · 황미리, 앞의 책.

21 유병률, 「[유병률의 체인지더월드] 〈67〉 경쟁이란 무엇인가?: 두 번째 이야기 에버노트 창업자 "최고 전략은 경쟁 안 하는 것"」, 『머니투데이』, 2013년 10월 29일.

22 방윤영, 「몸값 1조 '에버노트', 병든 유니콘 전략?」, 『머니투데이』, 2015년 10월 11일.

23 조선일보 위클리비즈팀, 앞의 책, 187쪽.

24 손재권 · 황미리, 앞의 기사.

25 김상훈, 앞의 기사.

26 임화섭, 「[인터뷰] '뇌수의 분실' 임대업자, 리빈 에버노트 CEO」, 『연합뉴스』, 2013년 9월 29일.

27 안동환, 「인류의 기억 디지털에 맡겨도 되나」, 『서울신문』, 2016년 9월 23일.

28 재닛 로우, 배현 옮김, 『구글 파워: 전 세계 선망과 두려움의 기업』(애플트리태일즈, 2009/2010), 272~273쪽.

일론 머스크

1 강준만, 『흥행의 천재, 바넘: P. T. 바넘의 '엔터테인먼트 민주주의'』(인물과사상사, 2016).

2 애슐리 반스, 안기순 옮김, 『일론 머스크, 미래의 설계자』(김영사, 2015), 14~15쪽.

3 다케우치 가즈마사, 이수형 옮김, 『엘론 머스크, 대담한 도전』(비즈니스북스, 2014), 13쪽.

4 찰스 모리스, 엄성수 옮김, 『테슬라 모터스: 일론 머스크, 자동차의 패러다임을 바꾸다』(을유문화사, 2015), 59~60쪽.

5   다케우치 가즈마사, 이수형 옮김, 앞의 책, 21~23쪽.

6   찰스 모리스, 엄성수 옮김, 앞의 책, 61쪽.

7   다케우치 가즈마사, 이수형 옮김, 앞의 책, 43쪽.

8   박평호, 「페이팔을 넘어 테슬라로 미래에 도전하다: 페이팔(Paypal), 테슬라 자동차 (teslamotors)」, 『소프트웨어 스타트업 거인들의 성공 이야기 63』(한스미디어, 2015), 389쪽.

9   찰스 모리스, 엄성수 옮김, 앞의 책, 69~70쪽.

10 다케우치 가즈마사, 이수형 옮김, 앞의 책, 23~33쪽.

11 오세웅, 『엘런 머스크의 가치 있는 상상』(아틀란스북스, 2014), 18~19쪽.

12 다케우치 가즈마사, 이수형 옮김, 앞의 책, 38쪽.

13 오세웅, 앞의 책, 26쪽 · 220쪽.

14 애슐리 반스, 안기순 옮김, 앞의 책, 88~89쪽.

15 오세웅, 앞의 책, 222쪽.

16 오세웅, 앞의 책, 222쪽.

17 오세웅, 앞의 책, 220쪽.

18 다케우치 가즈마사, 이수형 옮김, 앞의 책, 56쪽.

19 다케우치 가즈마사, 이수형 옮김, 앞의 책, 84~86쪽.

20 오세웅, 앞의 책, 7쪽.

21 찰스 모리스, 엄성수 옮김, 앞의 책, 245~246쪽.

22 피터 틸 · 블레이크 매스터스, 이지연 옮김, 『제로 투 원』(한국경제신문, 2014), 221쪽.

23 오세웅, 앞의 책, 221쪽.

24 찰스 모리스, 엄성수 옮김, 앞의 책, 93쪽; 애슐리 반스, 안기순 옮김, 앞의 책, 228~229쪽.

25 애슐리 반스, 안기순 옮김, 앞의 책, 449~450쪽.

26 오세웅, 앞의 책, 81쪽.

27 애슐리 반스, 안기순 옮김, 앞의 책, 487~488쪽.

28 윤형중, 「'테슬라' 모르면 삼성 · 현대는 큰 코 다친다」, 『한겨레』, 2014년 10월 27일.

29 애슐리 반스, 안기순 옮김, 앞의 책, 496쪽.

30 윤선영, 「'IT 그루' 돈 스탭콧의 평가 "진짜 디지털 리더는 잡스 아닌 앨런 머스크"」, 『매일경제』, 2015년 11월 12일.

31 오세웅, 앞의 책, 212~213쪽; 김현우, 「[글로벌 Biz 리더] 일론 머스크 테슬라 회장」, 『한국일보』, 2017년 3월 31일.

32 오세웅, 앞의 책, 221쪽.

33 김현우, 앞의 기사.

34 오세웅, 앞의 책, 220쪽.

35 박종익, 「엘론 머스크 "AI 로봇, 5년 안에 인류에 끝내 위험"」, 『서울신문』, 2014년 11월 10일; 이승우, 「인간처럼 생각하는 유진 구스트만 등장…혁신 빨라진 인공지능 기술, 재앙 될까」, 『한국경제』, 2014년 11월 21일.

36 박종익, 「엘론 머스크 회장 "인간이 인공지능(AI) 애완견 될 수도"」, 『서울신문』, 2015년 3월 29일.

37 손재권, 「일론 머스크 또 한 번의 문샷…뇌-컴퓨터 연결 '뉴럴링크' 설립」, 『매일경제』, 2017년 3월 28일.

블레이크 마이코스키

1   블레이크 마이코스키, 노진선 옮김, 『탐스 스토리』(세종서적, 2012), 36쪽.

2   홍현민, 「꿈을 이루는 용기: 블레이크 마이코스키 탐스 슈즈 CEO」, 삼성경제연구소 엮음, 『리더의 인생수업: 위대한 리더를 만든 20가지 힘』(삼성경제연구소, 2012), 62쪽; 정승양, 「[책과 세상] 사업·기부 동시에…성공 부른 착한 아이디어」, 『서울경제』, 2012년 6월 8일.

3   블레이크 마이코스키, 노진선 옮김, 앞의 책, 19쪽.

4   윤형중, 「'착한 소비' 실천하는 강원식 코넥스솔루션 대표: "'탐스 슈즈' 팔면 제3세계에 같은 양 기부해요"」, 『매일경제』, 2010년 10월 13일.

5   블레이크 마이코스키, 노진선 옮김, 앞의 책, 59쪽; 윤희일, 「"커피 1봉지 팔릴 때마다 빈국 주민에 1주일 치 물"」, 『경향신문』, 2014년 3월 13일.

6   민상식·윤현종, 「이번엔 '커피 한 잔의 기적'…탐스 슈즈의 특별한 사업 확장」, 『헤럴드경제』, 2016년 9월 3일; 김제림, 「[매경 MBA] One for One 성공 방정식? 스토리와 미션을 함께 팔아라」, 『매일경제』, 2015년 6월 12일.

7   홍현민, 앞의 글, 삼성경제연구소 엮음, 앞의 책, 64쪽; 「Blake Mycoski」, 『Wikipedia』.

8   「Blake Mycoskie」, 『Wikipedia』.

9   박현영, 「[j Story] 기부+사업? 친구들이 가장 멍청한 생각이라 했죠」, 『중앙일보』, 2010년 10월 16일.

10 블레이크 마이코스키, 노진선 옮김, 앞의 책, 95쪽; 박현영, 앞의 기사; http://blog.naver.com/jobarajob/220744653641.

11 블레이크 마이코스키, 노진선 옮김, 앞의 책, 15쪽; 「Blake Mycoskie」, 『Wikipedia』.

12 블레이크 마이코스키, 노진선 옮김, 앞의 책, 19쪽.

13 블레이크 마이코스키, 노진선 옮김, 앞의 책, 17~23쪽.

14 블레이크 마이코스키, 노진선 옮김, 앞의 책, 24~27쪽.

15 블레이크 마이코스키, 노진선 옮김, 앞의 책, 30~31쪽.

16 박현영, 앞의 기사.

17 블레이크 마이코스키, 노진선 옮김, 앞의 책, 52~53쪽.

18 김민주, 「[미래칼럼] 원포원 사회적 기업 모델」, 『전자신문』, 2010년 12월 1일.

19 블레이크 마이코스키, 노진선 옮김, 앞의 책, 56쪽; 박정혜, 「탐스 슈즈 대표와의 만남」, 『GQ』, 2010년 8월 24일.

20 블레이크 마이코스키, 노진선 옮김, 앞의 책, 59~60쪽.

21 제니퍼 아커 · 앤디 스미스, 김재연 옮김, 브랜드앤컴퍼니 감수, 『드래곤플라이 이펙트』(랜덤하우스, 2011), 149~150쪽.

22 블레이크 마이코스키, 노진선 옮김, 앞의 책, 189쪽.

23 블레이크 마이코스키, 노진선 옮김, 앞의 책, 59~60쪽; 고은이, 「블레이크 마이코스키 탐스 슈즈 CEO: 한 켤레 팔면 한 켤레 기부…'신발 퍼 주는 대장' 세상에 온기를 팔다」, 『한국경제』, 2012년 11월 29일.

24 조미나, 「설립 3년 만에 매출 50억 원을 기록한 탐스 슈즈」, 조미나 · 신철균 · 김용성 · 문달주 · 권상술, 『우리는 그들을 신화라 부른다』(쌤앤파커스, 2012), 192쪽.

25 홍현민, 앞의 글, 삼성경제연구소 엮음, 앞의 책, 68쪽.

26 블레이크 마이코스키, 노진선 옮김, 앞의 책, 138쪽.

27 김민주, 앞의 기사.

28 조철, 「신발이 아니라 기술을 줘라」, 『시사저널』, 2013년 4월 24일; 김준수, 「아프리카에 기부한 '착한 신발', 실상 알고 보니…: [서평] 세계의 기아, 원인과 실태 보기 쉽게 나타낸 〈세계 굶주림 지도〉」, 『오마이뉴스』, 2013년 6월 5일.

29 백우진, 「[데스크칼럼] '착한 신발' 탐스 슈즈는 그리 착하지 않다」, 『아시아경제』, 2013년 8월 20일; 서상희, 『스토리 아키텍처』(커뮤니케이션북스, 2015); 윤희일, 앞의 기사.

30 최진주, 「[View] 혹시 얄팍한 상술?…'착한 소비' 가면 착용 의심받다」, 『한국일보』, 2012년 9월 15일; 이경숙, 「탐스 슈즈가 1+1 기부 프로그램에도 불구하고 비판받는 이유」, 『ㅍㅍㅅㅅ』, 2014년 1월 14일.

31 민상식 · 윤현종, 앞의 기사.

32 켄타로 토야마, 전성민 옮김, 『기술 중독 사회: 첨단기술은 인류를 구원할 것인가?』(유아이북스, 2016), 142~143쪽.

33 켄타로 토야마, 전성민 옮김, 앞의 책, 143~144쪽.

34 블레이크 마이코스키, 노진선 옮김, 앞의 책, 232쪽.

얀시 스트리클러

1 조너선 프룻킨, 이영구 옮김, 『고객이 열성 주인이 되는 소셜네트워크 시대』(골든어페어, 2014), 120~123쪽; 이유정, 「[CEO & 매니지먼트] 유나이티드 항공, SNS 불통했다가 1억 8,000만 弗 손실」, 『한국경제』, 2012년 10월 30일; 정혜진, 「월요병도 잊게 만든 회사의 비밀: 뉴욕 킥스타터 본사에서 발견한 잘되는 조직의 철학」, 『서울경제』, 2017년 12월 28일.

2 크리스 앤더슨, 윤태경 옮김, 『메이커스: 새로운 수요를 만드는 사람들』(알에이치코리아, 2013), 255쪽.

3 래리 다운즈 · 폴 누네스, 이경식 옮김, 『어떻게 그들은 한순간에 시장을 장악하는가: 빅뱅 파괴자들의 혁신 전략』(알에이치코리아, 2014), 53쪽.

4 정혜진, 앞의 기사.

5 이나리, 「세상 바꾸는 체인지 메이커 〈15〉 크라우드 펀딩의 대명사 '킥스타터' 세 창업자: 인디 예술계 · 창업계에 든든한 자금줄 제공」, 『중앙선데이』, 제338호(2013년 8월 31일).

6 조성문, 『스핀 잇: 세상을 빠르게 돌리는 자들의 비밀』(알투스, 2013), 58쪽.

7 조너선 프룻킨, 이영구 옮김, 앞의 책, 120쪽.

8 래리 다운즈 · 폴 누네스, 이경식 옮김, 앞의 책, 84쪽; 조성문, 앞의 책, 58쪽.

9 Sierra Barnes, 「Kickstarter co-founder Strickler '00 visits W&M」, 『William & Mary』, September 9, 2013.

10 Peter Aspden, 'Interview: Yancey Strickler of Kickstarter」, 『Financial Times』, May 9, 2014.

11 http://yancey.tumblr.com/about; https://www.ystrickler.com/about/

12 크리스 앤더슨, 윤태경 옮김, 앞의 책, 257~259쪽.

13 크리스 앤더슨, 윤태경 옮김, 앞의 책, 259쪽.

14 이한빛, 「[헤럴드디자인포럼 2016-19] 기술과 아이디어의 컨버전스…킥스타터 세상을 바꾸다」, 『헤럴드경제』, 2016년 11월 2일.

15 김슬기, 「2년 만에 5,300만 달러 모은 개미들의 힘: 59만 명이 예술 후원자로 7,400여 프로젝트 성공」, 『매일경제』, 2011년 6월 15일.

16 김슬기, 앞의 기사; 이계원, 「킥스타터, 570만 투자자가 만든 크라우드 펀딩의 기적」, 『비즈니스포스트』, 2015년 5월 17일.

17 이나리, 앞의 기사.

18 김슬기, 앞의 기사.

19 이나리, 앞의 기사.

20 김슬기, 앞의 기사.

21 이나리, 앞의 기사.

22 https://www.cultureconductor.com/author/sarahdoop/; 크리스 앤더슨, 윤태경 옮김, 앞의 책, 253쪽에서 재인용.

23 김슬기, 앞의 기사.

24 조너선 프룻킨, 이영구 옮김, 앞의 책, 114~116쪽.

25 크리스 앤더슨, 윤태경 옮김, 앞의 책, 244~245쪽.

26 한동희, 「킥스타터 CEO "우리는 열망을 현실로 만드는 공동체"」, 『조선일보』, 2014년 3월 26일; 이계원, 앞의 기사.

27 방윤영, 「킥스타터, 주식회사(inc)→사회적 기업(PBC) 전환 선언」, 『머니투데이』, 2015년 9월 25일; 김창덕, 「성공가도 달리던 美 스타트업 '킥스타터' 사회적 기업 선언」, 『동아일보』, 2015년 9월 25일.

28 이지현, 「"시리아 난민 돕자"…미국 정부-킥스타터 '맞손'」, 『블로터』, 2015년 10월 8일.

29 이한빛, 「[헤럴드디자인포럼 2016] 킥스타터 공동창업자 얀시 "획일적 문화는 '꺼져라'…창작자들 도전하라"」, 『헤럴드경제』, 2016년 11월 8일.

30 박소영, 「사회적 기업 선언 킥스타터 "문화 다양성 위해 싸울 것"」, 『한국일보』, 2015년 11월 4일.

31 이한빛, 「[헤럴드디자인포럼 2016-19] 기술과 아이디어의 컨버전스…킥스타터 세상을 바꾸다」, 『헤럴드경제』, 2016년 11월 2일.

32 이한빛, 앞의 기사.

33 김기림, 「세계 최대 크라우드 펀딩 회사, 킥스타터 6년간 일자리 30만 개 창출」, 『이코노믹리뷰』, 2016년 7월 29일; 이한빛, 「[헤럴드디자인포럼 2016] 킥스타터 공동 창업자 얀시 "획일적 문화는 '꺼져라'…창작자들 도전하라"」, 『헤럴드경제』, 2016년 11월 8일.

34 이한빛, 「[헤럴드디자인포럼 2016-19] 기술과 아이디어의 컨버전스…킥스타터 세상을 바꾸다」, 『헤럴드경제』, 2016년 11월 2일.

35 정혜진, 앞의 기사.

36 이계원, 앞의 기사.

부와 혁신의 설계자들

ⓒ 김환표, 2018

초판 1쇄 2018년 8월 22일 찍음
초판 1쇄 2018년 8월 29일 펴냄

지은이 | 김환표
펴낸이 | 이태준

기획·편집 | 박상문, 김소현, 박효주, 김환표
디자인 | 최원영
관리 | 최수향
인쇄·제본 | 대정인쇄공사

펴낸곳 | 북카라반
출판등록 | 제17-332호 2002년 10월 18일
주소 | (04037) 서울시 마포구 양화로 7길 4(서교동) 삼양E&R빌딩 2층
전화 | 02-325-6364
팩스 | 02-474-1413
www.inmul.co.kr | cntbooks@gmail.com

ISBN 979-11-6005-055-4 03320
값 14,000원

이 도서의 국립중앙도서관 출판시도서목록(CIP)은 서지정보유통지원시스템 홈페이지
(http://seoji.nl.go.kr)와 국가자료공동목록시스템(http://www.nl.go.kr/kolisnet)에서
이용하실 수 있습니다.